잠들기 전에 읽는
프로이트

잠들기 전에 읽는
프로이트

Freud,
Sigmund

멍즈 지음 | 하진이 옮김

오렌지연필

Prologue

Freud

1856년 여름, 오스트리아의 작은 마을 프라이베르크에서 사내아이가 태어났다. 그 아이가 수십 년 뒤 가장 영향력 있는 20세기의 인물로 성장하리라고는 아무도 상상하지 못했다. 서양 심리학의 대가 지그문트 프로이트(Sigmund Freud)였다. 그가 창시한 정신분석 심리학은 세대를 뛰어넘으며 오늘날까지도 큰 영향력을 발휘하고 있다.

프로이트는 유대인이었다. 성경은 줄곧 유대인의 정신적인 양식이었는데, 그에게도 예외는 아니었다. 그는 글자를 익히기 시작하면서부터 성경 속 이야기에 매료되었다. 그는 책장을 한 장 한 장 넘기며 유대인의 창조력이 반영된 이야기에서 지혜를 얻었다.

어린 시절, 프로이트는 의사라는 직업에 아무런 흥미가 없었다. 자신이 의사가 되리라고는 꿈도 꾸지 못했다. 성경을 읽을 때 그의 머릿속에서는 '인류가 재난을 당했을 때 왜 노아만이 하나님의 은총을 받았을까?', '욥은 왜 각종 천재지변에도 여전히 강인할 수 있었을까?' 등등의 생각만이 맴돌았다. 이미 이때부터 어린 프로이트의 정신세계에 철학 사상이 싹을 틔웠음이다.

오랜 기간의 사색 끝에 프로이트는 한 가지 결론을 얻었다.

'적극적이고 진취적인 사람은 제아무리 배척하고 따돌려도 사회 어디에서든 자신의 입지를 세우고 성공할 터전을 찾아내게 마련이다.'

이러한 결론은 그의 인생 신조가 되었다.

프로이트는 세계적인 명성을 자랑하는 정신병리학자이자 심리학자였지만, 그의 일생은 결코 순탄치 않았다.

어린 시절, 그의 아버지는 생계를 위해 장사를 하러 다니느라 그에게 소홀했다. 하지만 어린 그는 외로움을 느끼지 않았다. 그는 학교에서 열심히 공부했고, 남은 시간에는 성경의 이야기에 심취했다. 성경은 그의 정신세계를 충만하고 풍요롭게 해주었다. 그러한 충만감 속에서 외로움, 상실감, 고통은 머무를 자리가 없었다.

프로이트는 대학에 입학한 후 유대인이라는 신분 때문에 주변 사람들에게 배척당했다. 그러나 그 일로 열등감에 빠지지는 않았다. 충실한 정신세계를 지닌 그는 자신의 출신이나 종족 문제를 수치스럽게 여기지 않았다.

아버지의 소홀과 주변 사람들의 배척은 프로이트를 무너뜨리기는커녕 오히려 독립적인 판단력을 지닌 강인한 사람으로 만들었다. 그의 독립적 판단력은 훗날 정신분석학설을 창시하는 중요한 요인이 되었다.

프로이트가 의학 분야에서 자신이 개척한 길을 고수했을 때 사람들은 그가 고집스럽고 편견에 빠져 있다고 비난했다. 그가 정신분석을 시작했을 때 모두가 반대했을 뿐만 아니라, 프랑스 유명 심리학자의 관점을 표절했다며 폄훼했다.

이러한 비판과 멸시에도 프로이트는 타협하지도, 포기하지 않았다. 그는 정신분석학설의 길을 꿋꿋하게 걸으며 하나하나 성취를 일구었다.

프로이트는 '잠재의식', '자아', '이드', '초자아', '오이디푸스 콤플렉스', '심리방어기제' 등의 이론 개념을 확립했다. 이러한 이론 개념은 심리학 연구에서 광범위하게 운용되고 있다. 그는 인간의 심리를 깊이 있게 탐구해 새로운 심리학 연구 분야를 개척했고 그가 창시한 정신분석학설은 인간의 본성에 대한 세상 사람들의 견해를 완전히 바꿔놓았다.

학술 연구에만 매달리는 사람을 벽창호로 여긴다면 그것은 잘못된 생각이다. 프로이트는 삶과 사랑에서 풍부한 감성을 보여주었다.

프로이트는 약혼녀를 만나기 위해 성공을 눈앞에 둔 코카인 연구를 중단했다. 그 대신 그의 친구가 프로이트의 연구를 이용해 코카인의 국부마취 효과를 대중에게 증명하면서 명성을 얻었다. 프로이트가 연구를 중단하지 않았다면 그 연구 성과는 당연히 그의 몫이 되었을 것이다. 의학을 연구하는 과학자에게 연구 성과보다 더 중요한 것이 어디 있겠는가? 하지만 그는 이 일을 후회하지 않았다. 그는 인생에서 사랑과 사업을 똑같이 중요하게 생각했다.

프로이트는 시종일관 정신분석 연구에 매달렸지만 한 가정의 가장으로서 그에 상응하는 책임을 져야 할 때는 과감하게 개업의가 되어 돈을 벌었다. 이 때문에 무려 5년 동안 의학 연구를 중단했다.

프로이트는 사랑하는 여인과 가족을 위해 과학 연구를 멈추었고, 심지어 연구 성과마저 포기했다. 또한 환자를 위해 무분별한 비난과 질책에도 자신의 연구를 포기하지 않았다.

1939년 9월 23일 아름다운 도시 런던에서 프로이트는 16년에 걸친 암의 고통을 벗어던지고 초연하게 이 세상과 작별했다. 한 시대를 풍미했던 정신분석학의 대가는 이 세상 사람들을 위해 고귀한 저서들을 남긴 채 빈손으로 떠나갔다.

프로이트의 저서는 모든 인문학과와 정신 분야에 거대한 영향력을 미쳤으며, 인간의 정신에 대한 세상 사람들의 관념에도 혁명적인 변화를 가져왔다.

프로이트가 세상을 떠난 지 어느덧 한 세기가 다 되어가고 있건만 세상 사람들은 여전히 그를 탐구하고 있다. 관련 분야의 수많은 전문가와 학술서 덕분에 그의 이론은 이제 대중적으로도 많이 알려진 게 사실이다. 하지만 프로이트라는 인간, 그의 인생 역정을 아는 이는 많지 않다. 이것이 이 책의 출발점이다.

《프로이트, 지금은 나 자신을 사랑할 때》는 자율성, 낙관성, 적극성을 가지고 열정적인 삶을 산 프로이트의 매력을 가감 없이 보여준다. 이는 그의 사상과 이론을 좀 더 자세히, 쉽게 이해하는 바탕이 되어줄 것이다.

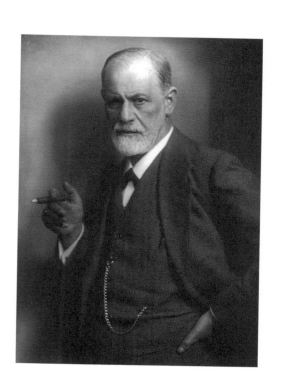

Chapter 3
생명의 중심;
사랑에 충실하고 맡은 일에 책임을 다하다

Chapter 4
정신의 분석;
온갖 고난 끝에 정신분석의 대문을 열다

Chapter 5
내면의 중심;
당신 마음속의 비밀이 감춰진 곳

Chapter 6
추종과 배신;
정신분석학사의 은원관계

Chapter 7
생명의 으뜸;
정신분석학의 로비에서 철학의 전당으로 올라서다

Chapter 1

생명의 흔적;
인종 차별을 받는 가난한 유대인으로 태어
난 것이 죄인가?

프로이트,
지금은
나 자신을 사랑할 때

───────────────────────────────────

열일곱 살 되던 해, 지그문트 프로이트는 뛰어난 성적 덕분에 입학시험 없이 빈대
학교 의학부에 진학할 수 있었다. 하지만 그는 가족들과 함께 마냥 기뻐할 수 없
었다. 자신을 바라보는 주변인들의 악의 어린 시선 때문이었다. 비록 어린 나이
였지만 그는 누구보다 잘 알고 있었다. 주변인들의 그 불편한 시선이 유대인이라
는 자신의 출신 때문임을 말이다.

프로이트는 자문하고 자답했다.

"나의 출신 배경에 열등감을 느껴야 하는 걸까? 물론 아니다! 이는 부모님이 남
겨준 내 생명의 흔적이다. 그런데 왜 나의 출신 배경이나 혹은 남들이 말하는 '인
종'에 대해 수치심을 느껴야 하는가? 부모님이 나에게 물려준 유산은 무죄이다!"

부모의 유산

Freud

우리가 방울뱀이 아닌 이유는 두 가지이다. 첫째는 우리 부모님이 방울뱀이 아니기 때문이며, 둘째는 우리가 사막 한가운데 살고 있지 않기 때문이다.

1856년 5월 6일, 유럽의 아름다운 모라바 강변에서 사내아이가 태어났다. 나면서부터 가난과 멸시가 따라붙었는데, 그 아이의 이름은 바로 지그문트 프로이트다.

프로이트의 집은 오스트리아 모라비아 지방의 프라이베르크 마을에 위치하고 있었다. 도로변의 누추한 이층집에서 프로이트는 부모님 그리고 이복형과 함께 4년을 살았다.

당시 그의 집은 가세가 급격하게 기울어져 있었지만, 네 살배기 어린 프로이트는 빈부의 차이에 대한 개념이 없었기에 가난의 궁핍함을 느끼지 못했다. 그 대신 그는 이때 인종 차별에 대한 최초의 기억을 얻게 되었다.

그날은 토요일이었다. 생계를 꾸리느라 일주일 내내 분주했던 그의 아버지는 모처럼 이날 하루는 일을 쉬고 아들과 산책을 즐기며 한가로운 시간을 즐기려고 마음먹었다.

어린 프로이트는 산책을 가자는 아버지의 말에 뛸 듯이 기뻐했다. 사실 어머니와 산책하는 것이 더 즐거웠지만 이제 막 태어난 동생을 돌보느라 어머니에게는 그럴 여유가 없었다.

그날 아버지는 신중하게 외출복을 고르고 새로 산 모자까지 쓰고서 외출 준비를 마쳤다. 어린 프로이트는 키가 크고 건장한 아버지를 바라보자니 어린 마음에도 가슴 뿌듯하고 자부심이 들었다.

산책을 간다는 사실에 잔뜩 들뜬 프로이트가 앞장서서 폴짝폴짝 뛰며 단숨에 계단을 내려갔다. 눈부신 햇살이 나뭇잎 사이로 반짝이며 거리에 얼룩무늬 그림자를 드리우고 있었다. 아름다운 거리를 한가로이 산책하는 것은 얼마나 큰 즐거움인가!

어린 프로이트는 아버지의 손을 잡고서 한가로이 거리를 산책했다. 그때 웬 남성이 두 사람에게 소리쳤다.

"유대인, 꺼져버려!"

갑작스러운 상황에 프로이트가 당황해하는 사이, 그 남성은 두 사람에게 달려오더니 아버지의 모자를 손으로 내리쳤다. 아버지의 새 모자는 데구루루 굴러 도로 한가운데까지 갔다.

소스라치게 놀란 프로이트는 뒷걸음을 치며 멍하니 그 남성을 바라보다 다시 아버지를 올려다보았다. 아버지가 그 남성보다 키도 훨씬 크고 건장하다는 사실에 프로이트는 내심 안도감이 들었다. 아버지가 그 무례한 남성을 당장에 때려눕히리라고 여겼던 것이다.

하지만 뜻밖에도 아버지는 일언반구도 하지 않았고 남성에게 반격조차 하지 않았다. 그저 담담하게 땅에 떨어진 모자를 집어 들고는 프로이트를 껴안고서 조용히 물러났다.

집으로 돌아온 뒤 프로이트는 아버지가 어머니에게 산책길에 있었던 일을 이야기하는 것을 듣고서야 자초지종을 알게 되었다. 프로이트 가족은 유대인이었고, 유럽의 여러 민족은 유대인을 적대시하고 있었기에 그 남성이 그처럼 무례하게 자신들을 대했다는 사실을 말이다.

산책길에 있었던 한바탕 소동과 부모님의 대화 내용은 프로이트의 머릿속에 깊이 각인되었다. 비록 어린 나이였지만 인종 차별이 주는 깊은 적대감을 온몸으로 느꼈던 것이다.

프로이트가 엿듣고 있다는 사실을 깨달은 어머니는 인종 차별에 대해 이야기하는 아버지의 입을 막았다. 그러고는 보모를 시켜 프로이트를 데리고 교회에 가서 성서 구절을 외우는 것을 돕도록 했다.

아직 나이가 어렸던 프로이트는 좀 전 산책로에서 있었던 소동을 금세 까먹고 성서 속 이야기에 빠져들었다. 프로이트

▼

에게 성서는 커다란 대문 같았다. 그 대문을 활짝 열어젖히면 광활한 세계가 눈앞에 펼쳐지는 것만 같았다. 그의 유대인 선조들은 근면하고, 단결심이 뛰어났으며, 독립성이 강하고, 자신감이 넘쳐흘렀으며, 인내심이 많았다. 또한 진리를 추구하고 사랑으로 충만된…….

프로이트는 조상들의 이야기에 깊은 감동을 받았다. 조상들의 박애심과 지혜는 그들을 적대시하는 다른 민족과 선명한 대비를 이루고 있었기에 어린 프로이트는 좀체 이해하기가 힘들었다. 어린 프로이트는 생각했다. 왜 다른 민족은 유대인을 적대시하는 걸까? 우리는 무시무시한 방울뱀이 아니지 않는가? 우리가 방울뱀이 아닌 이유는 두 가지이다. 첫째는 우리 부모님이 방울뱀이 아니기 때문이며, 둘째는 우리가 사막 한가운데 살고 있지 않기 때문이다.

이러한 당혹감을 한쪽으로 제쳐버리자 프로이트의 마음속은 다시금 자부심으로 가득해졌다. 강렬한 자부심은 어린 프로이트의 머릿속에 '자신감'이라는 씨앗을 뿌렸다.

"난 유대인이다. 그게 뭐 어쨌다고? 이것은 부모님이 나에게 물려준 생명의 흔적이다. 내가 열등감을 느낄 필요가 전혀 없다!"

훗날 이러한 자신감은 프로이트가 세계적으로 유명한 정신분석 심리학의 대가로 자리매김하는 데 매우 중요한 역할을 했다.

자신감은 심리학에서 줄곧 다루어온 연구 주제이기도 하다. 자신감은 성공을 이끌어낸다! 이는 성공한 모든 사람이 강조하는 진리이기도 하다.

성공과 패배는 당신의 인종과 출신과는 아무런 관련이 없다. 당신 마음속에 자신감이 있느냐 없느냐에 달려 있다. 가령 자신감에 가득 찬 학생은 산적한 과제를 적극적으로 수행하고, 자신감이 넘치는 여성은 가무잡잡한 피부도 건강해 보이게 하며, 자신감이 강한 직장인은 자신이 맡은 업무를 능숙하게 처리할 수 있다.

하지만 우리 대부분은 그러한 자신감을 잘 갖지 못한다. 누군가는 선천적인 장애를 안고 태어나고, 누군가는 외모가 평범하다 못해 못생기게 태어난다. 특히 후자의 경우는 요즘 대다수 젊은 세대에게 자신감을 앗아가는 치명적인 이유가 되기도 한다. 많은 젊은이가 모든 수단과 방법을 동원해 자신의 외모를 바꾸기 위해 안간힘을 쓴다. 아름다워진 외모를 통해 자신감을 얻으려고 말이다. 사실 이는 매우 잘못된 것이다. 그 어떤 외모라도 모두 부모님이 물려주신 선물이기에 우리는 열등감을 느낄 필요가 없다. 우리가 해야 할 일은 자신의 능력을 향상시키는 것이지, 스스로를 경시하는 것이 아니다.

설사 당신이 천하제일의 미남 미녀로 외모를 바꾼다고 한들 능력이 없다면 외모를 통해 얻은 자신감은 일시적인 것에 불과하다. 늙고 쇠약해지면 자신감도 더불어 사라질 것이다.

오로지 능력과 재능을 갖춘 사람만이 영원히 변치 않는 자신
감을 가질 수 있다.

프로이트가 살던 집

아버지의 왕국

Freud

어린 시절 나는 이 세상에 아버지의 보호보다 더 강력하게 필요한 것이 있다
는 사실은 상상조차 할 수 없었다.

어린 프로이트의 마음속에서 어린 시절의 집은 아버지의
왕국이었다. 비록 그날 산책길에 아버지가 보여준 인내심 때
문에 어린 프로이트는 자부심에 상처를 입었지만, 그렇다고
아버지를 향한 동경심에 영향을 받은 것은 아니었다. 어린 프
로이트에게 아버지는 여전히 한 왕국의 국왕이었다.

프로이트의 아버지 야코브 프로이트(Jakob Freud)는 양털
판매업에 종사하는 상인이었다. 야코브는 1815년 독일 갈리
시아 지방에서 태어났고, 마흔 살 되던 해에 스무 살이던 프로
이트의 어머니와 결혼했다. 나이 차이가 컸기에 그는 부인을

아끼고 사랑했으며, 그녀가 낳은 첫아들 프로이트에 대한 사랑도 각별했다.

하지만 그는 프로이트와 프로이트의 모친 외에도 전처가 낳은 두 아들 임마누엘과 필립도 보살펴야 했다. 당시 임마누엘은 이미 결혼하여 존이라는 아들까지 두고 있었지만 독립하지 않고 한 집에서 살았기에 생계를 책임지는 야코브의 부담은 한층 무거웠다.

형들은 일찍이 아버지를 따라 장사를 배웠지만, 너무 젊은 탓에 장사 수완이 신통치 않았고 설상가상 유대인이라는 신분 때문에 배척까지 받아서 매번 실패했다. 그렇게 수년이 지나면서 본래 유복했던 가세는 점차 기울었고, 프로이트가 태어날 즈음에는 궁핍한 지경에 이르고 말았다. 하지만 아버지는 아무런 원망 없이 유대인 특유의 포용심과 자애심으로 가족의 생계를 꾸리는 데 온 힘을 다했다.

아버지는 매일 아침 식탁에서 가족에게 그날 해야 할 일을 정해주었다. 가령 아버지는 형들과 함께 장사를 나가고, 어머니는 집안일을 책임지게 했으며, 형수는 보모를 도와 어린 프로이트와 그보다 한 살 많은 조카 존을 보살피도록 했다. 그럴 때마다 프로이트의 눈에 아버지는 매우 엄격한 국왕처럼 보였다.

아버지가 엄격하다고 처음으로 느낀 것은 프로이트가 두 살 때였다. 그날 어머니는 동생을 돌보고 있었고, 형수는 존을 데리고 외출하고 없었으며, 보모는 주방에서 음식을 만들고 있었다. 프로이트는 혼자 남겨졌지만, 전혀 외롭지 않았다. 거실을 뛰어다니며 한창 신나게 놀던 그는 문득 허기가 지자 식품 저장실로 달려갔다. 식품 저장실 안은 항상 먹을거리로 가득 차 있었으며, 매번 보모가 그곳에서 간식을 꺼내 자신과 존에게 준다는 사실을 잘 알고 있었던 것이다. 하지만 키가 작은 프로이트는 혼자 힘으로 저장실의 문을 열 수가 없었다. 보모에게 도움을 요청하기 위해 거실을 가로지르던 프로이트는 문득 등받이가 없는 작은 걸상을 보고서 좋은 아이디어가 떠올랐다.

프로이트는 걸상을 식품 저장실 앞으로 끌고 간 뒤 그 위로 기어 올라갔다. 그런데 걸상 위에 올라타고 몸을 일으켜 세우는 순간 걸상이 뒤집히고 말았다. 이 때문에 프로이트는 몸의 중심을 잃고 바닥에 내동댕이쳐졌는데 하필 뒤집힌 걸상이 그의 입을 덮쳤다.

프로이트는 집 안이 떠나가라 엉엉 울음을 터뜨렸다. 그의 울음소리에 소스라치게 놀란 어머니와 보모가 달려왔다. 프로이트의 모습에 보모가 겁에 질린 채 소리쳤다.

"이를 어쩌면 좋아, 피가 철철 흐르는 걸 보니 치아가 모두 부러졌나 봐요."

어머니는 황급히 동생을 보모에게 맡긴 뒤 프로이트를 껴안고서 차분하게 달래주었다. 그녀는 단 한 마디의 야단조차

치지 않았다.

그날 밤 집으로 돌아온 아버지는 낮에 벌어진 소동을 듣고서 어머니와는 달리 호되게 꾸짖었다.

"이가 부러지길 잘했군."

그러고는 엄격한 목소리로 말했다.

"저 녀석에게 이번 일을 잘 상기시키도록 하시오. 그러면 앞으로 위험한 일은 하지 않겠지."

프로이트는 아버지의 거친 태도에 상처를 받았지만 아버지의 교육방식에는 불만이 없었다. 그날 이후 그는 아버지의 말마따나 유사한 위험한 일을 저지르지 않았으니 말이다. 그리고 아버지가 겉으로는 냉랭하고 엄격하지만 실상 마음속으로는 자신을 아끼고 사랑한다는 사실을 잘 알고 있었다.

두 살배기 프로이트는 곧잘 이불에 오줌을 쌌다. 어느 날, 그날도 이불에 오줌을 싸자 아버지가 야단치며 말했다.

"넌 다 큰 녀석이 왜 아직도 이불에 오줌을 싸느냐?"

프로이트는 아버지의 목을 부둥켜안으며 말했다.

"전 아직 다 안 컸어요. 이다음에 커서 어른이 되면 도시에 나가서 붉은색의 새 침대보를 사드릴게요."

아버지는 어린 프로이트의 말에 껄껄거리며 너털웃음을 터뜨렸다.

어른이 된 뒤 프로이트는 당시의 기억을 자주 들먹였다.

"어린 시절 나는 이 세상에 아버지의 보호보다 더 강력하게 필요한 것이 있다는 사실은 상상조차 할 수 없었다."

왜냐하면 아버지의 보살핌은 프로이트의 존엄과 자신감, 그리고 용기를 지켜주었기 때문이다.

올바른 사랑과 보살핌이 아이의 건강한 성장을 이끄는 관건이 된다는 사실은 의심할 여지가 없는 진리이다. 사랑과 보살핌을 받지 못한 아이는 성장한 이후 성격상 결함이 있거나 혹은 열등감, 괴벽을 갖게 된다. 최근 수년간 소년범 형사 사건이 나날이 증가하는 것도 바로 이러한 사실을 설명하고 있다.

사랑과 보살핌 속에서 자란 아이는 자신감으로 가득 차 있을 뿐만 아니라 부모의 올바르고 우수한 품성을 이어받는다. 프로이트는 아버지로부터 선량함, 단순함, 낙관성, 책임감, 인내심을 물려받았다. 이러한 품성은 그의 언행과 행동거지로 구현되었으며 평생을 따라다녔다. 훗날 프로이트가 가계를 위해 의학 공부를 중단한 것도 실상 그의 아버지가 묵묵하게 가족의 생계를 책임지던 모습에서 무의식적으로 감화를 받은 결과였다.

어린아이의 눈에 집은 하나의 왕국이고, 아버지는 그 왕국의 국왕이다. 국왕의 품성은 아이의 미래의 품성을 결정짓는다. 여기서 보듯이, 좋은 아버지가 되는 것이 자식에게 얼마나 중요한 영향을 미치는지 알 수 있다.

오이디푸스 콤플렉스의
근원

Freud

인간은 천성적으로 '아버지를 살해하고 싶은 콤플렉스'를 갖고 있다. 태어난 순간부터 숙명적으로 아버지의 통제와 지배에서 벗어나기 위해 경쟁을 벌여야 한다. 독립적이고 자유로운 권리를 쟁취하고 더 나아가 가정과 사회에서의 주도권을 장악하기 위해서다.

아버지의 질책이 항상 자식을 사랑하고 애지중지하는 마음에서 비롯되는 것은 아니다. 때로는 호된 책망과 실망이 담겨 있을 때도 있다.

프로이트는 줄곧 부모님과 한 방에서 함께 잠을 잤다. 그러다 나중에 여동생이 태어나고 아기 침대를 내주면서 비로소 다른 방에서 따로 잠을 자게 되었다.

그해는 프로이트가 채 세 살이 되지 않은 때였다. 프로이트는 너무 어렸기에 캄캄한 밤이 참으로 무섭기만 했다.

어느 날 밤, 문득 꿈에서 깨어난 프로이트는 방 안을 뒤덮은 칠흑 같은 어둠에 그만 공포심에 휩싸이고 말았다.

어린 프로이트는 황급히 침대를 박차고 일어나 부모님의 침실을 향해 달려갔다. 방문 앞으로 오자 그제야 두려움이 가시고 마음이 안정되었다. 그런데 두려운 마음이 사라지고 나자 이젠 슬그머니 호기심이 일었다. 부모님의 침실 안에서 이상한 소리가 들려왔기 때문이다.

프로이트는 이내 어머니의 신음임을 알 수 있었다. 뭔가에 짓눌린 채 나지막하게 들려오는 소리는 환희에 찬 것 같기도 하고 고통스러워하는 것 같기도 했다. 프로이트는 어머니에게 무슨 일이 생긴 것은 아닌지 걱정되어 곧장 침실 안으로 뛰어들어 갔다.

이내 눈에 들어온 것은 맨살이 드러난 아버지의 등과 그 아래에 짓눌려 있는 어머니의 모습이었다. 프로이트는 소스라치게 놀란 나머지 한 마디도 못 한 채 멍하니 부모님을 바라보았다. 어린 프로이트로서는 왜 아버지가 어머니를 억누르고 있는지 알 수가 없었다.

'어머니는 매우 괴로워하고 있는 것이 분명해. 그렇지 않으면 왜 그런 이상한 소리를 내겠어?'

부모님은 갑작스레 침실로 뛰어든 아들의 등장에 소스라치게 놀라고 말았다. 아버지는 동작을 멈추고 당황한 듯 황급히 이불로 몸을 감춘 뒤에야 뒤를 돌아보았다. 아들은 침실을 나갈 생각도 않고 오히려 호기심 어린 다소 멍한 눈빛으로 뻔히 쳐다보고 있었다. 그런 아들의 모습에 아버지는 얼굴을 들 수가 없었다. 아버지의 존엄이 땅바닥에 떨어지는 느낌이었다.

아버지는 냉랭한 표정으로 호통을 쳤다.

"어서 네 방으로 돌아가거라."

"무서워요."

프로이트는 아버지의 몸에 깔려 있는 어머니를 걱정스러운 듯 쳐다보며 고집스럽게 말했다.

"어머니랑 같이 잘래요."

평소의 아버지라면 분명 부모님과 함께 자고 싶다는 자신의 간청을 들어주리라 믿었던 것이다. 하지만 이번에는 프로이트의 생각이 틀렸다. 아버지는 다소 화가 치민 듯한 모습으로 프로이트를 강제로 끌어내어 자신의 방으로 돌려보냈으니 말이다.

어린 프로이트는 아버지가 왜 화를 내는지 이해할 수가 없었다. 하지만 '아들로서 아버지에게 통제되고 지배당하며 주도권이 없던' 그 순간의 의식은 그의 심리 속에 움을 틔우기 시작했다.

그러한 의식은 훗날 프로이트가 '오이디푸스 콤플렉스'의 개념을 창안하는 근원이 되었다.

프로이트는 오이디푸스 콤플렉스를 이렇게 설명한다.

"인간은 천성적으로 '아버지를 살해하고 싶은 콤플렉스'를 갖고 있다. 태어난 순간부터 숙명적으로 아버지의 통제와 지배에서 벗어나기 위해 경쟁을 벌여야 한다. 독립적이고 자유로운 권리를 쟁취하고 더 나아가 가정과 사회에서의 주도권을 장악하기 위해서이다."

그 일 이후 아버지를 대하는 프로이트의 태도는 양극단으로 나뉘었다. 한편으로는 아버지를 존경하고 숭배하면서도 또 다른 한편으로는 아버지에게 반항하기 시작했던 것이다. 물론 어린아이의 방식으로 말이다.

다섯 살 되던 해, 아버지는 프로이트와 여동생에게《페르시아 여행기》라는 그림책을 선물해주었다. 그림책이 좋았던 프로이트는 곧잘 여동생과 나란히 앉아 책을 보았다. 하지만 당시 세 살배기 여동생은 그림책을 보는 것보다는 책장을 찢는 것을 더 좋아했다. 프로이트는 책장을 찢는 여동생을 말리려고 했지만 그럴 때마다 아버지의 저지에 가로막혔다. 아버지의 생각은 이랬다.

"동생이 즐거워하면 그것으로 됐다. 까짓것 책쯤이야 실컷 찢으라지."

프로이트는 아버지의 그러한 교육방식이 옳지 않다고 여겼다. 그래서 아버지에게 말대꾸하며 맞섰지만 아버지의 생각을 바꿀 수는 없었고, 여동생의 책을 찢는 행위도 막아낼 수 없었다.

그 뒤부터 프로이트에게는 책을 사서 모으는 버릇이 생겼다. 수중에 돈이 없으면 남에게 빌려서라도 책을 샀다. 급기야 프로이트가 책을 사느라 빌린 돈이 제법 큰 빚으로 늘어났다. 그 바람에 그의 아버지는 꽤 오랜 기간 아들 대신 빚을 갚아야 했고, 그 일로 프로이트는 아버지에게 적잖은 원망을 들어야 했다.

비록 프로이트는 부모님에게 공부하기 위해 책이 필요했다고 말했지만, 사실 그러한 행동은 마음속 깊은 곳에 감춰져 있던 아버지를 향한 일종의 반항심 표출이었다!

사실 모든 남자아이는 프로이트와 비슷한 심리를 경험한다. 한편으로는 아버지의 관심과 사랑을 받고 싶어 하면서도 또 다른 한편으로는 아버지의 권력 범위에서 벗어나기를 갈망한다.

이러한 양극단의 정서가 상호 충돌하면서 남자아이들은 순종과 반항이 공존하는 연령대를 보내게 마련이다. 양극단의 정서가 오래도록 공존하면 때로는 성인이 되어 가장이 된 뒤에야 비로소 모순된 정서가 차츰 조화를 이룬다. 혹은 아버지가 늙고 기력이 떨어져 한 가정의 지배자로서의 권위를 잃게 되면 그제야 반항의 대상이 사라지기도 한다.

저런 녀석이
커서 뭐가 되겠어?

Freud

마치 몽둥이로 얻어맞은 듯 나의 야망에 큰 상처를 입었다. 그날의 일은 그 후 꿈속에 자주 반복되었다. 하지만 그 꿈속에는 언제나 내가 이룩한 성취도 함께 등장했다. "내가 얼마나 잘난 아들인지 보입니까?"라고 말하고 싶었던 것이리라.

프로이트의 반항은 아버지를 적잖이 실망시켰다. 하지만 교육 수준이 낮은 장사꾼이었던 그의 아버지는 아들의 심리나 정서를 이해하지 못했다. 그저 남자아이들이 성장 과정에서 필연적으로 거치는 치기 어린 반항기라고만 여겼다.

아버지는 비록 교육 수준이 낮았지만 성격이 화끈하고 단순한 사람이었다. 그의 머릿속에는 가족을 먹여 살릴 돈을 벌어야 한다는 생각과 가족에 대한 사랑이 전부였다. 그처럼 아

▼

들을 사랑했기에 아들에 대한 실망감을 눈곱만큼도 드러내지 않았다.

프로이트가 일곱 살이던 해 어느 날이었다. 그날 밤 프로이트는 막무가내로 부모님과 한 침대에서 자겠다고 생떼를 부렸다. 어머니가 온갖 말로 구슬려도 도통 소용이 없었다. 고집불통 아들 앞에서는 어머니도 속수무책이었고, 급기야 아버지까지 나서게 되었다. 아들의 생떼에 도무지 참을 수 없었던 아버지는 매섭게 호통을 쳤다.

"다 큰 녀석이 부모랑 한 침대에서 자겠다니, 저런 녀석이 커서 뭐가 되겠어?"

평소 자신을 애지중지하고 보호해주던 아버지의 자상함은 찾아볼 수 없고 오로지 질타와 실망으로 가득 찬 호통이었다. 그러한 아버지의 질타에 프로이트는 자존심에 큰 상처를 받고 말았다.

프로이트는 말없이 눈물이 그렁그렁한 채로 자기 방으로 돌아갔다. 일곱 살 프로이트는 침대에 드러누워 창밖으로 비치는 달빛을 바라보며 좀체 잠을 이루지 못했다. 아버지의 매서운 질타가 계속 머릿속에 맴돌았다.

"저런 녀석이 커서 뭐가 되겠어…… 저런 녀석이 커서 뭐가 되겠어…… 뭐가 되겠어……."

그날 아버지가 내뱉었던 질책과 당시의 광경은 꽤 오랫동안 프로이트의 꿈속에 나타났다. 매번 그 꿈을 꿀 때마다 프로이트는 상처를 입곤 했다.

　대다수 사람은 타격을 받으면 비관적이고 소극적으로 변한다. 수많은 청소년이 성장기에 상처를 받고 자포자기에 빠지는 사례는 우리 주변에서도 쉽게 볼 수 있다. 그러나 프로이트는 그와는 정반대였다. 프로이트의 자존심에 상처를 준 타격은 그를 열등감에 빠뜨리기는커녕 오히려 그에게서 긍정적인 에너지를 불러일으키는 촉매제가 되었다. 프로이트는 자신이 장래성 있는 존재라는 사실을 아버지에게 증명하고 싶었다.

　그날 이후 프로이트는 공부에 열중했다. 수년이 지난 뒤 프로이트는 유명한 정신심리학 의사가 되었다. 프로이트는 자신이 끊임없이 노력한 이유가 바로 아버지의 실망에 가득 찬 질책이 잘못된 것임을 증명하기 위해서였다고 스스로 밝혔다.

　사회적 성공을 거둔 뒤에도 프로이트는 종종 당시의 일을 회상했다. 언젠가 친구에게 이렇게 말한 적도 있다.

　"그때 아버지의 질타는 나의 장래 포부에 큰 타격을 주었네. 그렇기에 그때의 광경이 오랜 시간 내 꿈속에 반복해서 출현했던 거지. 하지만 그럴 때마다 내가 이룩한 성과도 함께 꿈에 나타났네. 마치 아버지에게 '보세요, 난 이미 출세했다고요!'라고 말하고 싶었던 것 같아."

　프로이트의 마음속에는 이미 그때부터 아버지를 향한 반항심의 씨앗이 움트고 있었지만, 그는 여전히 아버지를 사랑하고 존중했다. 그래서 아버지를 실망시키고 싶지 않았던 것

▼

이다.

'자식을 제대로 교육하지 않는 것은 아버지의 잘못이다'라는 말이 있다. 하지만 진정으로 좋은 아버지가 되기 위해서는 큰 지혜가 필요하다. 진정한 아버지로 불리고 싶다면, 아이가 사리 분별력과 대범하고 강인한 품성을 지니도록 단련시켜야 한다.

일부 아버지는 지나치게 자식을 사랑한 나머지 위엄을 잃어서 아이가 거만하고 제멋대로인 성격으로 자라기 십상이다. 반면에 또 일부 아버지는 지나치게 엄격한 나머지 애정 표현이 부족해서 아이가 나약하고 소극적인 성격으로 변한다. 이러한 사례는 우리 주변에서 부지기수다.

아마 대부분의 사람은 핑곗거리를 찾을 것이다. 큰 지혜가 있으려면 높은 학력이 필요하기에 고학력의 우수한 사람만이 지혜로운 아버지가 될 수 있다고 말이다. 하지만 이는 완전히 틀린 말이다.

프로이트의 아버지는 어떤가? 그는 제대로 된 교육도 받지 못했지만, 은연중에 자식들에게 많은 영향을 미쳤다.

사실 좋은 아버지가 되는 방법은 지극히 간단하다. 그저 상벌을 명확하게 하면 된다. 즉, 옳은 일을 하면 칭찬해주고, 잘못을 저지르면 지적하고 감독하는 것이다.

얼핏 보기에는 매우 단순해 보이지만 그 속에는 아버지의 깊은 사랑이 담겨 있다. 이러한 아버지의 사랑은 아이의 투지력과 용기를 북돋워 인생길에서 적극적이고 진취적인 태도를 지니게 해준다.

점성술을 좋아하는 것은
결코 나쁜 게 아니다

Freud

여자들은 정말 귀찮은 존재로서 영원한 골칫거리의 근원이다. 그러나 여자는 우리가 소유하고 있는 것들 중에 최고다. 그들이 없다면 모든 것이 한층 엉망진창이 되었을 것이다.

프로이트는 아버지와의 관계에 반하여 어머니와의 관계는 매우 좋았다.

어머니에 대한 어린 프로이트의 최초 기억은 어머니가 점성가를 불러 그의 운세를 점친 일이었다.

프로이트의 어머니 아말리에 나타우젠(Amalie Nathausen)은 장신에 이목구비가 뚜렷한 유대인 여성이었다. 그녀는 유대인 여성으로서의 좋은 품성, 즉 총명함과 아름다움 그리고 선량함과 자애로움을 모두 갖추고 있었다.

▼

아말리에는 프로이트의 아버지 야코브 프로이트와 결혼했을 당시 갓 스무 살이었다. 이제 막 꽃이 피기 시작한 나이에 그녀는 매우 복잡한 한 가정의 안주인이 되었다.

당시 야코브 프로이트는 이미 두 차례나 결혼에 실패하고 두 아들과 함께 살고 있었다. 큰아들은 새로 들어온 계모 아말리에보다 네 살이 더 많았고, 둘째 아들은 아말리에와 동갑내기였다. 다시 말해서 프로이트의 어머니는 그 어린 나이에 결혼과 동시에 자신보다 나이가 많은 세 명의 남성을 상대해야 했다.

어린 부인 역할은 비교적 수월했지만 어린 계모로서 장성한 아들을 다루는 것은 대단히 어려운 일이었다. 겨우 스무 살의 그녀는 지극히 복잡다단한 가족관계를 처리해야 했는데, 총명한 머리만으로는 결코 해낼 수 없는 일이었다.

아말리에는 총명할 뿐만 아니라 운명을 믿는 여인이었다. 운명을 믿는다는 것은 곧 운명이 안배해준 모든 것을 기꺼이 따른다는 뜻인데, 유대인 여성들은 이를 미덕이라고 여겼다. 그리고 바로 이 점 덕분에 그녀는 새로운 가정의 복잡한 인간관계를 균형 있게 처리하면서 프로이트 가문에서 자신의 위치를 공고히 했다.

유대인 전통문화 중에 신비한 점성술이 있는데, 주로 편벽한 지역에 사는 하레디(Haredi) 교파들 사이에서 특히 성행했다. 점성술은 동양에도 있다. 우리는 이를 문자언어로는 '예측'이라고 하고 속어로는 흔히 '점치다'라고 표현한다.

운명을 믿은 아말리에는 프로이트를 낳자마자 아들의 미래 운세가 몹시 궁금했다. 사실 첫 아이를 낳은 여성들 중에 앞으로 자식이 어떤 삶을 살지 궁금해하지 않는 이가 어디 있겠는가? 무릇 어머니라면 아이의 인생길이 행운으로 가득할지 아니면 불운으로 점철될지, 혹은 좋을지 나쁠지 모두 알고 싶을 것이다. 왜냐하면 아이가 불운을 피하고 평생 행복한 삶을 살기를 바랄 테니 말이다.

바로 그런 이유로 아말리에는 프로이트가 태어난 지 얼마 지나지 않아 점성가를 집으로 초대했다. 그 점성가는 마을 사람들이 존경해마지 않는 유대인 노파였다.

아말리에에게 풍성한 식사 대접을 받은 노파는 갓 태어난 프로이트를 품에 안고서 얼굴을 요모조모 뜯어보며 뭔가를 중얼거렸다. 그러고는 한참 동안 노파만이 알 수 있는 방법으로 아이의 운세를 추산하고 나더니 환한 미소를 지으며 아말리에에게 말했다.

"이 아이는 장차 큰 인물이 될 걸세!"

사실 이런 예측 결과는 지극히 당연했다. 이 세상의 모든 어머니는 아들이 커서 출세하기를 꿈꾸지 않는가? 노파는 바로 그 점을 공략한 것에 불과했다. 그런 면에서 볼 때 노파는 점성가라기보다는 사람의 심리를 훤히 꿰뚫은 노회한 경험자였다.

아말리에는 뛸 듯이 기뻤다. 그날 밤 프로이트의 아버지가 집으로 돌아오기가 무섭게 그녀는 낮에 노파가 들려준 아들의 운세를 남편에게 전해주었다.

야코브 프로이트 역시 크게 기뻐했다. 사업 실패로 가세마저 기울게 만든 장성한 두 아들은 그의 큰 골칫거리였다. 그러던 차에 새로 태어난 아들은 두 아들과는 달리 자신을 힘들게 하는 일이 없을 것이라는 사실에 당연히 무척 기뻤던 것이다.

사실 당시 프로이트의 집안은 돈이 부족하여 꿔다 쓸 정도여서 가족의 생계를 꾸리기조차 버거웠다. 그래서 자식이 좋은 교육을 받아 성공할 수 있도록 온전히 지원하는 것은 엄두조차 낼 수 없었다. 그러나 그날 점성가에게 아이의 미래 운세를 들은 부모는 프로이트만큼은 좋은 교육을 받도록 끝까지 지원해야겠다고 결심했다.

그 후 두 사람은 아들의 교육 환경을 위해 많은 노력을 했다. 가령 프로이트가 네 살 되던 무렵에는 장성한 두 아들 임마누엘과 필립을 분가시키고 빈으로 이사를 했다. 이것 역시 점성가가 예측한 프로이트의 미래 운세 때문이기도 했다.

빈에서 프로이트의 부모는 또 한 차례 아들의 운세를 봤다. 이는 프로이트가 장래 큰 인물이 될 것이라는 부모의 믿음이 확신으로 바뀌는 계기가 되었다.

프로이트가 열한 살 되던 해였다. 어느 날 저녁 부모는 프로이트와 동생들을 데리고 빈의 교외에 있는 유명한 프라터 공원으로 산책을 나섰다. 프로이트 가족은 공원 안에 있는 음식

점에서 매우 특이한 남성과 마주쳤다.

그 남성은 식당 안의 테이블을 옮겨 다니면서 식사를 하고 있던 손님들에게 즉흥시를 읊어주고 미래를 예언해주고 있었다. 그 남성을 보는 순간 아말리에는 오래전 점성가 노파가 프로이트의 운세를 봐준 일이 떠올랐다. 그래서 야코브에게 그 남성한테 프로이트의 미래를 살펴달라고 청했다. 프로이트의 아버지는 아내의 부탁을 흔쾌히 들어주었다.

어느새 독립적인 사고력이 생긴 프로이트는 그런 어머니가 이해되지 않았다.

'여자들은 정말 귀찮은 존재야. 영원한 골칫거리의 근원이라고.'

그는 짜증이 솟아올랐지만 온화한 미소로 자신을 바라보는 어머니의 모습에 금세 짜증은 온데간데없이 사라졌다.

'여자는 우리가 소유하고 있는 것들 중 최고야. 그들이 없다면 모든 것이 한층 엉망진창이 되었을 거야.'

프로이트 가족의 요청에 예언가가 그들 테이블로 자리를 옮겨왔다. 남성은 프로이트 가족에게 인사를 하고 나서는 대뜸 아무런 말도 하지 말라고 요청했다. 미래를 점쳐줄 대상을 자신이 직접 고를 작정이었던 것이다.

남성은 프로이트 가족을 한 번 빙 둘러보더니 이윽고 프로이트에게 다가가서 짧은 즉흥시 한 수를 읊었다. 그러고는 잔뜩 흥분된 어조로 프로이트의 부모에게 이렇게 말했다.

"이 아이의 미래를 점쳐봤는데, 장래에 내각의 장관이 될 재목입니다."

사실 프로이트의 부모는 아들이 아닌 다른 이의 미래를 살펴봐주는 건 아닐까 내내 전전긍긍했다. 하지만 남성이 그들의 속내를 꿰뚫듯 프로이트를 지목한 데다 그 예언의 내용 또한 과거 점성가 노파가 예측했던 것과 똑같자 기쁨을 감추지 못했다.

두 번에 걸쳐서 아들의 운세를 보고 난 뒤 프로이트의 부모는 장래 아들이 대단히 큰 인물이 되리라고 확신하게 되었다. 아들의 교육을 위해서는 모든 것을 희생하리라 다시금 결심하게 된 것이다. 그 후 가난으로 고통받는 중에도 프로이트의 부모는 단 한 번도 아들의 교육을 포기한 적이 없었다.

대부분의 사람은 운세를 점치는 것을 한낱 미신으로 여긴다. 사실 미래의 운세를 점치거나 예측하는 것은 조물주가 미리 결정해놓은 인간의 운명을 들여다보는 일이 아니다. 바로 심리학과 깊은 관계가 있는데, 이러한 사실을 아는 이는 그리 많지 않다. 사실 운세의 결과가 좋고 나쁘고는 그 결과를 받아들이는 이의 심리와 밀접한 관계가 있다.

예컨대 운세가 나쁠 때 크게 실망하고 비관적이 된다면 모든 일의 추이가 나쁜 방향으로 발전하여 마지막에는 나쁜 결과를 얻게 된다.

▼

반면에 프로이트처럼 운세가 좋게 나올 경우 부모는 자식에 대한 기대에 가득 차서 아들을 '큰 인물'로 만들기 위한 조건을 충족하기 위해 노력하게 된다. 그러한 조건은 운세가 예측한 대로 프로이트가 '큰 인물'이 되도록 재촉하는 촉매제 역할을 한다.

여기서 알 수 있듯이 개인 혹은 가정이 미래를 긍정적으로 예측한 결과를 얻는 것은 결코 나쁜 일이라고 할 수 없다.

한번 생각해보라. 두 차례의 긍정적인 운세 풀이를 듣지 못했다면 어떻게 가난한 가정환경에서 프로이트가 오롯이 공부에 전념할 수 있도록 부모의 전폭적인 지원이 가능했겠는가? 그의 부모에게는 프로이트 말고도 키워야 할 자식이 일곱이나 되었는데 말이다.

최초의 스승이
정말 중요하다

Freud

어머니의 품 안에서 사랑을 듬뿍 받은 아이는 평생 자신이 정복자라고 느낀다. 그러한 성공에 대한 자신감은 현실적인 성공을 가져다준다.

프로이트에게 어머니는 이 세상에서 가장 아름다운 여인이자 그의 인생을 따스하게 하고 사랑과 지식으로 충만하게 만들어주는 원천이었다.

프로이트가 생애 처음으로 읽은 책은 성경이었다. 그를 성경 속으로 이끈 이는 다름 아닌 그의 어머니였다. 어머니는 프로이트가 성경 구절을 읽을 수 있도록 글을 가르쳤는데, 그야말로 프로이트에게는 최초로 지식을 전파해준 계몽의 전도사였다. 하지만 정작 프로이트는 글자를 익히는 것보다는 성경 속에 나오는 이야기를 더욱 흥미진진해했다.

프로이트는 프라이베르크에서 살던 시절 이층집의 다락방에서 창문을 통해 비치는 햇빛을 바라보기를 즐겼다. 그럴 때면 밝은 햇살을 바라보며 '하나님이 이르시되 빛이 있으라 하시니 빛이 있었다. 덕분에 세계가 밝아졌으니 얼마나 아름다운가!' 하는 생각에 잠겼다.

부모님을 따라 교회에 가서 기도할 때는 이런 의문에 휩싸이곤 했다.

'인류가 대재앙에 빠졌을 때 왜 노아만이 하나님의 은총을 받은 걸까?'

마을의 이웃이 병에 걸려 죽었을 때는 슬픔에 잠긴 채 이런 생각을 했다.

'욥은 온갖 핍박과 수난 속에서도 왜, 어떻게 강인할 수 있었던 걸까?'

어머니는 경건한 유대교인으로서 자신의 신앙을 아들의 가슴속에도 심어주고 싶었다. 그래서 역사, 문화, 정치, 경제가 융합된 지식의 보고인 성경으로 어린 아들의 마음속에 철학의 씨앗을 뿌렸을 뿐만 아니라 무의식중에 아들의 지혜도 일깨웠다.

프로이트는 어린 시절 아버지가 길거리에서 유대인이라는 이유로 모욕을 당해도 한마디 대꾸도 하지 못했던 일에 형언할 수 없는 굴욕감을 느끼고 있었다.

당시 아들의 심적인 변화를 제일 먼저 눈치챈 사람은 지혜로웠던 아말리에였다. 그녀는 먼저 보모를 시켜 아들을 밖으로 내보내 기분 전환을 시킨 뒤 성경 속 이야기를 들려주었다. 그 과정에서 두 모자는 유대인의 기원과 조상들이 기나긴 역사 속에서 겪은 온갖 수난의 이야기를 나누었다.

어머니는 프로이트에게 그들의 조상은 오래전부터 라인 강변(쾰른)에서 정착했지만 14, 15세기 무렵 유대인이 대핍박을 당하면서 고향 땅을 등지고 동쪽으로 피난을 갔고, 19세기 무렵에는 다시 리투아니아를 떠나 갈리시아 지방을 거쳐 독일 오스트리아 지역으로 되돌아왔다고 이야기해주었다. 어머니는 또한 프로이트에게 조상들이 찬란한 문명과 풍성한 문화를 창조하고 지혜와 창의력을 갖춘 민족으로서, 길거리에서 낯선 이들에게 수모를 당할 하등 민족이 아니라고 일러주었다.

어머니의 가르침은 어린 프로이트의 마음속에 자신감의 씨앗을 뿌려주었다.

성경 속의 용감하고 강인하며 독립적인 사상을 지닌 인물들은 어린 프로이트의 마음속에서 사악하고 불평등한 악의 무리와 투쟁하는 영웅으로 자리 잡았다. 프로이트는 그들을 진정으로 숭배했다. 그러한 숭배와 존경은 프로이트의 인생관과 가치관 그리고 도덕관을 형성해주었고, 더불어 그의 피속에 흐르던 유대인 특유의 정복욕과 자신감을 한층 일깨워주었다.

세월이 흐른 뒤 프로이트는 자서전에 이렇게 밝혔다.

'나는 글자를 배우기 시작하면서부터 성경 속 이야기에 사로잡혔다. 그 이야기들은 나의 취미와 기호에 오랫동안 큰 영향을 미쳤다.'

프로이트에게 성경 속 이야기는 풍부한 정신적 자산이 되었고, 이후 정신분석 연구를 하는 데도 무궁무진한 깨달음과 영감을 주었다.

그리고 이러한 모든 것은 어머니 아말리에의 공로였다.

만일 어머니가 프로이트에게 보여준 생애 최초의 책이 성경이 아니고 다른 책이었다면 어땠을까? 프로이트가 자신감을 얻고 훗날 정신분석학의 대가가 될 수 있었을까?

프로이트는 성년이 된 뒤 이런 말을 했다.

"어머니의 품 안에서 사랑을 듬뿍 받은 아이는 평생 자신이 정복자라고 느낀다. 그러한 성공에 대한 자신감은 현실적인 성공을 가져다준다."

이는 자신의 경험을 토대로 한 말이었다.

유년 시기에 좋은 깨달음을 주고 인내심을 갖고 올바른 길로 인도해주는 어머니가 곁에 없었다면, 유대인이 배척당하던 그 시대에 프로이트가 어떻게 그처럼 강력한 자신감을 키워갈 수 있었겠는가? 어쩌면 열등감에 사로잡힌 유대인으로 성장하여 비천한 삶을 살았을지도 모른다.

이러한 사례를 보면 한 사람의 인생에서 첫 번째 스승이 얼마나 중요한 역할을 하는지 알 수 있다!

교육 방면에서 상당수 사람이 하기 쉬운 한 가지 오해가 있다. 유치원과 초등학교의 선생님만이 인생에서 깨달음을 주는 첫 번째 스승이라고 여기는 점이다. 사실 그러한 관점은 잘못된 것이다.

이른바 깨달음을 주는 첫 번째 스승은 처음 그 사람을 인도하고 격려해주는 사람이다. 한 사람의 인생에서 그러한 최초의 깨달음을 주는 스승은 오로지 그 사람에게 생명을 부여한 부모뿐이다.

어떤 부모는 이렇게 말할 것이다. 프로이트의 부친처럼 가족의 생계를 꾸리기 위해 온종일 고군분투해야 하는데 아이를 올바른 길로 인도하고 격려할 시간이 어디 있냐고.

하지만 이는 잘못된 주장이다. 아이는 태어난 날부터 부모와 함께 생활하면서 부모의 말과 행동을 잠재의식 속에서 익히게 된다. 부모는 자연스레 아이의 인생에서 첫 번째 스승이 되는 것이다. 부모로서 가장 중요한 임무는 프로이트의 어머니처럼 의식적으로 아이를 일깨우며, 올바른 생각과 인생관을 갖도록 인도하여 사회의 편견을 헤쳐 나아가는 방법을 알려주고, 자신이 살고 있는 세계를 정확하게 인식하도록 도와주는 일이다.

사랑스러운
'작은 깜둥이'

Freud

나는 오랜 세월 어린 시절의 습관을 그대로 지니고 있었다. 배가 고프면 부엌으로 달려갔고, 그럴 때마다 화로 앞에 서 있던 어머니는 저녁 식사 시간이 되어야만 먹을 수 있다며 밖으로 내보냈다.

프로이트는 어머니가 성경 속 이야기를 들려주는 것을 좋아했지만 어머니가 자신을 '작은 깜둥이'라고 부르는 소리를 더 좋아했다.

"작은 깜둥이, 저녁 식사 시간까지 꾹 참고 기다려야 해."

어머니가 돌아가실 때까지 프로이트의 귀에 맴돌던 말이었다. 이것은 그가 세상에서 들은 모든 말 중에서 가장 따스한 말이었다.

'작은 깜둥이'는 어머니가 프로이트를 부르는 애칭이었다.

프로이트는 갓 태어났을 때 신생아답지 않게 머리가 새까맣고 숱이 많았다. 그런 모습을 사랑스럽게 여긴 어머니는 갓 태어난 아들에게 '작은 깜둥이'라는 아명을 붙여주었다.

이 아명은 이복형들의 놀림감이 되었다. 형들에게는 너무나 유치하고 익살스럽게 느껴졌던 것이지만 프로이트는 그 아명이 싫지 않았다. 오히려 어머니가 '사랑스러운 우리 작은 깜둥이'라고 부르는 것에서 어머니의 두터운 사랑을 느낄 수 있었다. 심지어 잘못을 저질러 야단맞을 위기에 처하면 스스로 그 애칭을 들먹이며 어머니의 용서를 구하기도 했다.

프로이트는 세 살 무렵 어머니의 방에서 장난을 치며 놀다가 누차 주의를 받았음에도 그만 어머니가 아끼는 의자를 더럽히고 말았다. 자신이 저지른 잘못을 깨달은 프로이트는 어머니의 목을 껴안으며 이렇게 애교를 피웠다.

"화 푸세요. 앞으로 엄마 말 잘 듣는 작은 깜둥이가 될게요."

화가 머리끝까지 치밀었던 어머니는 어린 아들의 재치 있는 한마디에 단번에 화가 누그러졌다.

"사랑스러운 우리 작은 깜둥이, 엄마 이제 화 안 나는데?"

프로이트는 더럽혀진 의자를 치우는 어머니를 바라보며 이렇게 뉘우치면서 말했다.

"작은 깜둥이가 다음에 자라면 새 의자 사드릴게요."

세 살짜리 꼬마 아이의 거드름 피우는 말이었지만 어머니는 그저 대견하기만 했다. 그녀는 아들의 검은 머리를 쓰다듬으며 칭찬했다.

"이렇게 어린 나이에도 남의 물건을 망가뜨리면 배상해줘야 한다는 걸 알다니. 우리 작은 깜둥이는 정말 착하고 속 깊은 아이구나!"

어머니의 칭찬은 프로이트의 죄책감을 이성적인 사고로 전환시켰다. 어머니의 말이 한 가지 이치를 깨닫게 한 것이다. 그 이치란 남의 권리를 침범하는 것은 일종의 수치이며, 남의 물건을 훼손했을 때는 반드시 배상해야 한다는 사실이었다. 그리고 그것이야말로 문제를 처리하는 가장 적극적인 방법이라는 점이었다.

프로이트는 이때 얻은 깨달음을 인생의 준칙으로 삼고 평생 지켜나갔다. 수많은 사람에게 오해를 사고 혹은 질책을 받아도 그는 이 준칙을 어기지 않았다. 남에게 고통을 당한 만큼 고스란히 되갚아주거나 혹은 남의 권리를 침범하는 일은 결코 하지 않았다. 그러한 행위는 일종의 수치라고 여겼기 때문이다. 그런 수치스러운 일로 자신을 더럽히고 싶지 않았던 것이다.

그의 어머니는 '사랑스러운 작은 깜둥이'라는 애칭 속에서 아들이 용서와 칭찬, 그리고 많은 사랑을 받으며 성장할 수 있도록 해주었다.

아버지가 프로이트를 야단칠 때는 어머니는 한마디 말도 하지 않았는데, 아버지의 권위와 위엄을 지켜주기 위해서였다. 그 대신 아버지에게 한바탕 꾸중을 듣고 난 아들을 품에 껴안고 검은 머리를 어루만지며 이렇게 위로해주었다.

"우리 작은 깜둥이, 아버지는 네가 미워서 혼낸 게 아니란 다. 그건 잘 알아야 해."

어머니의 가르침 덕분에 프로이트는 때로는 거칠고 폭력적 인 아버지의 태도에도 특별한 반항심 없이 아버지를 변함없 이 존경할 수 있었다. 그리고 어머니에게는 단순히 존경심을 뛰어넘어 두텁고 강렬한 애착심을 갖게 되었다. '작은 깜둥 이'라는 어머니의 따스한 말에는 아들을 총애하는 무한한 사 랑이 담겨 있었고, 그러한 총애는 언제 어디서나 프로이트를 따듯하게 비춰주었다.

부모의 총애는 한 사람의 인생에서 얼마나 중요한지 모른 다! 부모의 총애를 받고 자란 아이는 외부 세상을 용감하게 대 면할 수 있고, 앞을 가로막는 모든 난관을 자신감으로 헤쳐갈 수 있으며, 자신에게 상처 주는 이를 넓은 아량으로 용서할 수 있다.

부모의 총애는 아이의 응석을 받아주거나 무조건 사랑을 베푸는 것과는 다르다. 정확하게 따지면 아이를 이해하고 보 호하는 것이다. 응석을 받아주고 무조건으로 사랑을 베푸는 것은 옳고 그름을 분별하지 못하는 일이다. 그것은 시시비비 를 올바르게 따지지 않고 아이와 관련된 일은 잘못된 것도 무조건 옳은 일로 여기는 행위다.

전자는 아이가 긍정적인 인생 태도로 매사 옳고 그름을 제대로 분별할 수 있게 해준다. 반면, 후자는 아이를 제멋대로이고 교만한 사람, 심지어 인간 도리에 어긋나는 천하의 몹쓸 사람으로 만든다.

다행히 프로이트는 행운아였다. 그를 총애하며 이해하고 보호해주는 어머니가 있었기에 긍정적이고 올바른 삶의 태도를 지닐 수 있었다.

프로이트는 어머니의 그러한 총애를 듬뿍 받았다. 훗날 여섯 아이의 아버지가 되어서도 그는 어린 시절의 습관을 그대로 지녔다. 배가 고프면 부엌으로 달려갔고, 그럴 때마다 화로 앞에 서 있던 어머니는 저녁 시간이 되어야만 먹을 수 있다며 그를 밖으로 내보냈다.

"작은 깜둥이, 저녁 시간까지 꾹 참고 기다려야 해."

우리의 마음속에는 어린아이가 살고 있다. 어머니 앞에서는 어린 시절의 나로 돌아가서 어머니의 사랑을 한껏 누린다. 어린 시절 어머니의 그러한 총애를 받지 못하고 자란 사람은 삶의 한구석에 언제나 차갑고 축축한 냉방이 자리 잡을 것이다.

어머니의 세상에서
당신은 왕이다

Freud

이 세상의 모든 어머니는 자기 아들이 훗날 출세하여 큰 인물이 되기를 바란다. 또한 많은 사람이 자신이 이루지 못한 꿈에 대한 미련을 다른 사람을 통해 보상받으려고 한다.

프로이트에게는 어린 시절부터 머릿속에 각인된 인식이 있었다. 아버지는 집안의 국왕이며, 자신은 어머니 세상의 왕이라는 인식이었다.

프로이트는 세상에 태어난 순간부터 어머니의 시간과 자유를 포함한 모든 것을 독차지했다.

프라이베르크에서 살던 시절에 어머니는 자신보다 나이가 많은 두 명의 의붓아들이 있었고, 교도소에서 수감생활을 하는 시동생이 있었다. 복잡한 프로이트 가문의 가족사에도 어머니는 의기소침해하지 않았다. 그녀는 자신의 모든 시간과 노력을 프로이트에게 쏟아부었고, 그 외의 것은 딱히 중요시하지 않았다.

훗날 프로이트 가족은 빈으로 이사했는데, 아버지의 장사 때문이기도 했지만, 무엇보다 프로이트에게 좋은 교육 환경을 만들어주고 싶어서였다.

점성가 노파가 들려준 아들의 미래 운세를 어머니는 철석같이 믿었다. 아들이 훗날 큰 인물이 되리라고 굳게 믿었던 것이다. 훗날 큰 인물이 될 아들이 시골 마을에 묻혀서 자라게 할 수는 없었기에 프로이트 가족은 빈으로 이사를 했다.

네 살 되던 해, 빈에서 생활한 지 얼마 지나지 않아 프로이트에게는 남동생 두 명과 여동생 다섯 명이 잇달아 생겼다. 하지만 동생들의 탄생은 어머니의 마음속에 굳게 자리 잡은 프로이트의 지위에 아무런 영향을 미치지 못했다. 어머니 삶의 중심추는 언제나 프로이트에게 있었다.

사실 어머니는 프로이트를 끔찍하게 사랑했다. 이 세상 모든 것을 주더라도 바꾸지 않을 만큼 말이다. 하지만 빈으로 이사 왔을 당시 프로이트 식구는 빈털터리나 다름없었기에 어머니는 프로이트에게 물질적인 풍요를 누리게 해주기는커녕 책 한 권도 사줄 수 없었다.

어머니는 아들이 문학 작품에 흥미가 많다는 것을 잘 알고 있었다. 책은 아들이 가장 아끼는 물건이었다. 다섯 살 무렵

▼

여동생이 프로이트의 책을 찢었을 때 프로이트는 여러 날을 속상해했다.

어머니는 아들에게 책을 사줄 만한 돈이 수중에 없었다. 하지만 프로이트가 여덟 살 되던 생일에 어머니는 뜻밖에도 셰익스피어 책 한 권을 선물로 내놓았다.

뜻밖의 새 책에 프로이트는 뛸 듯이 기뻐했다. 프로이트는 책을 읽고 싶어 하는 자신의 열망을 충족해주기 위해 어머니가 많은 고심 끝에 책을 장만했으리라는 사실을 짐작할 수 있었다.

이때부터 셰익스피어는 프로이트가 영원히 숭배하는 대상이 되었고, 훗날 그의 모든 연구의 시발점이 되었다.

어머니를 숭배하던 여덟 살짜리 프로이트의 감정은 셰익스피어에게로 옮겨 갔다. 그 이후 어머니에 대한 사랑과 존경심은 한층 더해졌고, 그러한 감정은 이 세상의 모든 여성에게 확대되었다.

성년이 된 프로이트는 언변이 날카롭고 신랄하게 변했으며, 때로는 빈정대는 조롱을 퍼붓기도 했다. 그럼에도 여성은 평생 단 한 번도 폄훼하지 않았다.

프로이트가 이처럼 여성을 존중한 이유를 파헤쳐보면 그 근원에는 어머니가 있다는 사실이 발견된다.

프로이트는 어머니의 세상에서 자신이 왕이라는 사실을 잘 알고 있었다. 어머니는 그가 출세하기를 바랐기에 그는 진짜

왕이 되어야만 했다. 그래야만 어머니의 염원을 풀어주고 자부심을 안겨줄 수 있으니 말이다.

사실 프로이트의 어머니가 아들에게 쏟아부은 극진한 사랑은 이 세상 모든 어머니의 심리 상태를 그대로 보여준다. 다시 말해서 이 세상 모든 어머니가 실제로 그러할 것이다.

이 세상의 모든 어머니는 자신의 아들이 훗날 출세하여 큰 인물이 되기를 바란다. 그래서 아들이 좋은 환경과 조건에서 성공을 향해 나아갈 수 있도록 최선을 다한다.

이러한 어머니의 사랑에 자식들은 감사해 마지않는다.

자식은 어머니를 존경하고, 남들이 어머니를 헐뜯는 말은 단 한마디도 용납하지 않는다. 누구라도 어머니를 헐뜯을라치면 반목하고 외면한다. 아마 이런 경우를 많이 봤을 것이다. 말다툼을 벌일 때 제아무리 고약한 욕설도 꾹 참아내면서도 정작 어머니와 관련된 욕설이 단 한마디라도 튀어나올라치면 당장 몸싸움으로 번지는 것을 말이다.

인간의 마음은 모두가 같다. 어머니의 세상에서는 내가 왕이다. 마찬가지로 나의 세상에서는 어머니야말로 생명의 근원이며 신성불가침한 존재다. 그렇기에 어머니라는 존재에 대해 단 하나의 오점을 남기는 것도 용납할 수 없는 거다.

다락방의
작은 등잔불

Freud

인생은 바둑과 같다. 단 한 번의 실수로도 게임에서 패하게 되니 참으로 슬픈 일이다. 그러나 인생은 바둑보다 더 냉정하다. 바둑처럼 한 수 무를 수도 없으니 말이다.

어머니에게 실망을 안기지 않으려고 프로이트는 열심히 공부에 매진했다.

프로이트는 입학하기도 전인 여덟 살 때부터 어머니에게 학교 교과서를 구해달라고 부탁하여 집에서 공부했다.

대개 여덟아홉 살의 소년들은 한창 세상에 대한 호기심으로 가득 차 있다. 그러한 시기에 스스로 책상 앞에 앉아 공부에 열중하는 아이가 과연 몇이나 될까? 학교 다니는 학생일지라도 어른의 지도 없이는 힘들 일을 프로이트는 스스로 해냈다.

프로이트가 어린 나이에도 공부에 열중할 수 있었던 건 어머니 때문이다. 그는 어머니를 위해 우수한 사람이 되고 싶어 했다. 어린 프로이트는 우수한 사람이 되는 방법은 바로 열심히 공부하는 것이라고 여겼던 것이다.

어머니의 지도 아래 프로이트는 비록 여덟 살밖에 되지 않았지만, 또래들보다 훨씬 어른스러운 생각과 주관을 갖게 되었다. 그는 공부의 좋은 점을 알고 꾸준히 공부해야 할 필요성도 깨달았다.

요즘 학생들 중 그러한 깨달음을 얻은 친구는 그리 많지 않다. 설사 공부의 중요성을 깨달았다고 해도 스스로 꾸준하게 공부하는 학생은 드물다.

하지만 프로이트는 시간만 나면 집 부근의 김나지움으로 달려갔다. 그는 학교 교문 앞에 엎드려서 교실에서 공부하는 학생들을 부러운 듯 쳐다보았다. 하루라도 빨리 저 교실 안에 들어가서 정규 교육을 받고 싶은 마음이 간절했던 것이다.

그러나 프로이트는 입학하기에는 아직 나이가 어렸다. 당시는 취학 연령이 열 살이었기에 이제 겨우 여덟 살인 프로이트는 몇 해를 더 기다려야만 했다.

아홉 살이 되자 학교에 다니고 싶은 갈망을 억누를 수 없었던 프로이트는 어머니에게 학교에 들어가고 싶다고 졸랐다. 항상 아들의 생각을 지지해주던 어머니는 이번에도 예외가 아니었다. 그녀는 교장을 찾아가 프로이트가 입학시험을 치를 수 있도록 부탁했다.

교장은 처음에는 허락하지 않았다. 그러나 프로이트 어머니의 끈질긴 설득에 마침내 프로이트에게 입학시험을 치를 기회를 주기로 했다.

입학시험을 치르던 날 어린 프로이트는 필기도구를 챙겨서 아이 무리에 섞여 학교 문으로 들어섰다. 나이가 어렸던 탓에 프로이트는 유독 키가 작고 왜소해 보였다. 교장은 그런 프로이트를 바라보며 입학시험을 통과하지 못할 것이라고 단정했다. 그러나 막상 입학시험 성적이 발표되자 모두 눈이 휘둥그레지고 말았다. 남다른 지능과 평소 꾸준한 학습 덕분인지 프로이트는 1등으로 순조롭게 입학시험을 통과한 것이다.

프로이트는 그해 입학시험에서 최고 점수를 차지한 학생이자 가장 나이 어린 학생이었다. 프로이트의 우수한 성적에 사람들은 깜짝 놀랐고, 어머니는 그러한 아들을 자랑스럽게 여겼다.

하지만 프로이트는 잘 알고 있었다. 우수한 성적으로 입학시험을 통과한 것은 이제 시작에 불과하다는 것을. 앞으로는 갑절로 노력해서 어머니가 자랑스럽게 여기도록 해주어야 한다는 것을. 사실 프로이트는 한 살씩 나이를 먹고 철이 들면서 집안 사정을 객관적으로 바라볼 수 있게 되었다. 온전한 교육을 받기에는 자신의 집안 경제 사정이 넉넉하지 않음을 알았다. 프로이트가 순조롭게 학업을 마치기 위해서는 학교에서

주는 여러 장학 특혜를 얻어야 했다. 가령 학비를 면제받거나 장학금을 받거나 혹은 학교의 추천으로 입학시험 면제 특혜를 받는다거나 등등.

그렇기에 프로이트는 남들보다 더 노력하지 않으면 안 되었다. 학비 면제 등의 혜택을 받지 못하면 학업을 끝까지 마칠 수 없고, 또 어머니가 자랑스러워하는 아들이 될 수 없다는 점을 정확히 직시한 것이다.

프로이트는 전보다 더 공부에 열중했다. 그는 어머니에게 다락방으로 자신의 방을 옮겨달라고 요청했다. 유일하게 조용히 공부할 수 있는 곳인 데다 밤늦게까지 공부해도 가족들의 휴식을 방해할 염려가 없었으니까.

다락방은 작고 비좁은 데다 겨울에는 춥고 여름에는 덥기에 어머니는 흔쾌히 허락할 수 없었다. 하지만 스스로 공부하려고 하는 아들의 요청을 어떻게 어머니로서 따라주지 않을 수 있겠는가?

어머니는 프로이트의 방을 옮기기 전에 먼저 다락방에 등잔불을 새로 놓았다. 당시에는 아직 전등이 없던 시대로, 대부분 촛불을 사용했고 석유등은 비교적 사치품에 속했다. 하지만 어머니는 아들의 공부를 위해 생활비를 아껴서 석유등을 사주었다. 아들의 미래를 위해서라면 어떤 희생을 치르더라도 좋은 조건을 만들어주고 싶어서였다.

이때부터 프로이트는 다락방에 틀어박혀 밥 먹고 잠자는

것조차 잊을 만큼 공부에 몰두했다. 날마다 밤이 되고 온 세상이 적막 속으로 가라앉으면 프로이트 집 다락방의 등잔불만이 홀로 칠흑의 어둠을 밝혔다.

프로이트는 나이가 어린 아이였기에 가끔 게으름을 피울 때도 있었지만 공부에 대한 의지는 확고했다. 매번 피곤해서 공부가 하기 싫어지면 스스로에게 채찍질을 했다.

"인생은 바둑과 같다. 단 한 번의 실수로도 게임에서 패하게 되니 참으로 슬픈 일이다. 그러나 인생은 바둑보다 더하다. 바둑처럼 한 수 무를 수도 없다. 두 번 다시 기회가 주어지지 않기 때문에 절대로 포기해서는 안 된다."

프로이트의 노력은 크나큰 결실로 돌아왔다. 김나지움 시절 7년 내내 1등을 놓치지 않았던 것이다. 뛰어난 성적을 받은 우수 학생으로서 프로이트는 학비 면제 등 장학 특혜를 받았다. 열일곱 살 때는 입학시험을 면제받고 명문 빈대학교 의대에 진학했다.

공부와 관련하여 '매화 향기는 찬바람을 맞으며 피어난다'라는 말이 있다. 뛰어난 재능을 갖고 싶다면 끊임없이 노력하며 숱한 난관을 헤쳐가야 한다.

프로이트는 눈앞에 가로놓인 여러 난관을 꿋꿋하게 극복하며 공부에 몰두했다. 그리고 마침내 그가 꿈꾸던 대학에 진학하여 어머니가 자랑스러워하는 명문대생이 되었다. 어머니에

게 자부심을 느끼게 해주는 자랑스러운 아들로서의 첫걸음을
내디딘 것이다.

프로이트가 살던 집

모든 생명은
결국 자연으로 돌아간다

Freud

인간은 자신의 죽음을 받아들이지 않는 게 아니라 무의식중에 자신의 불멸성을 확신하고 있는 것이다.

프로이트는 우수한 사람이 되어 어머니에게 자부심을 안겨주고자 끊임없이 노력했다. 일찍이 아들에게 생명의 탄생과 소멸에 대해 깨우쳐준 어머니는 아들의 우수한 성적에 만족했다.

프로이트가 어머니에게 삶과 죽음에 관한 깨우침을 얻은 것은 여섯 살 되던 해였다. 그날 어머니는 정원을 청소하느라 손과 옷이 온통 흙투성이였다. 프로이트는 어머니를 졸졸 따라다니며 배가 고프다고 투정을 부렸다. 일하느라 바쁜 어머니가 자신을 챙겨주지 않자 프로이트는 급기야 부엌으로 달려갔다. 그제야 어머니는 서둘러 뒤를 쫓아오며 소리쳤다.

"이 녀석, 아직 저녁 시간도 아니잖니!"

프로이트는 침울해진 얼굴로 대꾸했다.

"하지만 배가 고파서 지금 아무것도 안 먹으면 그대로 죽을 거 같아요."

어머니는 아들의 말에 웃음을 터뜨리며 이렇게 놀려댔다.

"사람이 죽으면 어떻게 되는데?"

프로이트는 어머니의 물음에 말문이 막히고 말았다. 그는 한참을 머뭇거리다 천진난만한 표정으로 이렇게 대답했다.

"그야 물론 하나님 옆으로 가겠지요."

어머니는 웃음을 멈추고 엄숙한 표정으로 말했다.

"사람은 진흙으로 빚어졌단다. 그래서 마지막에는 결국 흙으로 돌아가는 거야. 하나님 옆으로 가는 게 아니란다."

프로이트는 어머니의 말을 쉽사리 믿을 수가 없었다.

프로이트가 어머니의 말을 반신반의하는 데는 나름의 이유가 있었다. 어린 그의 머릿속은 온통 성경의 이야기로 가득 채워져 있었다. 당시 프로이트가 접할 수 있는 책이라고는 성경이 유일했으니 말이다. 그래서 프로이트는 사람이 죽은 뒤에는 하나님 옆으로 돌아간다고 굳게 믿고 있었다.

그럼에도 또 다른 한편으로는 어머니의 말을 믿지 않을 수가 없었다. 지금껏 어머니는 한 번도 자신에게 거짓말을 한 적이 없었으니까.

당시 프로이트는 어렴풋이나마 자신이 말하는 죽음과 어머니가 말하는 죽음이 별개의 것임을 인식할 수 있었다. 하지만 아직은 어린아이였기에 육체와 정신이라는 두 가지의 개념을 완전히 이해할 수는 없었다. 이는 훗날 그가 정신분석학 연구에 매달리게 된 또 다른 씨앗이 되었다.

어머니는 자신의 말이 옳다는 것을 증명하기 위해 진흙 한 줌을 집어 들어 새알심을 빚듯 두 손으로 비벼서 작은 진흙 공을 여러 개 만들었다. 그러고는 진흙 공으로 사람의 형상을 만들어 보이며 사람이 진흙으로 빚어진 과정을 설명했다.

프로이트는 어머니의 설명에 놀라는 동시에 그 말이 맞는다는 사실을 인정할 수밖에 없었다.

"그래, 생명은 원래 이처럼 마지막에는 흙으로 돌아가는 거야."

프로이트는 어머니의 주장을 인정하는 동시에 자신의 생각이 과연 옳은지를 탐구하고 증명하고 싶은 욕구에 사로잡혔다. 프로이트는 어려운 문제를 해결하는 과정이 즐거웠다. 도저히 해결할 수 없을 것 같은 난제를 파헤쳐 해답을 찾아내기를 즐겨 했다. 결국 프로이트는 대학 졸업 후 정신분석학을 선택했다.

사람은 육체뿐만이 아니라 정신도 지니고 있다. 육체와 정신 사이를 교차하는 것이 바로 꿈이다. 몸에 이상이 생겼을 때

때로는 심리적 요인이 병의 근원일 수 있다. 그래서 심리적 질환을 해결하면 신체적인 병도 자연스레 치유되곤 한다.

프로이트는 이러한 연구 과제의 해답을 찾는 데 일생을 바쳤다. 그리고 그 연구 과제에 대한 최초의 호기심은 바로 어머니와 죽음에 관하여 이야기한 데서 비롯되었다.

Chapter 2

인생의 만남;
만나는 사람들 하나하나가 인생 공부의 스
승이다

"

프로이트,
지금은
나 자신을 사랑할 때

이 세상에 태어난 순간부터 프로이트는 줄곧 복잡한 사회관계에 얽매였다. 가족의 생계를 꾸리느라 고군분투하는 아버지, 교도소에서 수감생활을 하는 삼촌, 어머니보다 나이가 많은 이복형들, 일곱 명의 동생들, 그리고 사이가 가깝기도 하고 멀기도 한 친구들. 이러한 관계 속에서 프로이트는 즐거움보다는 고뇌와 번민에 시달렸다.

그러나 프로이트는 자신을 고뇌에 빠뜨리는 이들과 화목하게 지냈다. 그에게는, 인생의 모든 만남은 인연이었다. 삶에서 만나는 사람들 하나하나가 인생 공부의 스승이었다.

거칠고 단순한 교육도
필요하다

Freud

아이들은 자신을 가르치고 교육하는 사람을 좋아한다. 설령 거칠고 우악스럽

게 대하더라도 말이다.

아이의 교육 문제에 대해 논할라치면 프로이트는 곧잘 어린 시절 프라이베르크에서 살 때 알던 한 사람을 떠올렸다. 그 사람은 바로 프로이트의 보모였다. 그녀는 늙고 못생겼지만 못하는 일이 없는 만능 재주꾼이었다.

프로이트가 한 살 되던 무렵 남동생이 태어났다. 어린 두 아들을 한꺼번에 돌볼 수 없었던 어머니는 보모를 한 명 고용해서 그녀와 함께 프로이트 형제를 돌보았다. 그러나 새로 태어난 남동생은 생후 8개월 만에 병으로 죽고 말았다. 아이를 잃고 슬픔에 빠진 어머니는 프로이트를 돌보는 일을 모조리 보

모에게 맡겼다.

보모는 나이가 많아서 프로이트를 안아 올리는 것조차 힘들어했다. 그래서 프로이트와 함께 밖에 나갈 때면 품에 안는 대신 손을 잡고 걸었다. 이는 프로이트에게 적잖은 슬픔을 안겨주었다. 그는 불쏘시개처럼 바짝 메마른 늙은 보모의 손을 잡는 것보다는 어머니의 따뜻한 품에 안기는 것이 훨씬 좋았다.

하지만 어머니의 품에 안길 수 없다는 사실보다 프로이트를 더 힘들게 하는 일이 따로 있었다. 보모는 비록 늙고 못생겼지만 유난하리만큼 깔끔해서 지저분한 아이를 결코 용납하지 않았다. 프로이트가 정원에서 흙장난을 하거나 풀밭 위에서 뒹굴기만 해도 보모는 벌컥벌컥 화내기 일쑤였다.

"오, 맙소사! 지그문트, 이렇게 지저분해지면 어쩐다니?"

"좀 전에 갈아입은 옷을 금세 더럽히다니. 냉큼 이리 오지 못해, 혼 좀 나야겠다!"

"지그문트, 저기에서 쥐죽은 듯 앉아 있어!"

귀청을 때리는 날카로운 보모의 호통 소리에 프로이트는 고막이 떨어져 나가는 듯했다. 심지어 보모는 프로이트가 너무 지저분하게 놀았다 싶으면 어김없이 볼기짝을 때리기도 했다. 프로이트가 보모의 청결 규칙을 따르지 않을 때마다 보모는 거칠고 우악스럽게 대했다.

보모의 비우호적인 태도는 프로이트를 고민에 빠뜨렸다. 물론 프로이트는 부모님에게 하소연도 해보았다. 하지만 당시 우울증을 앓고 있던 어머니는 어린 프로이트의 감정을 헤아릴 여유가 없었다. 게다가 아버지는 보모의 양육법을 적극 지지하고 나섰다. 교육 수준이 낮은 아버지의 양육방식은 보모보다 더 거칠었으니 말이다. 프로이트가 아주 어릴 때부터 아버지는 자신이 세운 규칙을 따르지 않으면 언제나 벼락같이 호통치며 화를 냈다.

한번은, 프로이트가 아버지와 함께 거리를 걷다 노상에서 한바탕 말다툼을 벌였다. 말로는 아들을 이길 수 없었던 아버지는 한순간 격노했다.

"뭐라고? 네놈이 감히 아비한테 맞서겠다는 것이냐? 아들인 네놈이 나보다 똑똑하기는 하다만 아버지에게 맞서는 것은 절대 용납할 수 없다. 꿈도 꾸지 말아라!"

당시 프로이트는 이미 머리가 굵을 대로 굵은 청소년이었다. 그럼에도 아버지는 단 한 번도 동등한 태도로 아들과 소통한 적이 없었다. 어린 시절의 가정교육이 얼마나 단순하고 거칠었을지 상상하고도 남는다.

이런 상황이었기에 어린 프로이트가 하소연하자 아버지는 위로하기는커녕 된통 야단을 쳤다.

"지그문트, 네 녀석이 또 고약한 장난을 쳤나 보구나. 그러니 보모가 그렇게 화를 냈을 것 아니냐?"

"지그문트, 난 보모가 잘못했다고 생각하지 않는다. 보모는 너를 단정하고 깔끔하게 해주고 싶었던 것뿐이다."

"그만 징징대고 보모 말을 잘 듣기나 해라."

그렇게 보모와 아버지는 프로이트를 거칠고 우악스럽게 대했다.

그럼에도 프로이트는 두 사람을 좋아했다. 보모의 단속 아래 프로이트는 항상 청결을 유지하려고 애쓰는 깔끔하고 단정한 아이가 되었다. 훗날 프로이트는 어린 시절 보모 덕분에 생긴 청결 습관이 자기 인생에 많은 도움이 되었다고 인정하기도 했다.

아버지의 거친 교육방식은 프로이트에게 좋은 습관을 길러주는 것에 그치지 않았다. 한 발 더 나아가 프로이트의 투지력을 자극했다. 예컨대 프로이트가 일곱 살 때 부모님 방에서 함께 자겠다고 떼를 쓰다 아버지에게 큰 꾸지람을 들은 일이 그러했다. 자신을 무시하는 아버지의 말에 프로이트는 자신의 능력을 입증하기 위해 꾸준히 노력하여 마침내 유명한 학자가 되지 않았는가?

성인이 된 후 프로이트는 어린 시절 보모와 아버지에게서 꾸지람을 듣던 일이 자주 꿈에 나타났다. 그래서 꿈을 통해 자신의 심리를 분석하고서는 이런 말을 했다.

"아이들은 자신을 가르치고 교육하는 사람을 좋아한다. 설령 거칠게 대하더라도 말이다."

교육 문제는 인류지대사라고도 할 만큼 매우 중요하다. 우리는 줄곧 관대하고 따뜻한 교육을 강조하며 거칠고 강압적인 교육을 거부한다. 그래서 일단 온라인상에서 교사가 체벌했다는 뉴스가 나올 때면 네티즌들이 벌 떼처럼 일어나 비판을 퍼붓기 일쑤다.

거칠고 우악스러운 교육은 아이에게 상처나 충격을 줄 수 있기에 결코 좋은 교육방식이라고 할 수 없다. 그러나 아이들은 그러한 교육방식을 그저 싫어할 뿐 결코 배척하지는 않는다. 심지어 그러한 교육방식에 오히려 고분고분 잘 따르는 아이도 있다. 왜냐하면 거칠다는 것과 난폭하다는 것은 심리적으로 전혀 다른 개념이기 때문이다. 난폭함은 적의가 담긴 경솔함과 분노를 띠지만 거칠고 우악스러움은 선의가 담긴 경솔함과 성급함을 띤다. 난폭함의 출발점은 파괴성을 띠고 있지만 거칠고 우악스러움의 출발점은 잘못을 고쳐서 개선한다는 데 중점을 두고 있다. 그래서 난폭한 교육방식은 비난과 성토의 대상이 되지만 거칠고 우악스러운 교육방식은 오히려 환영을 받는다.

우리는 어린 시절 받았던 교육을 돌이켜볼 때 종종 유난히 엄격했던 선생님에게 더 큰 고마움을 느낀다. 그러한 선생님들의 엄격함 속에는 거칠고 투박스러운 요소가 있지만, 그들의 엄격한 교육방식 덕분에 좋은 습관을 많이 기를 수 있기 때문이다.

라이벌이거나
협력자다

형제자매들은 겉으로 보기에 우애가 매우 돈독하고 서로의 죽음을 매우 슬퍼하는 것 같을지라도, 실상 잠재의식 속에는 서로에 대한 적의가 가득하다.

어린 시절의 기억에는 비우호적이지만 악의가 없었던 보모 외에도 프로이트의 머릿속에 깊이 각인된 또 다른 인물이 있다. 바로 한 살 많은 조카 요한이었다. 네 살 이전까지 프로이트의 시간 속에는 언제나 요한이 그림자처럼 함께했다.

당시 한집에서 살고 있었기 때문에 조카 요한은 프로이트가 태어난 그날부터 아침저녁으로 얼굴을 맞대야 하는 동무가 된 셈이다. 비슷한 또래의 두 아이는 동무이기도 했고 라이벌이기도 했다. 요한은 프로이트보다 한 살 많다는 우월감으로 걸핏하면 어린 삼촌을 괴롭히기 일쑤였다.

▼

프로이트는 요한에게 밀쳐져 넘어지거나 혹은 장난감을 빼앗기는 일이 일상다반사였고 반격할 엄두조차 내지 못했다. 그날도 여느 때처럼 요한에게 밀쳐져서 넘어진 프로이트는 벌떡 일어나 온 힘을 다해 요한을 밀어뜨려 바닥에 내동댕이쳤다. 뜻밖에 프로이트에게 반격을 당한 요한은 급기야 엉엉 울음을 터뜨렸다.

저녁에 프로이트의 아버지가 집으로 돌아오자 요한은 쪼르르 달려가 할아버지에게 하소연했다. 프로이트의 아버지는 아들을 나무라며 말했다.

"왜 요한을 때렸느냐?"

두 살배기 프로이트는 허리를 꼿꼿이 세우고 아버지의 얼굴을 빤히 쳐다보았다. 조금도 위축되지 않은 표정으로 이렇게 항변했다.

"요한이 나를 먼저 때렸어요. 난 똑같이 갚아준 것뿐이에요."

이 말을 들은 아버지는 더 이상 나무라지 않고 껄껄거리며 웃음을 터뜨렸다. 비록 아버지는 아무런 말이 없었지만 그의 웃음소리 속에서 프로이트는 자신을 총애하고 비호하고 칭찬하는 아버지의 마음을 느낄 수 있었다. 아버지의 너털웃음은 프로이트에게 왕관을 씌워준 것이나 다름없었다. 이때부터 프로이트는 요한이 때릴 때마다 똑같이 되갚아주었다. 그렇게 하면 아버지의 칭찬을 받을 것이라 믿었던 것이다.

그 후 요한에게 더 이상 괴롭힘 당하는 일이 없어졌다. 아니, 되려 요한이 프로이트에게 맞아 울기 일쑤였다. 그렇게 프라이베르크의 작은 집에서는 종종 어린 요한의 울음소리가 터져 나왔다.

요한이 울음을 터뜨리게 했다고 나무라는 어른들도 없었다. 어차피 프로이트는 요한보다 한 살 어린 데다 촌수로 따지면 삼촌이었으니 말이다. 요한은 온종일 투덜거리며 원망을 쏟았지만 바뀌는 일은 없었다. 그렇게 시간이 지나면서 요한은 어린 삼촌 프로이트에게 점차 맞서지 않게 되었고 오히려 그를 따르는 종속관계가 되었다.

그로부터 10년 뒤 요한이 영국에서 빈으로 조부모를 보러 왔을 때 두 사람은 재회하게 되었다. 그동안 변한 것이 있다면 어린 시절 서로에 대한 적대감은 사라지고 어느새 한층 친근해진 기분이었다.

두 사람은 함께 게임을 했다. 요한은 여전히 프로이트에게 그 어떤 적대심이나 경쟁심도 없었다. 처음에는 적대심을 갖고 자신에게 맞섰던 조카가 고분고분 잘 따르는 종속관계로 변했고, 어른이 되어서도 여전히 그 성향이 바뀌지 않은 것을 보고 프로이트는 한 가지 결론을 내렸다. 즉, 유년 시절의 관계는 훗날 동년배와의 모든 관계를 결정짓는다는 사실이다.

어린 시절 요한과 친하면서도 적대적이던 생활 모식은 성년이 된 뒤 프로이트의 정신생활 속에서 친구와 경쟁자가 동시에 공존하도록 했다. 그 때문에 프로이트는 종종 한 사람에게서 우정과 적대심을 동시에 느꼈다. 다시 말해서, 프로이트는 두세 살 때부터 잠재의식 속에 또래 친구에게 우호적이면서도 적대적인 감정을 갖게 되었다. 그리고 이러한 관계 모식은 훗날 칼 구스타프 융(Carl Gustav Jung), 알프레드 아들러(Alfred Adler), 오토 랑크(Otto Rank) 등 친밀한 친구들과 결국 결별하게 만들었다.

누구나 인간관계에서 어린 시절 또래 친구와 형성했던 관계 모식의 영향을 받는다. 어린 시절 친구들과 우호적으로 잘 지냈다면 어른이 돼서도 타인과 사이좋게 잘 지낸다. 반면에 어린 시절 또래와 관계를 형성하면서 심리적 상처를 입었다면 어른이 돼서도 그러한 상처의 그늘에서 벗어나지 못한다. 그래서 인간관계에서 순종적이거나, 과격하거나, 소극적이거나, 비관적인 정서를 드러내게 된다.

부모는 아이가 장성하여 안정적인 심리 상태와 친근하고 유순한 성격을 지니기를 원한다. 그렇다면 아이가 친구와 관계를 형성할 때 시시각각 주의를 기울여 제때제때 지도하면서 좋은 방향으로 이끌어야 한다.

시끄러운
피아노 소리

Freud

항상 성공에 대한 확고한 믿음이 진정한 성공을 가져온다.

여동생의 여덟 번째 생일이었다. 프로이트는 여느 때처럼 학교가 끝나고 집에 돌아오자마자 자신의 다락방으로 들어가 공부를 했다. 책에 얼굴을 파묻고 공부하고 있는데 갑자기 마구잡이로 치는 피아노 소리가 프로이트의 집중을 방해했다.

"누가 피아노를 치는 거야?"

프로이트는 눈살을 찌푸리며 다락방을 나섰다.

아래층 거실로 내려와 보니 여동생이 웬 피아노 앞에서 어머니와 함께 건반을 누르고 있었다. 그제야 프로이트는 부모님이 여동생에게 생일선물로 피아노를 마련해준 것을 깨달았다. 음악을 좋아하는 어머니가 진즉부터 여동생에게 음악 공부를 시키겠다고 입버릇처럼 했던 말이 떠올랐다. 자신이 이루지 못한 꿈을 여동생을 통해 이루고 싶은 어머니의 보상 심리를 프로이트는 십분 이해하고도 남았다.

프로이트는 말없이 다시 다락방으로 되돌아갔다. 어머니 마음을 기쁘게 할 수만 있다면 시끄러운 피아노 소리에도 충분히 공부할 수 있으리라 생각했다. 하지만 프로이트는 몇 분 지나지 않아 그러한 자신의 생각이 순진했다는 사실을 깨달았다. 이제 막 건반을 익힌 여동생의 피아노 연주는 듣기조차 괴로웠던 것이다. 그것은 음악이 아니라 그야말로 소음이었다!

시끄러운 피아노 소리를 꾹꾹 참아내던 프로이트는 결국 더 이상 견디지 못하고 이틀 만에 어머니에게 푸념을 늘어놓았다. 지난 이틀 동안 도무지 공부에 집중할 수 없었다며 당장에 피아노를 팔아버리라고 어머니에게 요청한 것이다. 이대로는 더 이상 공부하기가 힘들다고 말이다.

어머니는 그야말로 난감한 처지였다. 무릇 열 손가락 깨물어 안 아픈 손가락이 어디 있겠는가? 아들의 공부도 중요했지만 딸의 교육도 중요했으니까. 게다가 어린 딸은 이제 막 피아노에 흥미를 느끼기 시작했는데 다짜고짜 피아노를 되팔아버리면 얼마나 마음이 아프겠는가?

하지만 프로이트는 자신의 생각을 꺾지 않았다. 결국 어머니는 프로이트의 공부를 위해 피아노를 내다 팔 수밖에 없었다. 이로 말미암아 어린 여동생은 한동안 오빠를 원망하고 미워했다.

하지만 프로이트는 그 일에 조금도 죄책감을 느끼지 않았다. 그는 자신의 성공을 확신하고 있었고, 길을 뚜벅뚜벅 나아가고 있었다. 그렇기에 그 어떤 일도 타협할 수가 없었다. 설령 어머니를 난처하게 만들고 여동생의 원망을 사더라도 그는 자기 생각을 꺾지 않았다.

프로이트는 결코 이기적인 사람은 아니었다. 동생이 일으키는 소음이 자신의 학습을 방해할 수 없게 했지만 동시에 자신 역시 동생들을 방해하는 일은 하지 않았다.

프로이트는 학우들 중에 가장 나이가 어렸지만 성적은 가장 뛰어났다. 그래서 프로이트를 좋아하고 따르는 학우가 많았다. 프로이트는 학과목 수업을 열심히 공부했을 뿐만 아니라 외국 문학책도 즐겨 읽었다. 특히 괴테와 셰익스피어 등 유명 인물은 그가 좋아하는 연구 대상이었다.

프로이트의 폭넓은 지식에 반한 친구들은 걸핏하면 프로이트의 집을 자주 찾아와 함께 책을 읽으며 토론을 했다. 그들은 주로 다락방에서 큰 소리로 열띤 토론을 했는데, 때로는 격렬한 논쟁으로 얼굴이 벌겋게 달아오를 때도 있었다. 그날도 학우 여러 명이 프로이트의 다락방으로 찾아와 함께 토론했다. 모두가 논쟁을 벌이느라 정신이 팔렸는데 갑자기 아래층에서 어머니의 외침 소리가 들려왔다.

"안나, 아돌피나, 어서 내려와 숙제하려무나."

그제야 프로이트가 고개를 들어보니 여동생 두 명이 다락방 방문 앞에서 방 안에서 펼쳐지는 논쟁을 구경하고 있었다. 프로이트는 문득 자신이 여동생들의 공부를 방해하고 있다는 생각이 들었다. 그래서 방문 앞으로 다가가 말없이 여동생들을 넌지시 쳐다보았다. 그러자 여동생들은 조용히 다락방을 내려가 숙제를 하기 시작했다.

자매들은 끊임없이 잔소리해대는 어머니보다 뛰어난 성적을 자랑하는 과묵한 오빠가 더 존경스럽고 어려웠던 것이다. 프로이트는 학우들이 숭배하는 우상일 뿐만 아니라 여동생들이 존경하는 우상이었다!

프로이트의 총명함은 자연스레 자매들의 존경을 끌어냈다. 바로 그 때문에 프로이트는 남들보다 훨씬 우수한 사람이 되어야 한다는 의무감에 사로잡혔다. 그렇지 않으면 동생들의 본보기가 될 수 없으니 말이다!

그때부터 프로이트는 학우들이 찾아오면 다락방의 문을 닫아걸어 동생들의 공부에 방해가 되지 않도록 주의했다. 이처럼 프로이트는 다른 사람의 소음으로 학습에 방해받는 것을 참지 못했을 뿐만 아니라 동시에 자신 역시 동생들의 공부를 절대 방해하지 않았다. 이른바 '자기가 하기 싫은 일을 남에게 강요하지 말라'는 공자의 말과도 일맥상통하는 일화다.

자신이 하기 싫은 일은 남에게도 강요해서는 안 된다. 이는 타인을 존중하며 동등하게 대하는 일종의 표현방식이다. 또한 인간관계의 가장 기본적 원칙이기도 하다. 인간관계에서 이 원칙을 잘 지킨다면 어디서나 원만하고 화목한 관계를 유지할 수 있다.

모든 사람이 이 원칙을 잘 지킨다면 아마도 이 세상은 훨씬 더 살기 좋아질 것이다.

남동생에게
이름을 지어주다

Freud

그때의 행복한 시절, 나는 날마다 지혜의 보고를 차곡차곡 채워 넣으며 무한

한 행복의 기쁨을 느꼈다.

프로이트의 집안은 전형적인 유대교 가정으로 집에서는 유대교의 교리와 규율을 엄격히 지켰다.

여러 유대교 규율 중에는 가족회의 소집이라는 것이 있다. 집안의 대소사는 반드시 가족 전체가 함께 논의하여 결정해야 한다는 규칙이다. 말 못 하는 아기이든 기력이 쇠해 거동이 불편한 노인이든 반드시 가족회의에 참석해야 한다.

프로이트도 아홉 살에 학교에 입학할 때까지 이미 빈번히 가족회의에 참석했다. 프라이베르크에서 살던 시절에는 이복형 가족들과 한집에서 생활했던 탓에 집안의 대소사가 끊이

지 않아서 거의 날마다 가족회의가 열리다시피 했다. 회의는 집안의 가장인 아버지가 이끌었다. 권위 있고 자신감 넘치는 모습으로 회의를 주재하는 아버지의 모습을 바라보며 그때부터 프로이트는 아버지를 집안의 국왕이라고 여기게 되었다.

훗날 형들이 영국으로 이주하고 프로이트는 여동생들과 함께 부모를 따라 빈으로 이사를 왔다. 가족 수가 줄면서 가족회의가 열리는 횟수도 그만큼 줄었다. 빈으로 이사 와서 열린 첫 번째 중요한 가족회의의 주제는 바로 프로이트의 입학 문제였다.

프로이트가 취학 연령보다 어린 나이에 입학하기를 원했고, 부모님은 아들의 의견을 존중했기에 자연스레 가족회의가 열렸다. 가족회의에서 발언권을 지닌 프로이트는 자신의 의견을 강력하게 주장했고, 덕분에 성공적으로 입학하게 되자 자신감이 한층 강해졌다.

열 살 되던 해, 또 다른 중요한 가족회의가 열렸다. 바로 새로 태어난 동생의 이름을 짓는 문제 때문이었다. 사실 어머니는 이미 프로이트의 남동생을 낳은 적이 있었다. 프로이트와는 한 살 차이였지만 안타깝게도 태어난 지 8개월 만에 죽고 말았다. 그때도 남동생의 이름을 짓기 위한 가족회의가 열렸었는데, 당시 아기였던 프로이트에게는 아무런 발언권이 없었다.

하지만 이번에는 달랐다. 프로이트는 여덟 살 때부터 셰익스피어를 읽기 시작했고 괴테, 실러 등 유명한 사상가의 작품도 읽었다. 그리고 불과 열 살의 나이에는 고대 그리스 역사와 문학 분야에서도 비교적 깊이 있는 지식을 쌓았다.

그날 프로이트가 학교에서 돌아왔을 때 여동생들은 조용히 거실에 앉아 있었다. 산달이 다가와 배가 남산만 해진 어머니의 모습은 찾을 수가 없었다. 프로이트가 어리둥절해하는데, 문득 부모님의 침실에서 갓난아기 울음소리가 들려왔다. 프로이트와 여동생들은 한달음에 침실 문 앞으로 달려가 방 안을 들여다보았다.

아버지는 침대 옆에 앉아 있었고 어머니는 잔뜩 지친 모습으로 침대에 누워 있었다. 그 옆에는 강보에 쌓인 갓난아기가 울고 있었다. 아버지가 아이들에게 손짓하며 말했다.

"이리 들어와보려무나. 우리 집의 새 식구이자 너희들의 남동생이다."

"우와? 남동생?"

안나가 기쁜 듯이 환호성을 질렀다.

"난 남동생이 너무 갖고 싶었어요. 계집애들은 걸핏하면 울어서 성가시기만 했는데."

안나는 여동생들을 귀찮다는 듯 흘겨보더니 이번에는 존경스러운 눈빛으로 프로이트를 바라보며 말했다.

"남동생도 크면 오빠처럼 되겠지요?"

안나의 천진난만한 모습에 부모님은 웃음을 터뜨렸다. 반면에 동생의 존경과 부러움의 대상이 된 프로이트는 뿌듯한 자부심에 기분이 절로 좋아졌다. 물론 그동안 주변 사람들의 칭찬에 익숙해질 대로 익숙해진 프로이트였다. 하지만 누군 가에게 숭배의 대상이 되는 일은 정말이지 지겹기는커녕 새 삼 자랑스럽고 가슴 뿌듯했다.

"물론이지. 하지만 지금 우리에게는 의논해야 할 중요한 문제가 있다."

아버지는 아이들에게 새로 태어난 남동생의 이름을 한 가지씩 지어보라고 했다. 하지만 프로이트의 여동생 다섯 명은 모두 나이도 어린 데다 학교에도 들어가지 못한 상태였다. 결국 아버지와 어머니, 프로이트 세 사람이 각각 이름을 하나씩 생각해냈다.

프로이트는 부모님이 생각해낸 이름이 마음에 들지 않았다. 그래서 자신이 생각해놓은 알렉산더라는 이름을 고집했다.

"왜 꼭 그 이름이어야 하지?"

부모님이 물었다. 여동생들도 호기심 어린 눈빛으로 오빠를 바라보았다. 프로이트가 대답했다.

"알렉산더는 잘생기고 총명한 왕이잖아요. 불의를 보면 참지 못하는 용감한 영웅이었다고요."

아버지는 반신반의하는 표정으로 물었다.

"정말 그런 사람이 있었단 말이냐?"

프로이트는 짐짓 뒷짐을 진 채 어른처럼 인내심을 갖고 침착하게 설명하기 시작했다.

"물론이죠. 알렉산더는 고대 그리스 서북부의 마케도니아라는 왕국의 왕자였어요. 스무 살 때 왕위를 물려받은 뒤에는 페르시아 정벌에 나섰고, 그 뒤에는 인도 원정에도 나섰어요. 알렉산더의 위대한 성과와 뛰어난 지혜는 이 세상에 따를 자가 없어요. 그래서 세상 사람들이 알렉산더 대왕이라고 떠받들잖아요."

프로이트는 논리적이고 조리 있는 말로 부모님을 설득했다. 그렇게 열 살 어린 남동생에게 알렉산더라는 이름이 붙여졌다.

이날의 일은 큰 여동생 안나에게 깊은 인상을 심어주었다. 훗날 안나가 프로이트에게 물은 적이 있다.

"그때 오빠는 겨우 열 살짜리 어린아이였는데 부모님을 설득할 힘이 어디서 난 거야?"

프로이트는 그저 웃기만 했다. 부모님을 설득할 힘은 바로 강한 자신감이었다. 프로이트는 그 자신감을 풍부한 지식이 뒷받침해주었음을 잘 알고 있었다.

프로이트는 어린 시절 성경을 읽으면서 마음속에 자신감의 씨앗을 뿌렸다. 그 씨앗은 프로이트가 입학하고 공부하기 시작하면서 점차 싹이 트고 성장하기 시작했다. 그의 우수한 성적과 주변 친구들의 칭찬과 찬사는 프로이트의 자신감을 키워주었다.

▼

자신감을 키우려면 충실히 내실을 다져야 한다. 지식으로 무장하고 재능을 키우면 문제를 해결하는 능력과 자신감이 생긴다.

강력한 자신감은 남들보다 더 많은 지식을 보유하는 데서 나온다. 지식을 쌓고 싶다면 학습에 대한 열망이 있어야 한다. 학습에 대한 열망이 크면 클수록 더 많은 지식을 쌓을 수 있다.

프로이트는 그러한 이치를 잘 알고 있었다. 그는 역사에 정통했을 뿐만 아니라 서양 문학에도 해박했다. 훗날 프로이트는 정신분석학에서 마더 콤플렉스, 나르시시즘의 개념을 만들 때 오이디푸스, 나르키소스 등 서양 문학 작품 속의 인물을 인용했다. 프로이트는 의학을 연구하고 책을 저술했다. 그는 탄탄한 문학 실력을 기반으로 자신의 저서 속에 각종 문학적 요소를 융화시켰다. 그렇기에 그가 창시한 정신분석학설은 '일종의 과학과 시, 문학으로 구성된 걸작'이라고 평가받았다.

선생님 골탕 먹이기

Freud

이른바 무의미한 농담이란 없다. 모든 농담에는 진심이 담겨 있다.

동생의 이름을 짓는 데 자신의 주장을 관철한 일화는 당시 프로이트의 사고력이 또래 아이들보다 훨씬 앞서 있었다는 점을 보여준다. 프로이트는 이미 박학다식하고 주관이 뚜렷한 애어른이 되어 있었던 것이다. 하지만 그렇다고 나이를 완전히 무시할 수는 없었다. 그는 여전히 장난기가 심한 남자아이였고, 점차 성장하면서 모든 청소년의 통과 의례인 사춘기에 접어들었다.

프로이트는 여느 사춘기 학생들처럼 공부도 하고 놀기도 하고 짓궂은 장난도 쳤다. 하지만 나이가 어리거나 힘이 없는 여성만을 괴롭히는 일부 악질적인 남학생들과는 달랐다. 그는 어머니를 사랑하는 것처럼 여학생들을 존중했다. 또한 어린 시절 요한에게 괴롭힘을 당한 경험을 통해 자신보다 힘이 센 사람에게 쉽사리 고개를 숙여서는 안 되고 또 자신보다 약한 사람을 괴롭히면 안 된다는 것을 배웠다.

그런 프로이트가 열다섯 살 무렵 자신보다 막강한 위치에 있던 상대에게 도전하는 일이 생겼다. 그 상대는 바로 학교의 어느 남자 선생님이었다. 프로이트는 선생님에게 순간적인 반항심으로 맞섰지만, 사실 그 선생님에 대한 분노와 불만은 진즉부터 품고 있었다.

그날은 주말이었다. 여러 명의 남학생이 프로이트의 다락방에 모여 앉아 수업 내용에 관한 토론을 벌이고 있었다. 빈과 도나우 강의 상관관계에 대해 한창 신나게 토론을 벌이는데 창가에 앉아 있던 친구가 목소리를 낮추라고 주의를 주며 창문 밖으로 눈짓을 해댔다.

모두가 창밖을 살펴보니 마침 창밖의 도로를 지나가는 중년 남성이 보였다. 그제야 프로이트는 왜 친구가 목소리를 낮추라고 했는지 알 수 있었다. 그 중년 남성은 바로 지금 자신들이 열띤 토론을 벌이고 있는 수업을 강의하는 선생님이었기 때문이다.

그 선생님은 매우 거만한 데다 말과 행동은 위엄이 없고 경솔했다. 그는 빈과 관련된 문제를 다룰 때는 언제나 경멸하는 듯한 태도를 보였다. 그러한 태도는 한창 피가 끓는 사춘기 학생들의 분노를 불러일으켰다. 그 선생님이 자신들이 태어나고 자란 빈을 무시하고 모욕하는 것은 바로 그들 자신을 무시하고 모욕하는 것이라 여겼기 때문이다.

자연스레 화제는 그 남자 선생님에게 옮아갔다. 선생님에 대한 불만을 주거니 받거니 하다 보니 점점 분노가 치밀어 급기야 선생님을 골탕 먹여서 콧대를 꺾어주자는 결론에 도달했다.

항상 공부를 중시하는 프로이트가 그러한 계획에 적극적으로 나설 리 없었다. 친구들은 우상처럼 여기는 프로이트가 적극적으로 나서지 않자 하나같이 의기소침해졌다. 그때 창가에 앉아 있던 친구가 벌떡 일어섰다. 그 친구는 성적은 변변찮았지만 사사건건 말썽을 피우고 장난을 치는 데는 선수였다.

"선생님을 골탕 먹이는 일은 내가 할 테니까 너희들은 내가 시킨 대로만 해."

그 친구의 계획은 이랬다. 도나우 강이 빈의 발전에 미친 영향과 관련한 수업 내용이 남아 있기 때문에 다음 수업 시간에 모두가 선생님의 설명에 반박하며 맞서자는 것이었다.

프로이트는 선생님들의 사랑을 받는 우등생이었지만 장난기가 충만한 사춘기 소년이기도 했다. 게다가 학습과 지식을 중시하던 그였기에 평소 경솔하고 편향적인 선생님의 교육 태도에 적잖은 반감을 품고 있었다. 그래서 지식으로 지식에 맞서자는 친구의 의견에 적극적으로 찬성하고 나섰다.

우상처럼 여기는 프로이트가 찬성하고 나서자 나머지 아이들도 모두 찬성을 표시했다. 프로이트의 찬성에 짓궂은 장난을 계획하며 '대장'을 자처한 친구는 크게 기뻐했다. 사실 선생님의 주장에 반박하며 맞서려면 지식이 풍부한 사람이 선봉에 나서야 했다. 그렇지 않으면 딱히 반론도 펼치지 못하고 말문이 막힐 것이 뻔했다. 그러면 선생님의 기를 꺾기는커녕 오히려 거만함을 부채질하는 꼴이 될 것이 분명했다. 박학다식한 지식으로 따지면 그들 중에 프로이트가 최고였다. 그래서 프로이트가 선생님과의 정면 승부에 선봉장으로 나서게 되었다.

마침내 그 선생님의 수업 시간이 다가왔다. 프로이트와 친구들이 예상했던 대로 선생님은 도나우 강이 빈에 미치는 영향력에 대한 강의를 시작했다. 그때 프로이트가 자리에서 벌떡 일어나 연거푸 질문을 퍼부어댔다. 비록 열다섯 살의 어린 학생이었지만 그가 던지는 질문은 날카롭고 정곡을 찌르는 문제들이었기에 선생님은 제대로 설명을 하지 못했다.

선생님이 우물쭈물 말을 얼버무리며 난처해하는 모습에 학생들이 깔깔거리며 폭소를 터뜨렸다. 학생들의 놀림거리가 된 선생님은 얼굴이 벌게진 채 학생들을 노려보더니 프로이트에게 왜 그런 질문을 했는지 물었다. 프로이트가 대답했다.

"죄송합니다. 저희가 잠깐 장난을 쳤습니다."

하지만 정작 프로이트가 하고 싶었던 말은 따로 있었다. 즉, '이른바 무의미한 농담이란 없습니다. 모든 농담에는 진심이 담겨 있는 법이지요. 우리는 선생님에게 망신을 주고 싶었습니다!'였다. 남자 선생님은 프로이트의 속내를 훤히 꿰뚫고 있었다. 그는 호통을 치며 학생들 모두 일어나 벌을 서도록 했다.

프로이트는 학우들에 비해 나이도 어리고 키도 작았다. 그에 비해 같은 반 학우 중에 유독 키가 큰 남학생이 있었다. 그는 목도 길고 팔다리도 길어서 '기린'이라는 별명이 붙은 친구였다. 모두가 일어나 기립한 채로 벌을 서라는 선생님의 말씀이 떨어지자 프로이트는 자신도 모르게 그 '기린' 친구를 쳐다보았다. 유난히 큰 키 때문에 벌을 서는 학생들 대오에서 머리통 하나만 불쑥 튀어나온 듯한 모양새에 웃음이 나왔다.

그날의 일은 수년이 지난 뒤에도 종종 프로이트의 꿈에 나타났다. 격분하여 제정신이 아닌 선생님과 깔깔거리며 폭소를 터뜨리는 친구들, 그리고 팔다리가 길었던 '기린 친구'가……

프로이트는 이렇게 설명했다.

"나는 매번 그 꿈을 꿀 때마다 기분이 좋았다. 나는 그때 선생님을 골탕 먹인 일에 죄책감을 느낀 적이 없다. 왜냐하면 선생님은 수업 태도가 너무나 경솔했고, 편향된 사고방식으로 학생들에게 잘못된 지식을 전파하고 있다고 생각했기 때문이다. 그래서 우리의 장난을 계기로 선생님이 자신의 잘못을 고치기를 바랐다."

그 일은 프로이트가 저지른 말썽 중에 유일하게 기록으로 남은 일화다. 그때의 기억은 매번 떠올릴 때마다 프로이트를 즐겁게 해주었다.

프로이트는 유년 시절부터 유대인이라는 이유로 많은 배척과 수난을 당했다. 하지만 김나지움 시절에는 그러한 일이 매우 드물었다. 당시 그가 다니던 학교는 집 근처에 있었고, 학생 대부분은 프로이트와 마찬가지로 유대인 출신이었다. 게다가 프로이트는 수업이 끝나면 집에 오자마자 다락방에 들어앉아 온종일 시간을 보냈기 때문에 외부의 사물이나 사람을 접촉할 기회가 많지 않았다. 그래서 프로이트는 그 시절을 매우 즐겁게 보낼 수 있었다.

훗날 프로이트는 "김나지움 시절은 내 인생에서 가장 즐겁고 행복한 한때였다"고 회고했다.

학생 시절은 생기발랄하고 생활에 대한 근심 걱정이 없으며 이 세상에 대한 호기심으로 충만했던 시기다. 인성의 악랄함이나 가식적인 면을 접할 기회가 매우 적고 인생의 실패나 좌절을 경험하지 않은 시절이었다. 그렇기에 그 시절이 가장 행복했다고 느끼는 것이다.

▼

윈켈먼의 부학장이 될 것인가,
한니발 장군이 될 것인가?

Freud

마음이 심란하여 서재 안을 오락가락하며 치열한 내면의 갈등을 겪었다. 윈켈
먼의 부학장이 될 것인가, 아니면 한니발 장군이 될 것인가?

프로이트가 선생님에게 맞섰던 일화를 보면 당시 프로이트
가 풍부한 문학 지식을 갖고 있었지만 그렇다고 무작정 학문
만 숭상했던 것은 아님을 알 수 있다. 물론 그러한 성향은 청
소년 시절에 형성된 것이 아니다. 그보다 훨씬 전인 어린 시절
부터 육체적 힘을 중시하는 성향이 만들어지기 시작했다. 프
로이트는 책에 이렇게 밝혔다.

'당시 나는 항상 나보다 한 살 많은 아이와 함께 놀았는데,
우리의 관계는 좋을 때도 있고 나쁠 때도 있었다. 체격 조건이
현저히 차이가 나는 관계에서 약자에게는 자연스레 힘을 중

시하는 심리적 성향이 만들어지게 마련이다.'

프로이트가 말한 아이는 다름 아닌 조카 요한이었다. 요한에게 반복해서 괴롭힘을 당하는 생활 속에서 프로이트는 상대방을 때려눕힐 힘을 갖기를 열망했다.

그 후 글자를 배우고 책을 읽기 시작하면서 성경을 통해 자신감을 얻기 시작했다. 그러나 성경 속에서는 그토록 갈망하는 강력한 힘을 얻을 수 없었다. 그래서 프로이트는《집정과 제국사》라는 책을 읽기 시작했다. 그것은 무력으로 세계를 정복한 이야기를 담은 책이었다.

어린 프로이트는 나폴레옹의 부하 장군들의 이름을 메모지에 적은 뒤 자신의 장난감 말 등에 붙였다. 당시 프로이트가 가장 숭배했던 이는 북아프리카에 위치한 고대 국가 카르타고의 명장 한니발 바르카스(Hannibal Barcas)였다. 한니발은 유럽 역사상 가장 위대한 4대 장군 중 하나이자 나폴레옹이 숭배했던 인물이다. 하지만 프로이트는 나폴레옹보다는 이탈리아 군단을 지휘한 사령관 앙드레 마세나(Andre Massena)를 더 숭배했다. 그는 마세나가 한니발과 비슷한 점이 많다고 느꼈는데, 프로이트가 마세나를 숭배하는 것은 실상 한니발에 대한 숭배의 연장선이었다.

프로이트는 심지어 한니발을 숭배하는 나폴레옹을 경시하기도 했다. 자신은 한니발의 군인 정신과 위대한 지혜를 숭배했지만 정작 나폴레옹은 한니발처럼 군대를 이끌고 알프스 산맥을 넘었다는 이유 하나만으로 한니발을 자신과 동일시한다고 여겼기 때문이다.

불과 열 살 무렵에 프로이트는 한니발에 관한 수많은 서적을 구해 읽었다. 그중에서도 뚜렷하게 기억하는 글귀가 있었다.

'마침내 로마행을 결심했을 때 그는 마음이 심란하여 서재 안을 오락가락하며 치열한 내면의 갈등을 겪었다. 윈켈먼의 부학장이 될 것인가, 한니발 장군이 될 것인가?'

얼마 지나지 않아 프로이트도 그러한 선택의 기로에 서게 되었다. 프로이트가 열여섯 살이던 어느 주말이었다. 프로이트는 매우 심란한 마음으로 다락방에 틀어박혀 있었다. 졸업 시험이 다가오는데 어느 대학의 어떤 전공을 선택해야 할지 결정하지 못해 마음이 복잡했던 것이다.

아버지는 프로이트가 스스로 진로를 선택하도록 했다. 비록 프로이트는 많은 책을 읽어 지식이 풍부하다지만 인생 경험이라고는 없는 열여섯의 소년이었다. 그로서는 무엇을 선택해야 이로울지 알 수가 없었다.

오랜 시간 고민했지만, 쉽사리 결정을 내릴 수 없었던 프로이트는 잠시 진로 문제를 잊기로 했다. 그는 책꽂이에서 역사 책 한 권을 꺼내 포에니 전쟁에 관한 부분을 펼쳤다. 프로이트는 어릴 때부터 자신에게 놓인 문제를 해결할 힘을 갈망할 적마다 포에니 전쟁에 관한 기록을 펼쳤다. 햇살이 창문을 뚫고

들어와 책장을 비추었다. 눈부신 햇살 속에서 프로이트는 큰 소리로 책을 읽었다.

'기원전 217년 4월, 카르타고 군대와 로마 군대는 트라시메노 호수에서 한 차례 교전을 했다. 카르타고 군대를 지휘하던 한니발 장군은 47만 명의 병사를 이끌고 아르노 강 늪지대를 건너 로마의 집정관 플라미니우스가 이끄는 군대의 주둔지를 돌아 이탈리아로 진군했다. 한니발이 로마를 침략하는 것을 막기 위해 플라미니우스는 군대를 이끌고 한니발을 추격했다. 31,000여 로마군은 트라시메노 호수와 산맥 사이의 좁은 협로에 들어섰을 때 매복해 있던 카르타고군의 기습 공격을 받았다. 로마군은 백병전에서 대패하여 15,000여 명이 사망하고 나머지는 포로로 잡혔다. 반면에 카르타고군의 사상자는 1,500명에 불과했다.'

이 대목에서 프로이트는 깊은 생각에 잠겼다. 그는 힘으로 세상을 정복한 한니발이 존경스러웠다. 하지만 프로이트가 살고 있는 세상은 한니발이 살던 세상과는 달랐다. 법률이 지배하는 평화로운 시대에 자기 마음대로 장군이 될 수도 또 군대를 이끌 수도 없었다. 여기까지 생각이 미치는 순간 프로이트의 눈빛이 반짝였다. 그렇다. 법학과를 선택하여 변호사가 되기로 결심한 것이다.

변호사가 되는 일은 그가 열한 살 때 식당에서 예언가가 그의 미래를 예측해준 내용과도 잘 맞아떨어졌다. 프로이트는 고개를 돌려 벽에 걸린 여러 장의 초상화를 바라보았다. 얼마 전에 아버지가 구해서 붙여준 당대의 정치가와 관료들의 초상화였다.

아버지가 그들의 초상화를 구해온 이유를 프로이트는 잘 알고 있었다. 훗날 프로이트가 정부의 고위 관료가 될 것이라는 점괘 내용을 아버지도 기억하고 있었다. 비록 겉으로는 아들의 진로에 대해 가타부타 의견을 내놓지 않았지만, 유대인 출신의 고위 관료의 초상화를 구해서 눈에 잘 띄는 곳에 붙여놓은 데는 나름의 이유가 있었다. 그들처럼 아들이 유능한 관료가 되기를 바라는 아버지의 마음이 투영된 것이다.

프로이트는 책가방에서 아버지가 얼마 전에 사준 서류철을 끄집어냈다. 그것은 당시 유행하던 비겔 내무부 장관의 서류철이었다. 그는 역사책을 서류철에 끼워 넣은 뒤 초상화 밑에 놓았다. 법률을 배워서 한니발이 군대를 이끌었던 것처럼 사회를 이끄는 수장이 되기로 결심한 것이다.

사람은 꿈이 있어야 한다. 꿈이 있어야 고군분투할 동력이 생긴다. 꿈을 좇는 과정에서 자연스레 정신적인 힘을 얻게 된다. 그러한 힘은 눈앞에 가로놓인 난관과 위기를 돌파하여 목표를 이루도록 도와준다.

장군이 될 준비를 마쳤지만
로마와는 인연이 없었다

Freud

그 방면에서 나는 한니발의 전철을 밟았다. 나는 한니발과 비슷한 경험을 했는데, 우리 모두 로마와는 인연이 없었던 것이다.

나이가 어렸던 만큼 프로이트의 신념도 때로는 흔들렸다. 하지만 학교에 입학할 당시 친분을 나누었던, 이미 사회에서 정치적 입지를 쌓던 지인은 프로이트가 법학을 전공하겠다는 말에 크게 기뻐하며 그를 격려해주었다.

지인의 적극적인 지지 아래 프로이트는 법률을 공부하고 사회 활동에 종사하겠다는 목표를 굳혔다. 그는 꿈을 실현하기 위해 만반의 준비를 갖추었다.

프로이트는 수업에 충실한 동시에 외국어를 공부하기 시작했다. 사회 정치에 참여하는 우수한 인재가 되기 위해서는 반드시 외국어에 능통해야 한다는 사실을 알고 있었기 때문이다.

날마다 다락방에서 외국어를 익히는 소리가 들려오면 어머니는 걱정에 휩싸였다. 사랑하는 아들이 과도한 중압감에 시달리는 것도 걱정되었고, 외국어 공부에 치중하다 학교 공부를 소홀히 할까 봐 걱정되었다. 가난한 유대인 가정 출신의 아이가 장학금 혜택 없이 대학교에 진학하는 것은 꿈도 꿀 수 없었기에 학교 성적을 소홀히 할 수 없었던 것이다.

어머니가 아들을 만류하려고 하자 아버지가 가로막았다. 그는 아내에게 말했다.

"비록 우리 집이 매우 가난하지만 평생의 직업은 지그문트가 자신이 원하는 대로 선택하도록 도와줘야 하오."

아버지는 줄곧 거칠고 강압적인 교육방식을 고수했지만, 이때만큼은 프로이트에게 절대적인 권한을 부여해주었다.

아버지가 부여한 권한 속에서 프로이트는 7개의 외국어를 공부했다. 이때 익힌 외국어는 히브리어, 그리스어, 라틴어, 프랑스어, 영어, 이탈리아어, 스페인어였다. 그야말로 정치가가 되겠다는 자신의 꿈을 위해 만반의 준비를 한 것이다.

1873년 열일곱 살의 프로이트는 김나지움을 졸업했다. 중·고등학교 시절 7년 동안 우수한 성적을 유지한 덕분에 프로이트는 여러 장학 혜택을 누릴 수 있었다. 빈대학교에도 입학시험을 면제받고 진학하게 되었다.

프로이트와 가족은 뛸 듯이 기뻐했다. 그도 그럴 것이 빈대학교는 여느 보통 대학과는 달랐기 때문이다. 당시 빈은 유럽의 문화 중심지로서 세계 곳곳의 유수한 학자들이 빈대학교로 몰려들었다. 자연스레 빈대학교는 당시 국제적으로 풍성한 학문적 성과를 거두고 있었다. 하지만 프로이트는 대학에 진학하면서 유대인에게 가해지는 불공평한 사회적 대우를 다시금 체감하게 되었다.

프로이트가 한니발을 숭배한 이유는, 한니발이 똑같은 유대인 출신으로 막강한 대군을 이끌고 알프스 산을 넘어 유대인을 경멸하고 탄압했던 로마 제국을 격파했기 때문이다. 이는 어릴 때부터 종족 갈등으로 말미암은 차별 대우를 받아야 했던 프로이트에게 자부심을 안겨주었다. 프로이트가 법률을 공부하여 당대의 사회를 이끄는 수장이 되려는 것도 정치에 참여하여 유대인을 차별 대우하는 불평등과 싸우기 위해서였다.

졸업 전날 프로이트는 평소 그를 아껴주던 선생님에게 자신의 목표를 털어놓았다. 하지만 뜻밖에도 선생님의 강렬한 반대에 부딪혔다.

"유대인을 해방하는 법률이 선포된 지 이미 이십 년이 지났고 유대인은 대학교에도 진학할 수 있게 되었다. 그럼에도 여전히 유대인은 주류 사회에서 배제되고 있다. 너도 알다시피 처음부터 유대인의 진출을 금하고 있는 직업군이 얼마나 많으냐?"

프로이트는 말없이 고개를 끄덕였다. 그 역시 진즉 알고 있던 일이었다. 선생님은 이어서 말했다.

"네가 법률을 공부한다면 나중에 정치에 참여할 수는 있을 것이다. 하지만 유대인은 고위급 공직에 오르지 못한다는 사실을 알고 있느냐?"

선생님이 자리를 뜨고 난 뒤 프로이트는 깊은 생각에 빠졌다. 중하위급 공무원으로서는 사회의 제도를 변혁하겠다는 꿈을 실현할 수 없었다. 프로이트는 상념에 사로잡힌 채 고개를 들어 물끄러미 창밖을 바라보았다. 머릿속에 한니발 장군이 트라시메노 전투에서 승리를 거둔 장면이 떠올랐다.

한니발 장군은 그 후 로마 군대를 또다시 격파하기 위해 계획을 세웠다. 사람들은 한니발이 로마 성을 함락할 것이라 여겼다. 하지만 막상 로마 성에 도달했을 때 한니발의 군대를 맞이한 것은 막강한 군사력으로 무장된 로마군이었다. 반면에 한니발의 군대는 식량이 바닥나서 곤경에 처해 있었다. 이 때문에 한니발은 병사를 이끌고 도망치다시피 아드리아 해로 이동할 수밖에 없었다.

역사책에서 그 대목을 읽을 때 프로이트는 애석한 마음에 눈물이 날 지경이었다. 제3차 포에니 전쟁 대목을 읽는 동안 내내 자신을 로마인이 아닌 카르타고인과 동일시했던 것이다.

비록 어릴 때부터 유대인이 종족 차별을 받고 배척당하고 있다는 사실을 익히 알고 있었지만 서로 다른 종족 간의 분쟁이 이처럼 잔혹한지는 미처 깨닫지 못했다. 선생님의 충고는 프로이트가 이민족으로서의 정체성을 깨닫는 첫 번째 계기가 되었다.

프로이트는 같은 유대인 출신인 한니발을 우상처럼 떠받들었다. 하지만 그 순간 그는 깨달을 수 있었다. 자신의 꿈을 끝까지 고집한다면 훗날 한니발과 같은 전철을 밟을 것이라는 사실을 말이다. 프로이트 역시 한니발처럼 로마에 입성할 인연이 없었던 것이다.

이 길이 막히면
다른 길로 가라

Freud

그 당시 나는 그 후로도 마찬가지였지만 의학에 아무런 흥미조차 없었다.

프로이트가 갈등에 휩싸여 있을 때 유명한 카를 브륄(Carl Brühl) 교수가 졸업생들을 위한 특강을 한다는 소식을 전해 들었다. 프로이트는 평소 그가 존경하던 교수이기에 특강을 놓칠 수 없었다.

특강 시간에 교수는 학생들의 노고를 치하했다. 지난 8년 동안 학생들이 수행한 학업을 체계적으로 정리해준 뒤 앞으로 진학하게 될 대학생활을 개괄적으로 설명해주었다. 그리고 마지막으로 괴테의 에세이 《자연》의 한 대목을 낭독하는 것으로 특강을 끝냈다.

"그녀는 수많은 자녀의 몸속에 깃들어 살고 있다. 하지만 그녀, 대자연의 어머니는 어디에 있는가? 그녀는 지고지상(至高至上)의 예술가다. 지극히 단순한 원료로 갖가지 웅장한 피조물을 만들어낸다. 힘도 들이지 않고 극단의 아름다움과 정밀함을 구현하며, 언제나 부드럽고 경쾌한 필치로 그려낸다. 그녀의 작품들은 모두가 독특하며 각 현상에 대한 구상도 한결같이 독창적이다. 하지만 저 삼라만상은……."

교수의 낭랑한 낭독 소리를 듣노라니 프로이트는 생명의 아름다움과 신비함 속에 빠져드는 듯했다. 그러는 사이 인생의 목표를 상실한 데서 오는 번뇌감은 어느새 사라지고 동시에 새로운 흥미가 솟구쳤다. 바로 인류에 대한 호기심이었다.

사실 프로이트는 당시 사회를 떠들썩하게 했던 다윈의 진화론에 깊이 매료되어 있었다. 그는 다윈의 생물진화론이 세계에 대한 인류의 인식에 중대한 도약이 될 것이라고 생각했다. 더불어 자신이 살고 있는 이 세상을 좀 더 자세히 이해하고 싶은 열망이 생겼다.

다만 그동안 법학을 공부해서 사회에 종사하고 싶다는 생각에 몰두하느라 그러한 호기심을 잠시 잊고 지냈다. 그런데 그날 교수의 낭송을 듣다 보니 그 호기심이 다시금 솟구친 것이다. 프로이트는 사회 변혁을 이끄는 정치가가 될 수 없다면 의학을 연구하는 일도 괜찮을 것이라는 데 불현듯 생각이 미쳤다.

프로이트의 이러한 처세방식에는 우리가 배울 점이 많다.

▼

오늘날 수많은 청년이 대학교에서 자신의 흥미와는 전혀 다른 전공을 선택한다. 이들은 컴퓨터 게임에 몰두하거나 혹은 수업을 빠지는 등의 방식으로 재미없는 전공을 멀리하면서도 정작 관심이 있고 흥미를 느끼는 새로운 전공을 찾아 나서는 데는 소극적이다. 그렇게 대학교를 졸업하고 나면 또다시 아무런 흥미조차 느끼지 못하고 심지어 잘하지 못하는 일을 직업으로 삼게 된다. 그러면서 일자리를 잃을까 봐 전전긍긍할 뿐 사직서 제출은 꿈도 꾸지 못한다. 그들이 프로이트처럼 이 길이 막히면 과감히 다른 길을 시도해보는 삶의 방식을 따른다면 어떨까? 아마도 그들의 삶이 후회와 원망으로 가득한 부정적 정서 속에 놓이는 일은 없을 것이다.

물론 프로이트는 의학에 특별한 관심이나 흥미는 없었다. 훗날 의사가 되고 나서도 그는 개인 진료소를 차리지 않았다. 그는 시종일관 의사라는 직업 자체에 아무런 관심이 없었다. 그가 의사라는 직종을 선택한 이유는 바로 '사물이 아닌 사람에 대한 호기심' 때문이었다. 당시 아직 어린 나이라서 그러한 호기심을 충족시키는 데는 관찰이 최고의 방법이라는 사실을 그는 미처 알지 못했다.

훗날 프로이트는 오랜 기간의 관찰을 통해 꿈을 해석하고 환자를 분석했다. 관찰은 그의 호기심을 충족시켜줬을 뿐만 아니라 프로이트가 독창적인 학과를 열고 정신분석학의 창시자가 될 수 있게 해주었다.

▼

프로이트는 법학을 전공하겠다는 목표를 포기하면서 한동안 상실감과 절망감에 빠졌다. 그 후 종종 교수라는 직함을 얻기 위해 고군분투하거나 심지어 동료들을 비방하는 일도 서슴지 않는 꿈을 꿨다. 그는 그러한 자신의 꿈을 이렇게 분석했다.

"공부하고 싶었던 전공을 바꾸면서 나는 정치가의 꿈에서 멀어지게 되었다. 이 꿈은 실제적으로 나를 아무런 희망이 없는 현실에서 희망으로 가득한 비겔 내각 시대로 데려갔다. 꿈 속에서 내가 고군분투한 것은 바로 비겔 내각 시대로 되돌아가기 위해서였다. 내가 비방을 했던 꿈속의 두 동료는 능력 있고 뛰어난 인재들이었으며 나와 같은 유대인 출신이었다. 나는 그들을 바보요 범죄자라고 비방했다. 꿈속에서 나는 나 자신을 장관으로 여기고 있었고, 그들을 내가 장관으로 승진하는 데 훼방을 놓은 방해자로 간주하여 보복한 것이다."

프로이트의 꿈의 해석에서 볼 수 있듯이, 그가 법학을 공부해서 공익사업에 참여하고 싶은 꿈을 포기한 것에 얼마나 아쉬워하고 연연했는지를 알 수 있다. 하지만 어찌 됐든 프로이트는 마음을 추스르고 새로운 선택에 적응해야 했다. 우수한 의과대학 학생이 되는 일에 말이다.

꿈을 실현하는 과정에서 이상과 현실의 괴리에 큰 갈등을 겪는 일이 종종 있다. 현실을 외면한 채 무작정 꿈만 좇는다면 비현실적인 무능력자가 되기 쉽다. 반면, 현실에 굴복하고 꿈을 포기한다면 지루하고 무의미한 삶의 주인이 되기 십상이다. 가장 좋은 방법은 현실을 기준으로 삼아 자신의 꿈의 방향을 수정하고 보완하는 것이다. 현실이라는 토대 위에서 목표를 세워야만 그 꿈을 실현할 가능성이 그만큼 커진다.

하나에 집중해야만
귀착점을 찾을 수 있다

Freud

학문을 위해 동분서주할 필요가 없다. 사람은 누구나 자신이 배울 수 있는 만큼만 배운다.

프로이트는 자신에게 매우 엄격했으며, 감정 조절 능력도 뛰어났다. 비록 의사라는 직업을 좋아하지는 않았지만 빈 의과대학에서 수월하게 적응하며 학업에 전념할 수 있었다.

그는 매일 흥미진진한 가운데 생리학, 동물학, 병리학 등등 각 과 수업을 받았다. 이들 학과목은 복잡하고 추상적이었기 때문에 의학에 열정을 지닌 학생들조차도 배우기 쉽지 않았다. 하지만 프로이트는 각 과목에서 하나같이 우수한 성적을 거두었다.

의과 학업을 수행하는 동시에 프로이트는 철학과 문학도

계속 연구했다. 하지만 얼마 지나지 않아 이내 깨닫게 되었다. 제아무리 천부적 재능이 있더라도 누구나 한계에 부딪히게 마련이며, 한 사람이 여러 분야에서 동시에 성취를 거두기는 매우 어렵다는 사실을 말이다.

결국 프로이트는 한 가지 분야에만 집중하기로 했다. 하지만 평소 습관과 다양한 취미 때문에 그러한 결심을 금세 까먹기 일쑤였다. 그래서 프로이트는 메피스토펠레스(《파우스트》에 등장하는 악마)의 경고를 다이어리에 적어놓았다.

'학문을 위해 동분서주할 필요가 없다. 사람은 누구나 자신이 배울 수 있는 만큼만 배운다.'

날마다 이 글귀를 보면서 프로이트는 하나에만 집중해야 한다고 스스로를 일깨웠다. 그처럼 경계심을 잃지 않고 의학 공부에 전념하며 가끔 일상적인 여유가 생길 때만 철학책과 문학책을 집어 들었다.

의과대학의 유명한 신경생리학자 에른스트 브뤼케(Ernst Brücke) 교수는 어린 나이에 우수한 성적을 거두는 프로이트에게 관심을 갖기 시작했다. 그래서 프로이트에게 자신의 실험실에서 연구해보겠느냐고 제안했다. 그것은 천재일우의 기회로, 수많은 의학도가 꿈에 그리는 일이었다. 예기치 못한 기회에 프로이트는 크게 기뻐하며 흔쾌히 받아들였다.

그때부터 프로이트는 강의가 끝나면 브뤼케 교수의 실험실에 가서 관찰과 연구를 했다. 이곳에서 프로이트는 평소 사물과 인간에 대해 갖고 있던 다양한 호기심을 맘껏 충족할 수 있었다.

브뤼케 교수는 프로이트에게 학문을 연구할 공간을 빌려줬을 뿐만 아니라 자신의 친구들을 소개해주었다. 브뤼케 교수의 조수 지그문트 엑스너(Sigmund Exner), 에른스트 폰 플라이쉴 막스오우(Ernst von Fleischl-Marxow) 등은 의학 연구 방면에서 천부적 재능을 지닌 뛰어난 인재들이었다. 그들은 자신보다 훨씬 어린 프로이트를 친근하게 대하며 금세 친한 친구가 되었다.

그들은 프로이트에게 의학은 수많은 분과로 나뉘어 있으며 모든 것을 배우기는 어렵다고 충고해주었다. 의학과 철학, 문학 중에서 한 가지에만 집중하기로 다짐했던 프로이트는 이들의 충고에 크게 공감했다.

두 사람은 생리학 실험실의 각 과실을 프로이트에게 소개해주며 특별히 흥미를 느끼는 분야를 찾을 수 있도록 도와주었다. 그들의 도움 아래 프로이트는 자신이 다른 분과는 별다른 관심이 없는데 유독 정신병학에 흥미를 느낀다는 사실을 깨달을 수 있었다. 브뤼케 교수는 프로이트가 관심 분야를 찾아낸 것에 기뻐하며 그가 정신병학 연구를 할 수 있도록 배려해주었다.

그날도 프로이트는 강의가 끝나자마자 연구를 하기 위해 실험실로 향했다. 그가 실험실 문을 열고 들어서는데 마침 브뤼케 교수가 어떤 중년 남성과 이야기를 나누고 있었다.

"오, 이리 오게. 매우 훌륭한 친구 한 명을 소개해주겠네."

브뤼케 교수는 프로이트를 잡아끌며 말했다.

"이 친구는 유명한 의사 요제프 브로이어(Josef Breuer)라네. 자네가 지금 연구하는 정신병학에 아주 조예가 깊은 뛰어난 생리학자이지."

브로이어는 눈앞에 서 있는 준수한 외모의 젊은 청년을 자세히 훑어보더니 미소를 지으며 말했다.

"자네가 바로 브뤼케 교수가 자주 들먹이던 그 총명하고 학구열이 높은 학생이로구만."

브로이어는 당시 생리학계에서 명성이 자자한 의사로서 프로이트도 오래전부터 만나고 싶어 했던 인물이었다. 하지만 학계의 저명인사였던 브로이어에게는 나이 어린 풋내기를 만나줄 시간이 없을 것이라고 막연히 포기하고 있던 참이었다. 그런데 뜻밖에도 실험실에서 마주치다니? 게다가 자신에게 꽤 호감이 있는 듯한 브로이어의 말투에 프로이트는 기쁨을 감출 수가 없었다.

이때부터 프로이트는 궁금한 문제가 있을 때마다 브로이어를 찾아가 가르침을 청했다. 브로이어는 자신보다 열네 살이나 어린 의학도생 프로이트를 총애하며 자신의 지식을 아낌없이 나누어주었다. 동시에 프로이트가 정신병리를 올바르게 연구할 수 있도록 방향을 제시해주었다. 브뤼케가 연구 공간을 제공해주고, 브로이어가 연구 방향을 제시해주는 가운데 프로이트의 의학 연구는 탄탄대로를 걸었다. 프로이트는 비로소 자신의 귀착점을 찾은 느낌이었다.

브로이어는 프로이트를 정신병리학의 세계로 인도했을 뿐만 아니라 함께 사례를 분석했다. 그로부터 20년 후인 1895년, 프로이트와 브로이어는 심리분석학의 첫 번째 사례 보고서인 '안나 O의 사례'를 발표했다. 그리고 같은 해 프로이트는 브로이어와 함께 히스테리 병증에 관해 연구한 성과를 정리하여 《히스테리 연구》라는 책을 발간했다. 이 책의 출간으로 프로이트는 정신분석학의 이론적 토대를 세웠다.

속담에 '다양하게 널리 배우고 하나에 집중하라'는 말이 있다. 대부분의 사람은 젊은 시절 프로이트처럼 다양한 학문을 고루 배우는 것을 자랑스러워한다. 다양한 배움은 풍부한 지식을 쌓는 데 도움 되지만 그러다 보면 정작 한 가지 분야의 전문가가 되기는 힘들다.

성공한 사람 대부분이 고수해온 원칙 중 하나가 바로 '집중'이다. 하나만 집중적으로 파고들어야만 오랫동안 지속되는 역량을 얻고, 그 힘을 토대로 성공을 향해 나아갈 수 있다.

프로이트는 행운아였다. 브뤼케 교수와 그의 친구들을 알게 되면서 프로이트는 한 가지 전문 분야의 길을 찾고, 결국 성공에 이를 수 있었다.

나는
나 자신에 대한 자신감이 있다

Freud

적극적이고 진취적인 사람은 제아무리 배척하고 따돌려도 사회 어디에서든
자신의 입지를 세우고 성공할 터전을 찾아내게 마련이다.

프로이트의 청소년기 경험을 논하자면 그의 첫 번째 여행
을 빠뜨릴 수가 없다.

김나지움을 졸업하기 전에 아버지는 프로이트에게 대학에
합격하면 영국으로 여행을 보내주겠다고 약속했다. 그 뒤로
프로이트는 영국 여행을 무척이나 고대했는데, 영국에는 그
의 이복형들과 어린 시절 동무였던 조카 요한이 살고 있었기
때문이다. 일찍이 요한이 빈으로 찾아온 적이 있었는데 이때
프로이트는 요한에게 영국으로 찾아가겠노라 약속했다.

하지만 막상 프로이트가 대학에 입학하고 나서도 아버지는

곧바로 약속을 지키지 않았다. 그로부터 2년이 지난 뒤에야 비로소 프로이트는 영국 여행의 소원을 이룰 수 있었다.

아버지는 프로이트를 당장 영국으로 보내주지 못했지만 대신 국내 여행을 허락했다. 프로이트는 비록 오스트리아 국내로 국한되기는 했지만 인생 최초의 여행에 나설 수 있게 되었다. 그런데 생애 최초의 여행에서 프로이트에게 깊은 인상을 심어준 것은 여행지의 아름다운 풍광이 아니라 기차에서 맞닥뜨린 반셈족주의자들과의 정면충돌이었다. 유대인은 셈족에 속했기에 반유대주의자들을 흔히 반셈족주의자들이라고 부른다.

프로이트는 어린 시절부터 역사책에 관심이 많았기에 유대인의 수난사에 대해서도 훤히 꿰뚫고 있었다. 일찍이 페르시아 제국과 로마 제국이 팔레스타인을 정복할 당시 유대인은 온갖 박해와 착취를 당했고, 급기야 고향에서 쫓겨나 유럽 각지를 떠돌게 되었다. 이 때문에 반유대주의 사상과 행위가 오래전부터 유럽 각국에서 확산되었다.

여행을 떠나기로 한 날 프로이트는 아침 일찍 잠에서 깨어났다. 그는 여행 준비를 끝내고 부모님과 작별 인사를 한 뒤 빈의 기차역으로 향했다. 그리고 인생의 첫 번째 여행에 대한 부푼 기대를 안고 기차에 오를 준비를 했다.

기차 플랫폼은 사람들로 인산인해를 이루었다. 프로이트는 기차에 오른 뒤에도 북적이는 인파를 헤치고 이리저리 기차간을 돌아다닌 뒤에야 자신의 좌석을 찾을 수 있었다. 그런데 그의 좌석에는 이미 한 남자가 자리를 차지하고 앉은 채 냉랭하게 프로이트를 쳐다보고 있었다.

프로이트는 예의 바르게 차표를 내보이며 자리를 비켜줄 걸 요청했다. 그런데 누가 상상이나 했을까? 남자는 대뜸 욕을 퍼붓는 게 아닌가?

"유대인 놈이라는 것을 누가 모를 줄 알고?"

프로이트는 순간 너무 놀란 나머지 멍해지고 말았다. 대학 입학을 앞두고 프로이트는 유대인이라는 이유로 앞으로 불평등한 대우를 받게 되리라고 미리 마음의 준비를 하고 있었다. 하지만 반셈족주의자의 노골적인 도발을 당한 것은 이번이 처음이었기에 순간 화가 머리끝까지 치밀었다. 하지만 프로이트는 애써 화를 가라앉히며 침착하게 대응했다.

"이 좌석은 내 자리이니 비켜주시지요."

남자는 거만한 표정으로 대꾸했다.

"이곳에는 더러운 유대인 놈을 반겨줄 사람이 아무도 없다. 비천한 놈들은 멀찌감치 꺼져라."

더 이상 참을 수 없었던 프로이트는 남자를 때려눕히고 싶은 충동에 사로잡혔다. 프로이트가 주먹을 쳐드는데 바로 뒤에 있던 누군가가 프로이트를 잡아당겼다. 그는 프로이트에게 기차간을 둘러보라고 눈짓을 했다. 그제야 프로이트는 기차간 안에 흰색 카네이션이 꽂혀 있는 것을 발견할 수 있었다. 프로이트가 멈칫하자 그 사람이 프로이트를 잡아당기며 말했다.

"나를 따라오게."

그 사람은 프로이트를 흰색 카네이션이 없는 기차간으로 끌고 갔다. 그러고는 한숨을 내쉬며 말했다.

"자네는 빈 출신이 아닌가 보지?"

"저는 네 살 때부터 빈에서 살았습니다."

"그렇다면 빈에서는 흰색 카네이션이 반유대주의자들의 표식이라는 사실을 왜 모르나? 방금 그 기차간 안에는 온통 반유대주의자들뿐이었네. 자네가 얼마나 위험한 상황에 있었는지 알겠나?"

프로이트는 평소 시비가 일어나는 것을 두려워하지 않았지만, 그 순간만큼은 등골이 서늘해지는 느낌을 받았다. 자신의 좌석을 차지했던 남자를 때려눕히는 것쯤이야 문제 될 것이 없었지만, 그랬다면 그 기차간 안의 반유대주의자들이 우르르 덤벼들었을 것이다. 하마터면 뼈도 못 추릴 뻔했다는 생각을 하니 등골이 서늘해지는 것은 당연했다.

그 이후 흰색 카네이션은 프로이트의 뇌리에 깊이 박혔다. 꿈을 꾸거나 책을 읽거나 심지어 활짝 핀 꽃송이를 볼 때도 그 기차간 안의 흰색 카네이션이 눈앞에 어른거렸다.

여행을 마치고 집으로 돌아온 뒤 프로이트는 자신의 주변에서 일어나는 종족 갈등에 주의를 기울이게 되었다. 일상생활 곳곳에서 반셈족주의자들이 유대인을 무시하고 깔보는 일이 비일비재함을 쉽게 발견할 수 있었다.

프로이트는 반셈족주의자들의 행동이 부당하다고 여겼다. 반셈족주의자들이 그토록 거만을 떨 수 있는 것은 그들 조상이 박해를 받고 고향에서 쫓겨나 이국 타향을 떠돈 적이 없기 때문이다. 하지만 역사를 살펴봤을 때 그들 조상이 유대인의 조상보다 현명한 적이 있던가? 비록 우리 조상들은 끊임없이 배척받고 쫓겨났지만 우리는 자부심을 잃지 않고 세계 곳곳에서 삶의 터전을 닦으며 잘 살고 있지 않나?

프로이트는 이때 경험한 유대인에 대한 배척이 그저 사회적 특수성에서 비롯되었다고 느꼈다. 하지만 대학 안에도 종족 간의 차별과 배척이 만연해 있음을 이내 깨달았다.

1873년 가을, 프로이트는 대학에 입학하고 얼마 지나지 않아 큰 실망감에 휩싸이고 말았다. 주변의 학우들 대부분이 반셈족주의자라는 사실을 깨달은 것이다. 학우들은 비교적 생각이 단순한 젊은 청년들로서 반유대주의적인 성향은 부모 세대에서부터 전해온 생활 습관에 불과했다. 그 때문에 그들이 프로이트 면전에서 노골적으로 욕을 퍼붓는 일은 없었다. 하지만 보이지 않는 가운데 알게 모르게 프로이트를 배척했으며, 프로이트가 유대인이라는 신분에 열등감과 고립감을 느낄 것이라 여겼다.

그러나 프로이트는 결코 그렇지 않았다.

▼

"내가 왜 나의 출신에 수치심을 느껴야 하지?"

프로이트는 자신을 환영해주지 않는 대학 사회 안에서 생활하면서도 크게 상심하지 않았다. 오히려 반유대주의 성향이 있는 학생들 사이에서 점차 자신의 입장을 확고히 할 수 있었다. 즉, '너희 자신에 대한 자부심이 있듯이 나는 나 자신에 대한 자신감이 있다'라고 생각했다. 그의 자신감은 로마 천주교와 끝까지 투쟁할 것을 목숨을 걸고 맹세했던 유대인 한니발 장군과 역대 우수한 유대인 조상들에게서 비롯되었다.

그러나 여행 중에 맞닥뜨린 반셈족주의자와의 정면충돌과 대학 안의 반유대주의자들의 크고 작은 행동들은 프로이트에게 많은 영향을 미쳤다. 그 결과 프로이트는 한 가지 삶의 방식을 세우게 되었다. '당신들이 나를 반대하더라도 나는 끝까지 내 길을 가겠다'라는 방식이었다.

어린 나이에 반유대주의자들에 둘러싸인 생활 속에서 프로이트는 '긴밀하게 단결된 대다수'의 억압을 받는 상황에 놓일 때가 많았다. 이는 프로이트가 독립적인 판단력을 키우는 계기가 되었다. 어떤 면에서 보면 프로이트에게는 또 다른 행운을 가져다준 것이라 할 수 있다.

사실 '억압'은 우리에게 그다지 낯선 단어가 아니다. 어린 시절에는 누구나 부모님의 반대와 통제를 받는다. 그리고 성인이 되어서는 직장에서 상사의 통제를 받는다. 억압이 있는 곳에는 언제나 배척이 있게 마련이다.

사회의 일원으로서 타인의 배척을 받지 않는 것은 불가능하다. 우리가 할 수 있는 일은 그러한 배척을 어떠한 방식으로 받아들이고 응대하는가 하는 것이다.

누군가로부터 배척을 받게 되었을 때는 프로이트의 말을 떠올려보라. 프로이트는 적극적이고 진취적인 사람은 제아무리 배척하고 따돌려도 사회 어디에서든 자신의 입지를 세우고 성공할 터전을 찾아내게 마련이라고 여겼다.

1925년의 지그문트 프로이트 (1856-1939)와
그의 어머니 아말리아 프로이트 (1835-1929)

Chapter 3

생명의 중심;
사랑에 충실하고 맡은 일에 책임을 다하다

프로이트,
지금은
나 자신을 사랑할 때

프로이트는 사랑하는 마르타에게 안정적인 생활환경을 마련해주고 싶었다. 하지만 공교롭게도 브뤼케 교수의 말처럼 경제적 수입이 없는 상태였다. 그런데 어떻게 안정적인 생활을 보장해줄 수 있단 말인가? 게다가 마르타의 부모님은 가난한 프로이트가 자신의 딸과 결혼하는 것을 반대했다. 그러나 경제적 수입원이 생기면서 모든 문제가 자연스레 해결되었다.

프로이트는 부모님이 자신의 연구비를 마련하느라 더 이상 고생하지 않도록 하기 위해, 자신과 마르타 사이에 놓인 장애물을 없애기 위해, 나아가 마르타에게 안정적인 생활을 마련해주기 위해, 마침내 영혼의 안식처로 여기던 생리 실험실을 박차고 나와 빈대학교 부속병원의 수련의로 취직했다.

아들아,
너의 사업은 이제 막 시작되었다

Freud

의학 분야의 수많은 분과 중에서 정신병학 이외에는 아무런 관심조차 없었다.

의학 연구를 소홀히 하게 되면서 나는 1881년에서야 뒤늦게 의학박사 학위를

취득했다.

프로이트는 과학 연구에 자신감을 가지고 집착한 덕분에
금세 의학계에서 꽤 큰 성과를 거두었다.

1877년 다른 학우들이 강의에 매달릴 때 프로이트는 정신
해부학과 생리학 방면의 첫 번째 논문을 발표했다. 그러나 의
과대학의 졸업시험은 1881년 3월에 이르러서야 통과할 수 있
었다.

그날은 햇살이 찬란한 봄날이었다. 따뜻한 햇살이 쏟아지
는 화창한 날씨에 산들산들 부는 바람에는 봄기운이 물씬 묻

▼

어났다. 프로이트의 어머니는 옷장에서 가장 아름다운 정장을 꺼내 입고 머리도 단정하고 아름답게 묶어 올렸다.

프로이트의 아버지는 방 안으로 들어서다가 아름답게 꾸민 어머니를 보고 절로 휘파람을 불었다.

"오우, 이제 막 결혼을 한 아름다운 새색시를 보는 듯하오. 실례합니다만 아가씨, 오늘 무슨 기분 좋은 일이라도 있나요?"

"오늘은 우리 인생에서 가장 자랑스러운 날이에요. 우리 귀염둥이 아들이 오늘부터는 어엿한 의학 박사가 된다고요. 그러니 가장 아름답게 꾸미고 경사를 맞이해야지요."

프로이트의 어머니는 치맛자락을 치켜올리며 방 안을 한 바퀴 빙 돌았다.

"내가 이십오 년 동안 기다리고 또 기다렸던 순간이라고요."

비록 여전히 가난한 생활을 벗어나지 못했지만 프로이트의 부모는 단정하고 품격 있는 옷차림을 갖추고 빈대학교 의과대학으로 향했다. 아들 프로이트의 졸업식에 참석하기 위해서였다.

그들이 정문에 도착하자 이미 박사복을 입고 자신들을 기다리는 아들이 보였다. 어머니는 프로이트에게 다가가 환한 미소를 지으며 아들의 얼굴을 이리저리 자세히 보았다. 평소 유머가 풍부한 프로이트가 어머니를 놀려대며 말했다.

"어때요? 어머니, 오늘은 아들이 멋있게 보이나요?"

"멋있구나, 우리 아들!"

▼

어머니는 고개를 끄덕이고는 말했다.

"하지만 네 사업은 이제 막 시작되었다는 것을 잊지 마렴."

"네, 걱정하지 마세요. 열심히 잘 헤쳐갈 겁니다."

프로이트는 어머니의 말뜻과 그 속에 담긴 걱정스러운 마음을 충분히 헤아리고도 남았다. 프로이트의 동기들은 진즉 졸업장을 따고 저마다 의사가 되어 사회에서 자리를 잡아가고 있었다. 반면에 프로이트는 이제야 학위를 따지 않았는가?

하지만 프로이트가 남들보다 성적이 나빠서 학위를 늦게 취득한 것은 아니었다. 그는 이미 동기들에 비해 일찌감치 논문을 발표했고, 생리학 실험실에서 진행하는 연구도 상당한 진전을 보이고 있었다. 이에 관하여 프로이트는 이렇게 기술했다.

'의학 분야의 수많은 분과 중에서 정신병학 외에는 아무런 관심조차 없었다. 의학 연구를 소홀히 하게 되면서 나는 1881년에서야 뒤늦게 의학박사 학위를 취득했다.'

사실 프로이트가 뒤늦게나마 의학박사 학위를 취득하게 된 데는 또 다른 이유가 있었다.

1880년 프로이트가 스물네 살 되던 해에 징병 통지서가 날아왔다. 프로이트는 내심 병역 의무를 마치고 싶었다. 그는 군인의 무인 정신을 숭상하는 데다 한니발 장군을 우상처럼 여기고 있었기에 당장에라도 입대하고 싶었다. 그러나 부모님의 마음은 그와 달랐다. 이제 곧 졸업을 앞두고 있는데 지금

입대하면 당장 아들의 장래 직업에 영향을 미칠 수 있어서였다. 하지만 반셈족주의자들이 적대심을 갖고 지켜보는 사회적 분위기에서 병역을 회피하는 것은 불가능했다. 그래서 부모는 마지못해 아들이 입대하는 것을 지켜볼 수밖에 없었다.

병역 복무는 대단히 힘들고 고생스러운 일이었다. 게다가 부대 안에는 프로이트가 연구 활동을 할 수 있는 생리 실험실도 없었다. 답답한 마음을 해소하기 위해 프로이트는 문학책과 철학책을 꺼내 들었다. 시간이 날 때마다 철학자들의 책을 읽었는데, 외국의 유명한 저서들은 책 번역이 매끄럽지 못했다. 이에 프로이트는 플라톤과 영국의 철학자이자 경제학자인 밀러의 저서를 직접 번역하기도 했다.

1년 후 프로이트는 군대를 제대하고 학교로 돌아왔다. 이미 논문을 발표한 경험이 있는 데다 그동안 손을 떼고 있던 의학 공부에 다시 매진한 덕분에 순조롭게 졸업할 수 있었다.

프로이트는 박사 학위를 땄다는 생각에 다소 자만심에 빠졌다가 어머니의 충고에 정신이 번쩍 들었다. 학업을 종료했다는 것은 그의 학생 시절이 끝났다는 사실을 의미했다. 이제 그는 인생의 새로운 시기를 맞이하게 되었다. 이 새로운 시기는 사업과 사랑, 결혼, 가정을 포함하고 있었다.

"네 사업은 이제 막 시작되었다"는 어머니의 말씀은 프로이트의 인생이 비로소 시작되었다는 사실을 의미했다! 이제부터 프로이트는 부모의 보호에서 벗어나 혼자 힘으로 자신의 세계를 일궈나가야 했다.

프로이트는 어머니의 말을 가슴에 새기며 의학과 정신병학 연구에 한층 매진했다. 끊임없는 탐구와 관찰을 하며 정신분석학을 한층 깊이 있게 파고들었다.

어머니로부터 충고를 들은 날로부터 28년이 지난 뒤 미국의 클라크대학교에서 20주년 개교 기념 행사에 프로이트를 초빙했다. 이 자리에서 프로이트는 정신분석을 주제로 하는 강연을 성공리에 마쳤다. 이를 계기로 프로이트가 창시한 정신분석학은 의학사상 중요한 위치를 차지하게 되었으며, 이후 세계적으로 일어난 '심리분석 운동'으로 발전했다.

우리는 누구나 두 개의 세계를 맞이한다. 하나는 부모님이 버팀목이 되어주는 세계로 우리의 유년 시절이다. 그리고 또 하나는 우리가 독립적으로 직면하는 세계로서 성장한 후의 성인 시절이다.

괴테는 말했다.

"우리는 비록 부모님의 보호 속에서 성장하지만 언젠가는 그들의 품을 떠나 자신의 세계를 만들어간다."

부모의 품을 떠나는 순간 우리에게는 새로운 세계가 펼쳐진다. 이 새로운 세계에서는 당신이 스스로의 왕이며, 당신 자신을 움직이는 집행자이자 수호자이다. 모든 게 새로 시작되는 것이다.

▼

첫눈에 반하는 사랑에
관하여

Freud

감정적인 충동은 성적 본능의 욕망의 충동에 기인한다.

1882년은 프로이트의 인생에서 매우 중요한 전환점이 되는 해였다. 그해, 프로이트는 인생의 동반자를 만났고 더불어 인생 사업의 방향을 결정지었다.

1882년 4월 어느 날, 프로이트는 여느 때처럼 브뤼케 교수의 생리 실험실에서 연구를 하다 집으로 돌아왔다. 그런데 문을 채 열기도 전에 집 안에서 은방울이 구르는 듯한 해맑은 웃음소리가 들려왔다. 왠지 기분이 좋아지는 웃음소리에 프로이트는 절로 미소를 지었다.

언젠가 어머니가 들먹였던 말을 기억한 프로이트는 웃음소리의 주인공이 여동생 안나의 친구라는 것을 눈치챌 수 있었

▼

다. 프로이트는 지난 몇 년 동안 학교와 실험실을 분주히 오가며 지냈던 터라 집에 오는 날이 매우 드물었다. 그래서 안나의 친구가 그저 성격이 온화하고 아름다운 여성이라는 말만 들었을 뿐 실제로 얼굴을 직접 본 적이 없었다.

현관문이 열리는 소리에 소파에 앉아 있던 젊은 여성이 뒤를 돌아보았다. 그녀는 유난히 큰 눈을 반짝이며 프로이트를 물끄러미 쳐다보았다.

프로이트는 그녀의 눈길에 심장이 마구 쿵쾅거렸다. 차마 시선을 외면할 수 없었던 프로이트는 눈앞의 여성을 빤히 쳐다보았다. 이 세상에 이처럼 아리따운 여인이 있었다니! 흑단 같은 긴 머리에 깊고 그윽한 두 눈동자, 높이 솟아오른 콧날을 가진 전형적인 미인이었다.

프로이트는 정신이 나간 듯 멍하니 그녀를 쳐다보았다. 안나가 친한 친구 마르타 베르나이스(Martha Bernays)라며 소개해주자 그제야 정신을 차렸다.

그날 밤 프로이트는 좀처럼 잠을 이룰 수 없었다. 머릿속에는 온통 마르타 생각으로 가득 차서 밤새 뒤척거리기만 했다. 프로이트가 여인 생각으로 불면의 밤을 보낸 것은 난생처음 있는 일이었다. 지난 25년 동안 단 한 번도 여인에게 마음을 빼앗긴 적이 없었으니 말이다.

사실 프로이트는 여성들에게 인기가 많았다. 어릴 때부터 잘생기고 공부를 잘해서 여학생들의 선망의 대상이었다. 프

▼

로이트는 많은 여학생이 호감을 표시해도 언제나 모른 척 외면했다. 김나지움에 다닐 때는 좋은 대학에 들어가야 한다는 생각에 오로지 학교 공부에만 매달렸다. 그리고 열일곱 살의 나이에 대학에 진학하면서 이성에 눈을 떴지만 브뤼케 교수의 생리학 실험실을 다니면서 연구에만 매달리느라 몹시 바빴다.

프로이트는 정신병학의 관찰과 연구를 시작하면서 온종일 브뤼케 교수와 그의 조수들과 함께 시간을 보냈다. 브뤼케 교수가 프로이트를 자신의 친구 그룹에 끼워줬지만 하나같이 프로이트보다 나이가 많은 장년의 남성들이었다. 연구는 물론 일상생활에서도 아낌없는 도움을 베풀어준 브로이어처럼 말이다.

그래서 프로이트는 대학을 다니는 내내 여자 친구를 사귈 기회가 없었다. 프로이트가 대학 시절에 마르타를 만났더라면 특별한 호감조차 느끼지 못하고 곧장 자신의 다락방으로 올라가 의학 서적을 펼쳐보았을 것이다. 하지만 지금은 달랐다. 이미 대학교도 졸업했고, 다락방에 틀어박혀 공부할 필요도 없었다. 그렇기에 그날 프로이트는 거실에 머물며 마르타와 눈빛을 주고받는 여유를 부릴 수 있었다. 그리고 마르타의 눈빛에 프로이트의 마음은 혼란에 빠지고 말았다.

사실 프로이트는 이른바 한눈에 반하는 사랑을 믿지 않았다. 비록 지금까지 여자 친구를 사귄 적은 없지만 부모님의 결혼생활을 지켜보면서 어렴풋이 상상해본 적은 있었다.

처음 이성에 눈을 떴을 때는 요한의 여동생인 폴린느와 결혼하면 어떨까 하는 생각을 한 적도 있었다. 폴린느는 프로이트와 동갑으로, 어린 시절 요한에게 함께 괴롭힘을 당하면서 서로 동맹자와 같은 정신적 유대감을 느꼈다.

프로이트는 그러한 자신의 생각을 이렇게 분석했다. 감정의 충동은 성적 본능의 충동에 기인한다고 말이다. 다만 사춘기가 지나면서 프로이트는 성숙해진 지성으로 성적 본능의 충동을 억누르고 더 이상 그런 생각을 하지 않았다. 게다가 폴린느는 자신의 친조카가 아닌가?

그런데 이번에는 달랐다. 그야말로 첫눈에 반하는 사랑에 빠지고 만 것이다. 게다가 이번에는 자신의 욕망의 충동을 억제할 필요가 없었다.

프로이트는 밤새 잠을 이루지 못했다. 눈만 감으면 마르타의 아름다운 눈동자가 눈앞에 어른거렸다. 촉촉이 젖은 큰 눈동자로 자신을 빤히 쳐다보던 그 모습이 얼마나 신비롭고 아름다웠는지 모른다! 프로이트는 탄식이 절로 나오는 듯했다. 프로이트는 마르타의 마음속으로 들어가 그녀의 신비로움을 캐고 싶었다.

한눈에 반한다는 것은 얼마나 아름다운 일인가? 사랑에는 수많은 종류가 있지만 첫눈에 반하는 사랑이야말로 가장 순수하고 가장 진실하다. 조금이라도 망설이거나 주저한다면 첫눈에 반한 사랑이라고 할 수 없을 것이다.

그런 의미에서 프로이트는 행운아였다. 첫눈에 반하는 진정한 사랑을 하게 되었으니 말이다. 이 세상에 그런 행운을 얻는 사람이 과연 몇이나 될까?

하지만 그러한 행운에도 인위적인 요소가 있다. 예컨대 외부 세계의 모든 조건을 배제하고 오로지 감정에만 충실한다면 첫눈에 반하는 사랑을 할 수 있을 것이다.

오이디푸스 콤플렉스의
안전한 전이

Freud

정상인의 경우 그들이 선택한 이성 상대에게는 '모성원형(Mother archetype)'의 흔적이 남아 있다. 그들의 리비도(Libido)를 어머니상으로부터 이탈시키는 것은 매우 쉽다. 하지만 오이디푸스 전이에 실패한 사람은 다르다.

'남성과 여성은 어떤 기준으로 연애 상대를 선택하는가?'

이 문제는 프로이트가 1905년 출간한 《성욕에 관한 세 편의 에세이》의 서두에서 제기한 질문이다. 사실상 프로이트가 마르타에게 첫눈에 반했을 때 그의 마음속에는 이미 해답이 나와 있었다.

프로이트의 어머니와 그의 아내의 사진을 보면 프로이트가 어떤 기준으로 연애 상대를 선택했는지 쉽게 알 수 있다. 두 사람은 정말 많이 닮아 있다. 똑같이 윤기가 흐르는 이마에, 깊고 커다란 눈동자, 오뚝한 콧날, 심지어 얼굴형까지 비슷하다. 다시 말해서, 프로이트가 마르타에게 첫눈에 반한 이유는 그녀가 자신의 어머니와 너무 닮은 첫인상을 심어주었기 때문이다. 프로이트는 이렇게 설명했다.

"어머니는 아들과의 관계에서 항상 무한한 충만감을 준다. 이는 인류가 지닌 사랑하면서도 증오하는 모순된 심리를 가장 완전하고 철저하게 벗어난 관계이다."

프로이트는 매우 효성스러운 아들로서 평생 어머니를 사랑하며 존경했다. 훗날 그는 책에서 어머니를 이렇게 묘사한 적도 있다.

'나의 자신감과 낙관적인 태도는 어머니에게서 영향을 받은 것이다.'

어머니가 프로이트에게 관심과 사랑을 집중적으로 쏟은 까닭에 프로이트는 어릴 때부터 성년이 될 때까지 어머니에 대한 애착심을 잃지 않았다.

이러한 감정을 기반으로 프로이트는 '오이디푸스 콤플렉스(Oedipus complex)'라는 심리학상의 개념을 만들어낼 수 있었다. '오이디푸스 콤플렉스'는 정신분석학 용어로, '마더콤플렉스'라고도 부른다.

아동의 성적 본능이 발전하여 대상을 선택하는 시기가 되면 외부 세계에서 성적 대상을 찾기 시작한다. 유아에게 그 첫 번째 대상은 바로 부모이다. 남자아이는 어머니를 대상으로 선택하고, 여자아이는 아버지를 대상으로 선택한다.

아이의 이런 선택은 자신의 '성적 본능'에 따른 것이며, 또 다른 한편으로는 부모에게 받는 자극에서 비롯된다. 어머니가 아들을 편애하거나 아버지가 딸을 편애하면서 그러한 성향이 나타나는 것이다.

이런 상태에서 남자아이는 어머니에게 특별한 사랑을 느끼며 어머니를 자신의 소유물로 간주한다. 반면에 아버지를 어머니라는 소유물을 두고 경쟁해야 하는 적수로 여기고 그의 지위를 빼앗고 싶어 한다. 마찬가지로 여자아이도 어머니가 자신과 아버지의 사랑을 방해하고 자신이 마땅히 차지해야 할 위치를 빼앗는 방해자라고 여긴다.

프로이트는 어린 시절 부모님이 사랑을 나누는 침실 안으로 들어갔다가 아버지에게 거칠게 쫓겨난 적이 있다. 그때 프로이트는 자신을 총애하는 어머니가 아버지의 소유라고 느꼈다. 이때부터 아버지를 질투하기 시작했으며, 어머니를 독차지하고 싶을 때는 자연스레 아버지를 적대시하게 되었다. 그러나 이내 자신에게는 아버지를 이길 능력이 없다는 사실을 깨달으면서 태도를 바꿔 아버지에게 학습을 받고 아버지와 공감대를 형성하게 되었다. 이때부터 그는 아버지에게 반항적이면서도 동시에 아버지를 존중했다.

프로이트는 점차 성장하면서 어머니를 향한 애착심이 사회적으로 허락되지 않는 감정임을 알게 되었다. 어머니를 향한 애착심을 사회로부터 허락받은 연애 상대에게 전이시켜야 한다는 사실을 깨달았다. 잠재의식 속에 내재된 그러한 생각으로 프로이트는 연애 상대를 선택할 때 자신도 모르는 사이 어머니의 그림자를 대입했다. 그래서 어머니와 아주 많이 닮은 마르타를 보는 순간 사랑에 사로잡히고 만 것이다. 프로이트가 마르타를 사랑하기 시작하면서 그의 오이디푸스 콤플렉스가 안전하게 전이되었다고 할 수 있다.

상당수 사람이 오이디푸스 콤플렉스를 갖고 있다. 그들은 어른이 되었을 때 자신과 나이 차가 큰 남성 혹은 여성과 연애한다. 이는 오이디푸스 콤플렉스의 전이가 실패한 결과이다.

훗날 프로이트는 애정심리학을 연구할 때 자신이 마르타를 연애 상대로 선택했던 일을 사례로 분석하고 다음과 같은 결론을 내렸다.

"정상인의 경우 그들이 선택한 이성 상대에게는 '모성원형(Mother archetype)'의 흔적이 남아 있다. 그들의 리비도(Libido)를 어머니상으로부터 이탈시키는 것은 매우 쉽다. 하지만 오이디푸스 전이에 실패한 사람은 다르다. 그들은 오랜 시간 리비도를 어머니에게만 쏟아부었기 때문에 성년이 돼서도 어머니의 특징이 연애 상대를 선택하는 데 큰 영향을 미친다."

사랑의 심리학:
사랑하는 이의 구세주가 되어라

Freud

정상인은 일반적으로 방탕한 여성을 경멸하고 정숙한 여인을 존중한다.

프로이트의 친구는 프로이트를 유머러스하고 과감하게 말하는 인물이라고 평가한 적이 있다. 사실 무인 정신을 숭배하는 사람들은 용감하고 거침없는 성향을 보인다. 과학 연구는 물론이고 사랑을 쟁취하는 데서도 그렇다.

마르타에게 사랑을 느낀 프로이트는 적극적인 구애에 나섰다. 이때 프로이트는 마르타는 로마 성이요, 자신은 코끼리를 몰고 로마 성을 함락하려는 한니발 장군처럼 느꼈다. 마르타를 정복하려면 반드시 알프스 산맥을 넘어 여러 전투에서 승리를 거둬야만 했다. 프로이트가 이처럼 비장한 전투 의지에 사로잡힌 것은 마르타의 가문 때문이었다.

마르타는 1861년 7월 26일 태어났다. 프로이트보다 다섯 살이 어렸으며 순수한 유대인이었다. 프로이트와 똑같은 유대인 출신이었지만 그녀의 가문은 최상급의 학자 가문이었다. 그녀의 할아버지 이자크 베르나이스는 독일 함부르크 유대교 랍비로서 학문을 깊이 연구한 유대학자였다. 독일 유명 시인 하이네가 존경하고 숭배하던 인물이기도 했다. 한마디로 마르타는 그 시대의 '금수저'라고 할 수 있었다. 반면에 프로이트는 같은 유대인이었지만 하층 계급의 시골 출신이었다. 비록 의과대학교 박사였지만 그야말로 '개천에서 용 난 케이스'였다. 프로이트를 가로막는 첫 번째 장애물이 신분 차이였다면, 두 번째 장애물은 경제적 조건이었다. 마르타의 부모가 신분 차이를 대수롭지 않게 여긴다고 해도 가난뱅이인 프로이트에게 딸을 시집보낼 리 만무했다. 자신의 딸이 프로이트와 결혼하면 평생 가난에 시달리며 고생할 것이 뻔했기 때문이다.

하지만 자신감 넘치는 프로이트에게 그러한 장애물은 전혀 문제가 되지 않았다. 그의 총명한 지혜와 능력으로 충분히 해결 가능한 문제라고 여겼다. 정작 프로이트가 걱정하는 것은 마르타의 마음을 얻을 수 있느냐였다.

그처럼 아름답고 고상한 여성 주변에는 분명 구애하는 수많은 남성이 있을 것이 분명했다. 정상인은 일반적으로 방탕한 여성을 경멸하고 정숙한 여인을 존중하니 말이다. 게다가 마르타는 이 세상에서 가장 아름답고 순결한 여인이 아닌가!

안나는 마르타에게 매료된 오빠의 마음을 눈치채고 용기를 북돋웠다.

"마르타는 권세나 지위에 마음을 뺏기는 속물이 아니에요. 남자의 재능을 무엇보다 중시한다고요. 그런 점에서 오빠는 최적의 조건을 갖추고 있어요! 어서 마르타를 찾아가요. 분명 나의 새언니가 될 거예요!"

여동생의 말은 프로이트에게 자신감을 심어줬다. 프로이트는 일주일을 망설이다 마침내 마르타에게 본격적으로 구애 작전을 펼치기 시작했다. 마르타는 안나에게 프로이트의 이야기를 자주 들으면서 그의 재능을 흠모하고 있던 차였다. 그래서 프로이트의 구애를 흔쾌히 받아들였다.

흔히 공부만 하는 사람은 벽창호 같다는 말을 많이 한다. 의미인즉슨, 모든 시간을 지적 수준을 높이는 데만 쏟아붓기 때문에 감성 지수가 낮다는 뜻이다. 하지만 프로이트에게는 전혀 해당되지 않는 말이었다. 사랑하는 여인에게 구애하는 과정에서 프로이트는 대단히 로맨틱한 남자의 모습을 보였다.

프로이트는 당시 빈에서 학교 다니던 마르타에게 날마다 하루도 빼지 않고 붉은 장미를 선물했다. 그리고 달콤한 사랑의 밀어를 빼곡히 채워 넣은 연서도 함께 끼워 보냈다.

프로이트가 들려주는 사랑의 밀어는 세속적이거나 가식적이지 않았다. 글자 한 자 한 자마다 프로이트의 마음속 깊은 곳에서 우러난 사랑이 담긴 글은 마르타의 마음을 금방이라도 녹여버릴 만큼 달콤했다.

어느새 방학이 되었다. 마르타는 함부르크의 집으로 돌아가야 했다. 그녀가 떠나자 프로이트는 혹시라도 이대로 영영 마르타를 잃어버릴까 봐 근심에 쌓여 넋이 나갈 판이었다.

훗날 프로이트는 《사랑의 심리학》에서 당시 자신의 마음을 이렇게 분석했다.

'우리가 알다시피 어떤 연애 형태이든 일종의 강박적인 성질을 띠고 있다. 상대방이 영원토록 자신을 필요로 하리라고 굳게 믿는다. 자신이 옆에서 지켜주지 않으면 그녀에게 나쁜 일이 생겨 곤궁에 빠진다고 여긴다.'

그렇기에 프로이트도 자신이 마르타의 보호자가 되어야 한다고 여겼다. 하지만 지금 마르타는 자신의 보호 범위를 떠나 있었다. 마르타의 구세주가 되고 싶은 욕망에 그는 마음이 초조하고 불안했다. 동시에 마르타가 더 이상 자신을 사랑하지 않을까 봐 걱정스러웠다.

프로이트의 '오이디푸스 컴플렉스' 이론에 따르면 인간의 리비도는 항상 원시적인 대상에 강렬하게 밀착되어 있다. 아동 시기에는 성애의 목표가 시종일관 사라지지 않는다. 가령 여성의 경우 최초의 리비도는 아버지(혹은 아버지를 대신하는 형제)에게 고착된다. 이러한 사랑은 직접적인 성관계를 이끌어내지 않는다. 심할 경우라고 해도 마음속으로 어렴풋이나마 성관계의 윤곽을 대략적으로 상상하는 것에 머문다. 그렇기에 성장하고 나서도 남편(혹은 연인)은 기껏해야 원시 대상의 대체품에 불과할 뿐 그녀가 진정으로 사랑하는 대상이 아니다. 그녀의 감정은 언제나 다른 사람에게 향해 있는데, 바로 그녀의 아버지이다.

그래서 프로이트는 마르타가 아버지와 오빠들이 있는 집으로 돌아가면 더 이상 자신을 사랑하지 않게 될 것이라고 걱정했다. 또한 마르타의 감정의 추가 아버지와 오빠들에게 지나치게 기울면 마르타가 곤경에 처할지도 모른다는 걱정이 들었다. 어떻게든 마르타를 곤경에서 구출하는 구세주의 임무를 완수해야 한다고 여겼던 것이다.

마르타와의 달콤한 사랑과 이별은 프로이트가 자신의 심리와 사랑에 빠진 인간의 심리 상태를 자세히 관찰할 기회가 되었다. 이러한 경험을 바탕으로 그는 사랑 심리학의 체계를 세웠다.

여기서 보듯이 지혜로운 사람은 매 순간 생명과 이 세계를 경험하며 세상이 놀랄 학설을 만들어낸다.

빵은 사랑을 오랫동안
안정적으로 유지하는 필수조건이다

Freud

삶에서 유일하게 중요한 것은 사랑과 일이다.

1882년 6월의 어느 날, 프로이트는 마르타를 향한 그리움을 안고 브뤼케 교수의 생리 실험실로 갔다. 점심 시간이 되자 프로이트는 막간을 이용해서 책상에 엎드린 채 마르타에게 편지를 쓰기 시작했다. 마르타가 가장 좋아하는 괴테의 문체를 본떠서 한 자 한 자 정성껏 써 내려갔다.

이때 브뤼케 교수가 실험실 안으로 들어왔다. 그는 프로이트가 거침없이 써 내려간 여러 장의 연애편지가 책상 위에 흩어져 있는 것을 보고 절로 웃음이 터졌다. "청춘이 좋구나"라고 말하려던 그는 문득 프로이트의 허름한 옷차림을 보고 이내 정색을 했다. 그러고는 프로이트의 맞은편 자리에 앉았다.

▼

브뤼케 교수는 프로이트가 연애편지를 다 쓸 때까지 기다렸다가 이윽고 말문을 열었다.

"지그문트, 내 말을 잘 듣게. 나는 자네가 우수한 과학 연구 인재라는 사실을 믿어 의심치 않네. 하지만 진심에서 하는 말이네만 이론 연구는 잠시 중단했으면 좋겠네."

"왜입니까?"

프로이트가 소스라치게 놀라며 물었다. 브뤼케 교수가 프로이트에 대한 신뢰를 표시하지 않았다면 그야말로 자신을 내쫓으려고 한다고 오해할 만한 말이었기 때문이다.

브뤼케 교수는 프로이트의 어깨를 토닥토닥 두드렸다. 자식을 위로하듯 가볍게 어깨를 두드려주던 브뤼케 교수는 프로이트가 마음을 진정시키자 다시 이어서 말했다.

"내 생각에는 이제 자네에게 사랑하는 여인도 생겨서 앞으로 돈 들어갈 일이 많아질 걸세. 그런데 지금 자네는 경제적 수입이 없는 데다 오히려 부모님에게 경제적 지원을 받고 있지 않나? 물론 자네 집의 형편을 무시해서 하는 말이 아니네. 지난 몇 년 동안 함께 지내면서 자네도 내가 어떤 사람인지는 잘 알고 있지 않나? 나는 자네가 정말 잘됐으면 좋겠네."

프로이트는 가만히 고개를 끄덕였다. 브뤼케 교수는 그가 존경하는 스승으로서 지난 수년 동안 많은 도움을 베풀어주었다. 그런 스승의 진심을 의심할 필요가 없었다. 프로이트는 브뤼케 교수에게 물었다.

"그럼 교수님의 말뜻은……."

"난 자네가 생리 실험실을 그만두고 의사가 되었으면 좋겠네. 그러면 안정적인 월급이 생기지 않나? 지그문트, 빵은 사랑을 오랫동안 안정적으로 유지시켜주는 필수조건이라는 사실을 잊지 말게."

브뤼케 교수의 말에 프로이트는 순간 마르타를 떠올렸다. 그는 사랑하는 마르타에게 안정적인 생활환경을 마련해주고 싶었다. 하지만 공교롭게도 브뤼케 교수의 말처럼 경제적 수입이 없는 상태였다. 그런데 어떻게 안정적인 생활을 보장해줄 수 있단 말인가? 게다가 마르타의 부모님은 그들의 딸이 가난한 자신과 결혼하는 것을 달갑게 여기지 않을 것이 뻔했다. 고정적인 경제적 수입원이 생긴다면 모든 문제가 자연스레 해결될 것이다.

프로이트는 부모님이 자신의 연구비를 마련하느라 더 이상 고생하지 않도록 하기 위해, 자신과 마르타 사이에 놓인 장애물을 없애기 위해, 더 나아가 마르타에게 안정적인 생활을 마련해주기 위해, 마침내 영혼의 안식처로 여기던 생리 실험실을 박차고 나와 빈대학교 부속병원의 수련의로 취직했다.

프로이트는 부지런하고 또 총명한 사람이었기에 무슨 일을 하든 항상 좋은 성과를 거두었다. 빈대학교 부속병원에서도 마찬가지였다.

프로이트는 수련의로 병원에서 일을 시작했지만, 열심히

최선을 다해 일한 덕분에 얼마 지나지 않아 정식 의사가 되었다. 빈대학교 부속병원의 정식 직원이 되었기에 고정적인 경제적 수입원이 생긴 것이다.

성인 남성이 사회에 발을 디디면 대면해야 하는 두 가지 문제가 있다. 바로 가정을 이루는 것과 사회적으로 성공하는 것이다. 얼핏 보면 이 두 가지 문제는 모순된 것 같지 않지만 실제로는 많은 사람을 힘들게 한다.

도대체 사회적으로 성공을 거둔 뒤에 가정을 꾸려야 하는 걸까, 가정을 이룬 뒤에 성공을 향해 매진해야 하는 걸까? 일부 대학에서는 이 문제를 주제로 삼아 토론회를 열기도 한다.

대다수 사람은 먼저 가정을 꾸려서 생활을 안정시킨 뒤에 사업을 시작하면 절반의 노력으로도 두 배의 성과를 거둘 수 있다고 여긴다. 물론 사회적 성공을 거두는 일이 우선이라고 생각하는 이도 있다. 경제적으로 안정적이어야만 가정도 안정적으로 유지할 수 있으니까 말이다.

사실 이 두 가지 관점 모두 맞다. 좋은 조건과 경제적인 압박이 없다면 먼저 가정을 꾸린 뒤 사업에 전념할 수 있다. 하지만 경제적 조건이 나쁘다면 먼저 성공을 거둔 뒤 가정을 꾸려야 한다. 가정은 안정적인 경제적 수입원이 뒷받침되어야 하기 때문이다.

프로이트는 경제적 상황이 나빴기 때문에 후자를 선택해야 했다. 먼저 사회적으로 입지를 다진 뒤에 가정을 꾸릴 수밖에 없었던 것이다.

마르타

사랑에 빠진 한니발이
로마 성에 입성하다

Freud

연애 상대의 구세주가 되고 싶다는 욕망 때문에 상대방이 영원토록 자신을 필

요로 하리라고 굳게 믿는다. 자신이 옆에서 지켜주지 않으면 그녀에게 나쁜

일이 생겨 곤궁에 빠진다고 여긴다. 그 때문에 프로이트도 자신이 마르타의

보호자가 되어야 한다고 여겼다.

학문 연구든 일이든 항상 철두철미하게 임하는 성격 덕분에 프로이트는 얼마 지나지 않아 유명한 의사인 T. H. 마이네르트(Theodor Meynert)의 관심을 받게 되었다. 마이네르트는 빈대학교 부속병원은 물론 오스트리아 전역에서 명성이 자자한 권위 있는 신경학자였다.

마이네르트에게는 자신의 실험실이 있었는데 그의 조수만이 드나들 수 있었다. 하지만 그는 프로이트에게 파격적으로

자신의 실험실을 드나들 수 있도록 허락했다. 이는 프로이트가 의사로서 최고의 인정을 받았다는 방증이기도 했다. 당시 모든 젊은 의사에게 마이네르트의 인정을 받는 것은 꿈 같은 일이었으니 말이다.

프로이트는 의사로서 승승장구하면서 마르타와의 사이를 가로막는 경제적 능력이라는 장애물 하나를 없앨 수 있었다. 그리고 마침내 자신만만하게 자신의 사랑을 찾아갈 수 있게 되었다.

1882년 7월 14일 프로이트는 마르타를 찾아 함부르크로 떠났다. 날마다 그리움에 애를 태우던 마르타가 집으로 돌아간 지 수개월이 지난 뒤였다.

이때 프로이트는 험준한 알프스 산맥을 넘어 로마 성을 침공하는 한니발 장군처럼 갑옷을 입고 사랑의 로마 성으로 쳐들어가는 기분이었다. 그는 떠나기에 앞서 마르타에게 편지를 썼다.

고귀한 나의 여주인이여, 사랑스러운 그대여.

여행 준비를 마친 이 순간 궁금해서 미칠 것 같소. 우리가 만나게 되면 당신은 나에게 사랑스러운 미소만 보여줄 것인지 아니면 따듯한 입술로 나에게 입맞춤을 선물해줄 것인지 말이오. 내가 갈망하는 것은 당신의 입술뿐만이 아니래도 나를 탓하지는 마오. 당신도 생각해보시오. 그처럼 많은 희극과 비극을 창작하고, 또

직접 연극에도 출연했던 영국 시인 윌리엄 셰익스피어도 이렇게
노래했소.

사랑하는 이를 만나면 여행은 끝나는 법,
똑똑한 이들은 모두 알고 있지.
사랑이 뭔가요? 오늘 가면 없는 거죠.
오늘 만나 웃고 즐기면 그만이지.
내일 일을 누군들 알 수 있나요.
미룬다고 좋을 건 하나도 없어요.
그러니 이리 와 키스해요, 어여쁜 아가씨,
젊음은 영원한 것이 아니니까.

위의 시구를 이해하기 힘들면 다른 사람에게 물어볼 필요 없이
슐레겔(A. W. Schlegel)의 《세 왕의 사랑》이나 《무엇이 되고 싶은
가》의 독일어 번역본을 읽어보시오.

당신만 괜찮다면 지금부터는 고귀한 시 작품 흉내는 그만두고 고
전적인 산문으로 글을 이어가겠소. 당신의 노예가 당신에게 말하
노니, 그는 언제쯤이나 당신의 곁으로 갈 수 있을 것 같소? 당신의
오빠가 손위 처남이 되어 우리가 이 제국의 끝까지 갈 수 있도록
무료 차표를 대주며 도와줬소. 이 가난한 제국은 바로 그때부터
생겼다오. 당신에게 선택된 이 몸은 지구상의 부귀보다는 천국
에 많은 기대를 품고 있는 사람이라오. 하지만 지금은 당신이 보

고 싶어 미칠 것만 같소. 설마 이 정도 요구도 해서는 안 되는 것이오? 아침 일찍 대충 요기를 때우고 당신이 나를 흑인으로 여기지 않도록 세수를 했소. 그리고는 서둘러 적들이 당신을 감시하고 있는 곳으로 달려왔소. 제발 감시가 소홀하기를 바라면서. 제발 당신이 작은 숲으로 나와줄 것이라고 믿도록 해주시오. 나는 남들이 볼 수 없는 곳에서 당신에게 뜨거운 인사를 하고 싶소.

우리가 만날 수만 있다면 그다음의 과정은 더 이상 설명이 필요 없을 것이오. 만일 당신의 사촌 마크스가 우리의 친구라는 사실을 증명하기 위해 당신을 내가 있는 곳으로 데려와준다면 평생토록 그에게 감사할 것이오. 하지만 나는 제삼자인 그와 함께 우리의 '기쁨'을 나누고 싶지 않소. 나는 그에게 우리 두 사람만 있게 해달라고 정중하게 요청할 것이오. 나는 다른 사람 앞에서 당신에게 입맞춤하는 것이 싫소. 사람들 앞에서는 당신에게 무슨 말을 해야 할지도 잘 모르겠소. 그는 단둘이 있게 해달라는 우리의 부탁을 거절하지 못할 것이오. 그것은 인정상 도리가 아니니까 말이오.

당신의 사랑하는 임을 발견하게 되면 너무 많은 가혹한 요구는 하지 마시오. 그는 평범하고 유행에 뒤떨어진 회색빛 상의에 옅은 색의 바지를 입고 있소. 나는 당신이 자주 어루만져준 외출용 외투를 거의 신성시하고 있다오.

지금 우리는 눈부신 태양 아래서 나는 당신의 약혼자이고 그대는 나의 약혼녀라고 당당하게 소개할 수 있소. 또한 우리의 동생들에게 기념으로 사진을 줄 수도 있소. 나는 당신의 생일을 위해 진귀한 장신구를 골랐다오. 매번 그 상점 앞을 지날 때마다 그것이 내 시선을 빼앗곤 했지. 하지만 지금 당장은 그것을 살 수가 없소. 8월 4일까지는 기다려주시오.

당신의 기사가 그대에게 줄 수 있는 것은 태양처럼 뜨겁게 불타는 심장이오. 그는 무기도 지니고 있지 않고 정적을 물리칠 독약과 비수도 집에 두고 왔소. 그는 당신이 너무 보고 싶고, 또 어떻게 당신의 명령을 받들어야 할지 말해주고 싶어서 한 시도 지체할 수 없을 만큼 마음이 급했다오. 또한 그 누구의 침범으로부터도 당신을 보호하고 지켜주고 싶어서 애가 탔다오. 그는 유쾌한 논쟁을 치렀고, 함부르크의 정적들이 적의를 버리기를 희망한다오.

아, 이처럼 가련한 중세기적 어투의 편지는 앞으로 필요가 없을 것이오. 내가 마치 흉악한 악당에게 붙잡혀 감금된 공주를 구하러 가는 그 미치광이 기사 같다는 생각이 드오. 여기까지 편지를 읽다 보면 분명 당신도 지겹다는 생각이 들 것이오. 사랑하는 마르타, 부디 관용을 베풀어주시오. 지금 내 마음속이 얼마나 혼란스럽고 복잡한지 당신이 이해해준다면 그것으로 족하오. 하지만 나는 매우 이성적인 모습으로 당신 옆으로 갈 것이오. 사랑하는 그대여, 쇠네베르크는 우리의 기쁨이 될 것이오.

나에게 다시 한 번 입맞춤해주오, 나의 천사, 다시 한 번 더. 내일은 어쩌면 모들린에서 편지를 쓸지도 모르오. 그다음에는 실제

입맞춤을 해줄 것이오.

행복한 만남을 기대하며!

당신의 지그문트

위의 서신 내용을 보면 당시 프로이트는 사랑하는 처녀를 구하러 가는 중세의 기사가 된 것만 같다.

프로이트와 마르타가 첫 만남 이후 결혼하기까지는 4년의 시간이 걸렸다. 그 4년 동안 두 사람은 줄곧 편지로 사랑을 키웠다. 그중에 지금까지 전해지는 연애편지만도 거의 천여 통에 달한다. 위의 연애편지는 프로이트가 의사이자 마르타의 남자친구로서 처음으로 그녀의 부모를 만나러 갔을 때 쓴 편지이다. 사랑하는 마르타를 만나고 그녀의 부모에게 두 사람의 교제를 허락받기 위해 떠난 여행이었다.

프로이트는 사랑을 쟁취하기 위해 온몸을 던졌다. 그는 사랑에 빠진 감정과 느낌을 맘껏 음미했으며, 그러한 경험을 바탕으로 그 유명한《사랑의 심리학》을 쓸 수 있었다.

사랑은 마음의 횃불에 불을 지폈고, '꿈의 해석'이라는 싹이 텄다

Freud

꿈이 불쾌한 내용으로 위장하는 것은 실제적으로 그중 모종의 내용이 제2의 심리 단계에서 허락하지 않기 때문이다. 동시에 그 일부 내용은 제1의 심리 단계에서 필요로 하는 소망이다.

프로이트는 자신이 지닌 재능과 빈대학교 부속병원의 의사라는 신분으로 마르타의 부모에게 호감을 얻는 데 성공했다. 하지만 마르타의 부모는 딸이 가난뱅이 청년과 결혼하는 것에 찬성하지 않았다. 그들은 딸을 사회적 지위나 경제적 형편이 비슷한 가문의 남성에게 시집보내고 싶어 했다.

프로이트는 달콤한 사랑에 빠져 행복했지만, 또 다른 한편으로는 가난한 형편 때문에 그 사랑을 얻는 데서 난관에 부딪혔다. 여기서 가장 중요한 것은 마르타의 태도였다. 그녀가 부모 편에 선다면 그는 사랑을 잃고 말 테니까. 다행히도 주관이 뚜렷한 여성이었던 마르타는 과감하게 사랑을 선택했다. 부모의 반대 속에서 마르타는 프로이트의 구애를 받아들이고 부모 몰래 약혼했다.

마르타는 물질적인 것보다는 정신적인 교류를 중시하는 건전한 사고방식의 여성이었다. 그래서 재능이 넘치는 프로이트의 매력에 푹 빠졌다. 부모의 생각과는 정반대로 그녀는 오히려 자신이 연인에게 어울리지 못할까 봐 걱정했다. 마르타는 재능이나 학문 방면에서 프로이트보다 훨씬 뒤떨어졌다는 생각이 들자 줄곧 자부심을 느끼던 아름다운 외모마저 자신감이 없어졌다.

프로이트는 마르타의 소녀 감성을 세심하게 살피며 이렇게 위로했다.

"어쩌면 당신은 화가나 조각가의 눈에는 특별한 미인이 아닐 수도 있소. 당신이 정확하게 말해달라고 고집한다면 나도 당신이 그다지 아름답지 않다는 사실을 인정하오. 하지만 실제적으로는 그렇지 않소. 사람들은 당신이 아름답다고들 말하오. 왜 그런지 아시오? 외모와 몸짓으로 드러나는 달콤하고 부드럽고 지혜로운 당신의 모습이 얼마나 아름다운지 그야말로 사람을 취하게 만든다오."

프로이트는 진심을 담아 이렇게 말했다.

"아름다운 겉모습은 불과 수년밖에는 지속되지 못한다는

걸 우리는 잘 알고 있소. 반면에 우리는 평생을 함께 살아갈 것이오. 젊은 시절의 아름다움이 시들고 나면 우리에게 남는 유일한 아름다움은 바로 마음속에서 우러나오는 선량함과 이해라오. 선량하고 또 다른 사람을 이해하고 배려하는 마음 씀씀이는 이 세상 그 누구도 당신을 따를 수 없을 것이오."

훗날 프로이트는 《사랑의 심리학》에서 당시 마르타와의 사랑을 분석하여 다음과 같은 결론을 내렸다.

'우리가 사는 문명 세계에서 여성은 교양 때문에 오류를 범한다. 앞서 묘사했던 남성들이 그녀를 대하는 태도 때문에 한층 심각해진다. 어쩌면 여성 앞에서 거칠고 투박한 남성미를 보이는 것이 불편할 수도 있고, 또 처음 사랑에 빠질 때는 그녀가 여신보다 더 아름답다고 여길지도 모른다. 하지만 일단 그녀를 차지하게 되면 곧바로 깔보거나 무시하게 된다. 여성을 과대평가하든 과소평가하든 남성에게 이득이 될 것은 없다.'

그래서 프로이트는 결혼 후 수십여 년 동안 시종일관 변함없는 태도로 마르타를 대하며 그들의 사랑을 유지했다.

프로이트는 부모님의 반대를 물리치고 돈과 권력보다는 순수한 사랑을 택한 마르타에게 감동했다. 자신보다 다섯 살이나 어린 여인에게 그런 용기가 있다는 사실에 감탄하며 평생 그녀의 사랑을 배신하지 않겠다고 맹세했다.

프로이트는 평생 변함없는 사랑으로 그 맹세를 증명했다. 프로이트는 성적 심리 연구에 평생을 바치며 연구와 치료 과정에서 수많은 여성 환자를 만났다. 그중에는 프로이트에게 호감을 표시하는 여성이 많았지만 프로이트는 시종일관 근엄하고 단정한 태도로 환자를 대했다. 그는 성적 심리학 연구를 빌미로 호색한으로 변하지 않았으며 여성을 희롱하려는 생각조차 품지 않았다. 그만큼 마르타를 사랑했기 때문이다. 세월이 흘러 나이가 들면서 마르타의 허리가 굵어지고 피부도 거칠어졌지만 프로이트의 마음속에서는 여전히 부모의 반대를 무릅쓰고 자신을 선택한 아름다운 여인으로 남아 있었다.

이러한 프로이트의 지순한 사랑은 마르타를 행복하게 해주었다. 그녀는 프로이트의 애정관이 자신과 똑같이 감각적인 쾌락보다는 정신적 교감을 중시한다는 사실을 깨달았다. 그래서 그녀는 평생 믿음과 사랑으로 프로이트를 위해 헌신했다. 가난에 찌든 젊은 시절에도, 병마에 시달리는 노년에도 마르타는 단 한 번도 프로이트를 원망하지 않았다.

사실 사랑에 빠진 초창기에 마르타만 자신감을 잃고 불안감에 빠진 것은 아니었다. 프로이트 역시 이 달콤한 사랑이 왠지 꿈만 같고 금방이라도 사라질 것만 같아 불안했다. 사랑에 빠진 그는 평소의 침착하고 냉정한 모습은 간데없이 매사에 예민해졌다. 이러한 예민함은 그가 막 사랑에 빠졌던 첫해에 가장 심했다.

프로이트는 마르타가 떠날까 봐 두려웠고, 혹시라도 그녀에게 예기치 못한 사고가 생길까 봐 두려웠다. 한번은 마르타가 농담 삼아 샤워할 때 물에 빠져 죽는 상상을 했다고 말하자 프로이트는 정색하고 말했다.

"사랑하는 사람을 잃는 것은 수천 년에 걸친 인류 역사에 비교하면 극히 미미한 일이라고들 말하오. 하지만 내 생각은 그들과 다르오. 사랑하는 사람을 잃는 것은 세계 종말을 맞이하는 것과 똑같소. 설사 목숨을 부지한다고 해도 그것은 암흑 속에서 아무것도 보지 못한 채 사는 것과 똑같을 거요."

이처럼 사랑을 잃을까 봐 전전긍긍하는 중에 설상가상 마르타 부모의 반대에 부딪히자 프로이트는 하루도 마음 편할 날이 없었다. 전에는 잠자리에 드러눕기가 무섭게 잠에 곯아떨어지던 그가 이제는 눈만 감으면 온갖 꿈을 꿨다.

사랑에 빠진 이후 프로이트와 마르타는 한 가지 약속을 했다. 비밀 일기장에 자신의 생각이나 마음을 적어서 교환하며 서로를 자세히 알아가기로 했다. 나중에 결혼하고 난 뒤에는 연애 시절 일기장을 읽으며 기념일을 챙기기로 했다. 그때부터 프로이트는 자신이 꾼 꿈을 하나도 빠뜨리지 않고 모조리 기록하기 시작했다. 그는 마르타에게 말했다.

"내가 해석할 수 없는 꿈을 많이 꾼다오. 정작 낮에 생각하거나 고민한 일은 꿈에 안 나타나고 잠깐 스쳐 지나간 일이나 사물이 꿈에 나타나오."

마르타와 사랑에 빠진 뒤로 프로이트는 의학에만 집중할

수가 없었다. 그의 머릿속에는 의학 연구 외에도 사랑에 관한 것, 인간관계에 관한 것, 이 세계에 관한 것 등 온갖 생각으로 가득 찼다. 어쩌면 마르타와의 사랑은 프로이트가 풍부하고 다채로운 내면의 세계를 들여다볼 수 있도록 마음의 횃불에 불을 지펴줬다고 할 수 있을 것이다.

이때 프로이트가 일기장에 기록했던 꿈들은 훗날《꿈의 해석》을 연구할 때 가장 좋은 분석대상이 되었다. 동시에《꿈의 해석》학설의 중요한 구성 부분이 되었다.

사랑은 프로이트가 꿈을 꾸게 해주었고, 사랑은 그의 마음 속에서《꿈의 해석》에 대한 싹을 틔워줬다고도 할 수 있을 것이다.

프로이트가 쓴 900통의 연애편지는
장거리 연애의 비법을 알려준다

Freud

정상적인 가정환경에서 자란 남자는 사랑에 빠졌을 때 집중력을 보여준다. 그
가 사랑하는 여인은 그의 마음속에서 그 누구도 대체할 수 없는 유일무이한
사람이 된다.

프로이트는 자신의 꿈을 마르타와 약속한 비밀 일기에 전
부 기록했다. 그녀에게 쏟는 사랑을 전부 비밀 일기 속에 채워
넣었다고 해도 과언이 아니다. 마르타와 헤어진 지 4년 만에
결혼하여 비로소 함께 지낼 수 있었기 때문이다.

가난한 의사였던 프로이트에게는 결혼생활을 지탱해줄 든
든한 경제적 보장이 없었기에 상류사회 출신의 마르타 어머
니는 두 사람의 사랑을 완강히 반대했다. 그녀는 두 사람의 이
별을 위해 빈에 있던 마르타를 함부르크로 불러들였다.

▼

아마 이 세상의 모든 어머니가 마르타의 어머니와 똑같은 입장일 것이다. 공주처럼 애지중지하던 딸을 빈털터리나 다름없는 가난뱅이와 결혼시키려는 어머니가 어디 있겠는가?

1883년 6월, 무더운 여름이 되자 사람들은 피서철을 맞이하여 즐거운 시간을 보냈지만 프로이트는 조금도 즐겁지가 않았다. 마르타가 함부르크의 반츠베크 본가로 돌아가야 한다고 했기 때문이다. 이는 곧 두 사람이 이별의 고통을 겪어야 한다는 사실을 의미했다.

잠시 떨어져 있는 것은 문제 될 것이 없었다. 정작 두려운 것은 언제쯤 다시 만날 수 있을지 기약할 수 없다는 데 있었다. 프로이트는 그 무엇도 장담할 수가 없었다. 그들의 사랑이 어떤 결과를 가져올지, 두 사람 사이에 가로놓인 현실적인 거리감을 극복하지 못하고 끝나는 것은 아닌지, 아니면 이 모든 시련을 다 헤치고 사랑의 결실을 맺을 수 있을지 자신하지 못해서 수심만 깊어갔다.

그러던 어느 날 프로이트는 특별히 하루를 휴가 냈다. 그는 빈의 꽃집에서 앵초꽃 한 다발을 사서 서둘러 마르타를 찾아갔다. 그녀에게 하고 싶은 말이 너무 많았기에 마음이 급하기만 했다.

마르타는 꽃다발을 보고 환한 미소를 지었다. 앵초꽃은 그녀가 가장 좋아하는 꽃이기도 했다. 마르타는 꽃다발을 받아든 뒤 프로이트를 뜨겁게 포옹했다. 프로이트는 사랑하는 마르타를 꼭 껴안고서 한참을 그대로 있었다.

"나는 가난뱅이라오, 그 때문에 당신을 내 옆에 둘 수도 없소."

프로이트는 괴로운 듯 마르타의 귀에 대고 속삭였다.

"당신은 집으로 돌아가면 어머니가 시킨 대로 다른 사람을 선택해서 결혼할 것이오?"

"아니요."

마르타가 프로이트를 위로하며 말했다.

"난 당신을 사랑해요. 당신 옆에 있든 멀리 떠나 있든 난 당신만을 사랑할 거예요."

"정말이오? 하지만 난 왠지 우리의 사랑이 허황된 꿈만 같소. 당신이 떠나버리면 난 아마 꿈속에서 깨어날 것이오."

프로이트는 어릴 때부터 자신감이 남달랐지만 사랑 앞에서 난생처음 자신감을 잃고 말았다. 그의 마음속은 공포감과 미래에 대한 막연함으로 가득 차 있었다. 마르타는 고개를 들고 프로이트의 눈을 쳐다보며 진심 어린 어조로 말했다.

"어쩌면 지금은 내가 무슨 말을 해도 당신이 믿지 못할 거예요. 하지만 시간이 지나면 내 말이 진실이라는 것을 알게 될 거예요. 당신이 나를 데리러 올 때까지 반츠베크에서 기다릴게요."

"당신을 믿소, 믿고말고. 하지만 앞으로 당신을 볼 수 없다는 것이 나에겐 너무 가혹한 형벌이오!"

▼

프로이트는 마르타를 몸 안으로 빨아들일 것처럼 세차게 껴안았다.

"당신을 보내기 싫소."

"저도 그래요."

마르타는 고개를 숙였다. 차마 프로이트에게 눈물을 보일 수가 없었다. 하지만 흐느끼는 울음소리에는 그녀의 괴로움과 안타까움이 고스란히 배어 나왔다.

"자주 편지 보내줘요. 당신이 내 옆에 있다는 생각이 들게요."

"알겠소, 꼭 그러리다."

프로이트는 고개를 숙여 마르타에게 키스했다.

이때의 이별은 무려 3년 동안 이어졌다. 1천여 일 동안 밤낮으로 프로이트는 마르타에게 편지를 보내 사랑의 밀어를 속삭였다. 거의 매일 습관적으로 두세 통씩 편지를 썼다. 그럼에도 마르타를 향하는 자신의 열렬한 사랑을 다 담아내기에는 항상 부족하기만 했다.

훗날 프로이트와 마르타가 죽은 뒤 두 사람이 주고받았던 연서가 세상에 공개되었다. 그 3년 동안 프로이트가 마르타에게 보낸 편지는 900여 통에 달했다. 대부분 4, 5페이지에 걸친 장문의 편지였는데, 그중에는 12페이지에 달하는 것도 있고 심지어 22페이지에 달하는 편지도 있었다. 편지마다 마르타에 대한 뜨거운 사랑으로 가득 채워져 있었는데, 이 편지들은 프로이트가 마르타를 온 마음을 다해 사랑한 증거이기도 하다.

오늘날 현대 사회에서 사랑은 패스트푸드처럼 전락하고 말았다. 사람들은 영원토록 변함없는 사랑을 갈망한다. 그러면서도 정작 그런 사랑은 두 사람이 온몸과 마음을 다해 가꾸고 지켜야 한다는 사실을 잊는다.

두 사람이 죽어서도 변하지 않을 진실한 사랑을 한다면 날마다 얼굴을 맞대고 사랑을 속삭이지 못한들 무슨 상관이겠는가? 프로이트가 온 마음을 다해 사랑을 가꾼 것은 멀리 떨어져서 장거리 연애를 하는 연인들에게 가장 좋은 사례가 될 것이다.

사랑은 일종의 철학이며, 사랑의 연장은 생명의 연장이다. 사랑을 대하는 태도는 그 사람이 생명을 어떻게 대하는지를 간접적으로 보여준다. 한결같은 사랑은 불순물이 섞이지 않은 순수한 감정을 추구하고 동시에 순수한 생명을 좇는 과정이다.

비록 후세 사람들은 프로이트가 중년 이후 처제와 부적절한 관계를 맺었다고 지적하지만 이는 어디까지나 추측에 불과할 뿐 믿을 만한 증거가 없다. 젊은 시절 순수한 사랑을 믿던 프로이트가 중도에 마음이 변해서 자신의 신념을 위배하는 일을 저질렀을 리가 만무하다. 뭇사람은 프로이트가 처제와 함께 여행을 떠난 증거가 있다고 주장하지만, 그렇다고 해서 마르타가 아닌 새로운 여인이 그의 마음속에 자리를 차지했다고 말할 수는 없다. 프로이트도 이렇게 말한 적이 있다.

"정상적인 가정환경에서 자란 남자는 사랑에 빠졌을 때 집중력을 보여준다. 그가 사랑하는 여인은 그의 마음속에서 그 누구도 대체할 수 없는 유일무이한 사람이 된다."

프로이트는 사랑에 대한 집착과 집중으로《사랑의 심리학》에서 다음과 같은 결론을 내렸다.

'사람의 잠재의식 중 그 무엇으로도 대체할 수 없는 유일한 것에 대한 선망은 끝도 없이 좇고 추구하는 행위로 표출된다. 하지만 대체물은 어디까지나 대체물이기 때문에 본연의 것이 줄 수 있는 충족감을 끝내 얻지 못한다.'

사랑 지상주의자의
선언

Freud

마르타가 나를 필요로 했다기보다는 내가 마르타를 필요로 했다고 표현하는
것이 옳네. 그녀는 내가 기울이는 모든 노력의 목표점이야.

프로이트는 사랑을 통해 삶의 전진에 필요한 거대한 역량
을 얻었다. 이는 900여 통의 연서뿐만 아니라 그의 개인 일기
속에서도 잘 드러나 있다. 프로이트의 아름다웠던 연애 시절
의 시간들이 기록된 일기는 마르타가 빈을 떠난 이후에도 프
로이트와 내내 함께했다.

마르타가 떠나고 난 뒤 3년 동안 프로이트는 마르타에게 편
지를 써서 그리움을 표현했고, 일기에도 자신이 생각하고 느
끼는 것을 고스란히 담았다. 프로이트는 가난 때문에 사랑하
는 이와 함께할 수 없는 잔혹한 현실에 자신의 인생을 되돌아

보았다.

　그동안 프로이트는 자신감으로 충만한 인생을 살았다. 그는 유대인이라는 신분으로 뭇사람에게 배척당하는 상황에서도 한 번도 좌절한 적이 없었다. 하지만 장애물에 부딪힌 그의 사랑은 프로이트를 수만 가지 상념에 젖게 했다.

　프로이트는 일기에 이렇게 적었다.

　'그동안 하늘은 나에게 그 누구도 뺏어갈 수 없는 용기와 담대함을 부여해주었다. 그러나 사랑에 빠진 이후 나 자신을 엄격하게 검토해볼 필요가 생기면서 그제야 한 가지 사실을 깨달았다. 하늘은 나에게 다른 사람들이 인정할 수밖에 없는 극히 일부분의 재능만 주었을 뿐 그 외의 어떤 재능도 부여해주지 않았다.'

　그러나 프로이트는 평범한 사람이 아니었다. 그는 타고난 자신감으로 모든 문제를 적극적이고 긍정적인 태도로 대면했다.

　"하늘은 나에게 진리를 사랑하는 두려움 없는 정신을 부여해주었다. 내가 연구가의 예리한 눈으로 삶의 가치를 올바르게 인식하고, 동시에 천성적인 부지런함과 노력으로 일에서 무한한 즐거움을 얻도록 해주었다. 내가 지닌 이러한 최고의 품성은 다른 방면에서의 결핍을 충분히 견딜 수 있게 해주었다."

　이처럼 자신감은 프로이트가 열등감에 빠지지 않고 강한 사람으로 거듭날 수 있도록 해주었다. 그는 일기에 자신과 마르타 둘 다에게 당부하는 말도 적었다.

'우리는 함께 손을 잡고 우수한 품성을 평생토록 잃지 말아야 한다!'

프로이트는 총명할 뿐만 아니라 자신을 되돌아보고 반성할 줄 아는 사람이었다. 사람은 자신을 되돌아보고 반성할 수 있어야만 인생길을 좀 더 안전하고 정확하게 걸어갈 수 있다. 프로이트도 마찬가지였다. 그는 자신과 마르타가 헤어진 원인이 가난이라는 사실을 잘 알고 있었다. 충분한 경제적 수입과 안정적인 생활환경만 갖춘다면 마르타와 결혼해서 함께 살 수 있으리라 판단했다. 그래서 프로이트는 한층 더 열심히 일했다.

돈이 얼마나 필요하든 간에 프로이트는 여전히 사랑을 가장 우선시했다. 그의 모든 출발점은 하루라도 빨리 사랑의 결실을 얻는 것이었다. 그는 오로지 사랑에 집중하는 사람이었고 사랑 지상주의자였다.

프로이트는 사랑을 위해 처음으로 세상에 이름을 알릴 수 있는 인생의 첫 번째 기회를 포기했다. 마르타와 이별하고 2년 뒤인 1884년 프로이트는 코카인의 임상실험 효과를 연구하기 시작했다. 그는 제약회사인 E머크로부터 코카인을 얻어 생리 작용에 관해 연구했다.

당시 코카인은 아직 대중에게 널리 알려져 있지 않았기에 어떤 작용을 하는지는 더더구나 아는 이가 없었다. 프로이트는 연구 과정에서 코카인이 국부마취에 효과가 있다는 사실을 발견하여 큰 기쁨을 느꼈다.

좋은 일은 언제나 연달아 찾아온다. 프로이트가 코카인의 국부마취 효과를 발견했을 때 마침 마르타에게 편지가 왔다. 마르타는 그들에게 마침내 만날 기회가 생겼다며 프로이트에게 반츠베크로 자신을 만나러 와달라고 했다.

이 소식이 날아왔을 때 마침 프로이트는 안과 의사였던 친구 쾨니히슈타인(Königstein)에게 안질 환자를 치료하는 과정에서 코카인이 내는 마취 효과에 대해 이야기하고 있었다. 그리고 그들 옆에는 또 다른 의학계 친구인 카를 콜러(Karl Koller)가 있었다.

프로이트는 마르타가 보내온 편지를 읽고는 기쁨에 들떴다. 그는 편지에 연신 입맞춤을 하고 나서는 친구들에게 건배를 청하며 말했다.

"자, 지금 당장 사랑하는 여인을 만나러 갈 나를 위해 건배하세!"

"지금 당장?"

쾨니히슈타인이 놀라며 물었다.

"방금 자네가 한 말을 잊었나? 자네의 코카인 연구가 아직 끝나지 않았는데 그 연구를 중단하고 약혼녀를 만나러 간단 말인가? 난 반대일세. 의학자로서 앞으로 발표하게 될 연구 성과보다 더 중요한 것이 어디 있단 말인가?"

"자네 말이 맞네! 계획대로라면 코카인 연구에 박차를 가해서 결과가 나올 때까지 기다려야겠지. 하지만 난 지금 도저히 기다릴 수가 없네. 자네는 아나? 그녀와 헤어져 지낸 지 벌써 이 년이 지났네. 마르타를 만날 수 있는 이번 기회를 절대로 놓칠 수 없네. 이번 기회를 놓친다면 다음에 언제쯤이나 만날 수 있을지 알 수 없단 말일세."

"마르타도 자네를 이해할 걸세. 그녀는 다른 사람의 입장을 잘 이해해주는 여성이잖나!"

쾨니히슈타인이 프로이트를 설득했다.

"물론 그녀는 나를 원망하지 않을 걸세. 하지만 내가 나 자신을 용서할 수 없을 거야."

프로이트는 술잔의 술을 들이켠 뒤 진심 어린 어조로 말했다.

"자네들은 모르네. 마르타가 나를 필요로 했다기보다는 내가 마르타를 필요로 했다고 표현하는 것이 옳네. 그녀는 내가 기울이는 모든 노력의 목표점이야. 마르타가 없다면 내 삶은 아무런 의미도 없을 걸세. 그때 가서 수천수만 개의 연구 성과를 거둔다고 한들 무슨 소용이 있겠나?"

사랑 지상주의자인 프로이트에게는 연구 성과도 중요하지만 사랑이 그보다 훨씬 중요했다. 그래서 그는 사랑을 위해 일을 뒤로 미뤘다. 논문에 '머잖은 장래에 코카인의 광범위한 용도를 발견하게 될 것이다'라는 말로 마침표를 찍고 서둘러 코카인 연구를 종료했다. 그러고는 마르타를 만나기 위해 사랑이 이끄는 방향으로 미친 듯이 달려갔다.

그런데 누가 알았으랴? 그 자리에 함께 있었던 카를 콜러가 프로이트와 쾨니히슈타인의 대화를 듣고 난 뒤 동물의 눈으로 결정적인 실험을 할 줄을! 그는 하이델베르크 안과회의 석상에서 연구 결과를 발표했다. 그리하여 카를 콜러는 명실상부하게 코카인을 이용한 국부마취의 발견자로 공인받았다.

이 사실을 알게 된 프로이트는 당초 코카인 연구를 경솔하게 중단한 일을 후회했다. 그렇지 않았다면 의학계에 두각을 나타내는 신예로서 단박에 명성을 얻은 이는 카를 콜러가 아니라 프로이트 자신이 되었을 테니 말이다. 하지만 그는 단 한 번도 마르타에게 그 일을 들먹이지 않았다. 그녀를 탓하고 원망하는 일은 더더구나 없었다. 프로이트 생각에 인생에서 가장 중요한 것은 바로 사랑과 일로서 둘 다 똑같이 중요했다. 사랑 때문에 일에 지장을 초래했다고 원망하지 않은 것은 그렇게 하면 자신의 사랑이 가치를 잃으리라고 여겼기 때문이다.

Chapter 4

정신의 분석;
온갖 고난 끝에 정신분석의 대문을 열다

"

프로이트,
지금은
나 자신을 사랑할 때

프로이트는 비록 실수로 뭇사람의 웃음거리가 됐지만 변함없이 신경학 연구에 열중했다. 그리고 좋은 성과를 거두고 얼마 지나지 않아 빈대학교 의과대학 신경병리학 강사로 임명되었다.

그는 첫 번째 강의에서 학생들에게 자신의 실수를 솔직하게 고백했다.

"비록 그때 실수로 난처한 상황에 처했지만, 또다시 기회가 온다면 나는 반드시 그 기회를 움켜쥘 것입니다. 설사 숱한 난관이 가로막는다고 해도 난 그 기회를 절대로 놓치지 않을 것입니다. 우리는 자신에게 주어지는 기회를 절대로 놓쳐서는 안 됩니다. 기회를 놓치기에는 우리 인생이 너무 짧습니다."

난처한 처지가 된
대학 강단의 신출내기

Freud

그러나 나 자신을 위한 약간의 변명을 하고 싶다. 그 일이 일어난 시대에는 빈에서 내로라하는 권위 있는 전문의들도 종종 신경쇠약을 뇌종양으로 오진할 때가 많았다.

1883년은 프로이트 인생에서 가장 많은 시련을 겪은 해였다. 이 한 해 동안 그는 약혼녀와 헤어져 지내야 했고, 사업적으로도 매우 난처한 상황에 몰렸다.

마르타가 함부르크로 돌아간 뒤 프로이트는 모든 시간을 일에 쏟아부었다. 열심히 일하는 한편으로 미엘린 수초막 생성 과정 및 연수(延髓) 중의 중심 발단 문제를 토론했다.

신경해부와 생리에 관한 논문과 풍부한 업무 경험은 이후 그가 창시한 심리학설과는 아무런 연관이 없었다. 프로이트가 신경해부 쪽으로 연구 방향을 틀었다면 그는 아마도 유명한 생리학자가 되었을 것이다. 대뇌해부는 실제적으로 생리학에 속해 있는 데다 당시 권위 있는 생리학자 마이네르트는 프로이트를 후계자로 삼아 자신이 맡은 교육 과정을 모두 넘겨주려고 했으니 말이다.

그러나 프로이트는 이를 거절했다. 강의나 연구 활동만으로는 돈을 많이 벌지 못해서였다. 그는 하루라도 빨리 마르타에게 안정적인 가정을 만들어줄 돈이 필요했다. 프로이트가 빈의 의학자들이 그다지 중시하지 않는 신경학 연구를 선택한 것도 그 때문이었다.

프로이트가 맨 처음 신경학 연구를 선택한 것은 결코 원대한 포부가 있어서가 아니라 현실적인 이유에서였다. 신경학 분야에는 전문 인력이 부족해서 좀 더 많은 환자를 진료할 수 있고, 그만큼 경제적 수입이 많아질 것이 분명했다. 그만큼 프로이트는 돈이 절실했다.

전문 인력이 부족하다는 데는 장점도, 단점도 있었다. 장점은 의사 한 명이 매우 많은 환자를 진료할 수 있다는 것이었다. 반면에 단점은 그 방면의 전문가가 극히 드물고 연구 자료가 병원의 분과마다 흩어져 있어서 연구 환경이 매우 나쁘다는 것이었다. 그 때문에 프로이트는 혼자 힘으로 연구 자료를 수집해야 했다. 대뇌의 위치 측정에 관한 논문으로 빈대학교에 기용된 카를 노트나겔(Carl Wilhelm Hermann Nothnagel)은 프로이트가 신경학 연구를 선택했다는 소식을 듣고 이렇게 말했다.

"자네가 얼마나 어려운 길을 선택했는지 아나? 지금 의학계에서 신경병리학은 어엿한 하나의 의학 분과로 분리되지 못한 상태일세. 신경병리학 전문의가 되는 것은 하늘에 오르는 것보다 더 어려운 일이란 말이네."

"나도 잘 알고 있네. 하지만 이미 선택을 했으니 나는 그 길로 갈 생각이야. 힘든 난관이 가로놓였다고 해서 멈출 수 없어!"

프로이트는 노트나겔이 더 이상 자신을 설득하지 못하도록 단호하게 말했다.

강인한 성격이었던 프로이트는 모든 난관을 헤쳐 나가며 신경병리학 연구에 매진했다. 그 뒤 2년 동안 풍부한 업무 경험을 바탕으로 신경학 분야에도 점차 익숙해지기 시작했다. 더불어 신경계통의 질병에 관한 임상관찰 보고서를 발표했다.

빈대학교 부속병원의 젊고 패기 넘치는 남자 의사가 연수 손상의 위치를 정확하게 짚어내고 급성 다발성 신경염 환자를 오차 하나 없이 진단한다는 소문은 금세 퍼졌다. 자연스레 프로이트에게 진료를 받기 위해 찾아오는 환자들이 문전성시를 이루었다. 그 덕분에 프로이트의 명성은 빈의 시민들 사이에서 입소문으로 번지기 시작했다.

어느 날 프로이트는 놀랍고 흥분되는 한 가지 소식을 접했다. 미국 의사 단체에서 프로이트를 만나기 위해 빈을 방문한다는 소식이었다.

프로이트는 어릴 때부터 남다른 학구열을 불태우면서 자신의 생각이나 느낌을 다른 사람과 공유하는 습관이 있었다. 학생 시절 하루가 멀다 하고 다락방에서 친구들과 모여 토론을 벌였던 그였다. 그 때문에 프로이트는 의사가 된 뒤에도 자신의 의학 경험을 의학계의 동료들과 공유하고 싶은 바람이 있었다. 그런데 갑작스레 외국의 의사들이 자신에게 특별 강연을 듣기 위해 찾아온다니, 이보다 더 큰 기쁨이 어디 있겠는가? 하지만 그들의 방문은 너무나 급작스러웠다. 당시 프로이트는 정식 의사가 된 지 불과 1, 2년밖에 되지 않는 데다 의학계에서는 풋내기였다. 프로이트는 자신의 의학 경험을 외국의사들에게 정확하게 잘 전달할 수 있을지 걱정스럽고 불안하기만 했다.

빈대학교 부속병원 역시 외국 의사들의 방문을 크게 환영했다. 병원 측에서는 프로이트를 위해 특별히 대형 회의실을 제공해주었다. 프로이트는 이번 특별 강연을 잘 치를 수 있을지 자신하지 못했지만 자기에게 찾아온 기회를 거절하지 않았다. 그에게 거절은 도망치는 것이나 다름없었다. 그의 인생 사전에서 도망이란 결코 용납할 수 없는 일이었다.

마침내 강연이 시작되었다. 강단에 오른 프로이트는 서투른 영어로 미국인 의사들에게 신경학 분야와 관련한 자신의 경험을 설명하기 시작했다. 미국인 의사들은 다소 긴장한 모습의 젊은 의사 프로이트에게 의구심 어린 시선을 보냈다.

프로이트는 비록 임상경험이 풍부했지만 본래 전공은 신경증이라서 기초 지식이 부족했다. 설상가상 긴장감마저 더해 강연 사례를 설명하다 환자의 병명을 만성 국부 뇌막염으로 진단했다. 그의 말이 채 끝나기도 전에 강단 아래서 야유가 터져 나왔다. 그리고 누군가가 큰 소리로 질문을 던졌다.

"만성 국부 뇌막염이 확실합니까?"

순간 움찔한 프로이트는 서둘러 자료 사진을 다시 살펴보았다. 그리고 그제야 미국인 의사가 왜 그런 질문을 던졌는지 깨달았다. 그 사례의 환자는 뇌막염이 아니라 만성 두통을 동반하는 신경증을 앓았던 것이다.

프로이트가 전혀 다른 종류의 질병을 한데 뒤섞어 설명하는 것을 듣고 객석의 미국인 의사들은 투덜거리며 자리를 박차고 나갔다. 혼자 남은 프로이트는 난처함과 민망함으로 멍하니 서 있을 수밖에 없었다.

미국인 의사들은 크게 속았다며 분개했다. 그들은 당장 그날로 항공권을 구입하여 미국으로 돌아갔다. 대학 강단의 신출내기인 프로이트는 특별 강연을 이처럼 허무하게 끝내고 말았다.

프로이트는 순식간에 병원의 웃음거리로 전락했다. 수많은 사람이 등 뒤에서 그를 비웃고 조소했다. 프로이트는 난처한 궁지에 몰렸지만 이 일로 타격을 받지는 않았다. 당시는 신경학이 아직 깊이 있게 연구되지 않은 시대였다. 빈에서 내로라하는 권위 있는 전문의들도 종종 신경쇠약을 뇌종양으로 오진할 때가 많았다.

처음 직장생활을 하다 보면 종종 실수를 저지르기 일쑤다. 사실 실수는 그다지 중요하지 않다. 우리는 실패나 실수를 통해 학습하고 성장하기 때문이다. 정작 중요한 것은 그러한 실패나 실수에서 경험을 얻어 똑같은 잘못을 저지르지 말아야 한다는 점이다.

당신이 맡은 업무를 엉망진창으로 만들었다면 민망하고 부끄러울 수 있다. 그러나 두려움에 빠지면 안 된다. 실수 때문에 위축되어 그대로 주저앉아서는 더더구나 안 된다. 프로이트처럼 난처하고 민망했던 경험을 동력으로 삼아 올바른 방향으로 전진해야 한다. 그래야만 똑같은 실수를 피할 수 있다.

브뤼케 교수:
천리마를 알아본 백락

Freud

또다시 기회가 온다면 나는 반드시 그 기회를 움켜쥘 것입니다. 설사 숱한 난관이 가로막는다고 해도 난 그 기회를 절대로 놓치지 않을 것입니다. 우리는 자신에게 주어지는 기회를 절대로 놓쳐서는 안 됩니다. 기회를 놓치기에는 우리 인생이 너무 짧습니다.

프로이트는 비록 실수로 뭇사람의 웃음거리가 됐지만 변함없이 신경학 연구에 열중했다. 그리고 마침내 좋은 성과를 거두고 얼마 지나지 않아 빈대학교 의과대학 신경병리학 강사로도 임명되었다.

그는 첫 번째 강의에서 학생들에게 자신의 실수를 솔직하게 고백했다.

"비록 그때 실수로 난처한 상황에 처했지만, 또다시 기회가 온다면 나는 반드시 그 기회를 움켜쥘 것입니다. 설사 숱한 난관이 가로막는다고 해도 난 그 기회를 절대로 놓치지 않을 것입니다. 우리는 자신에게 주어지는 기회를 절대로 놓쳐서는 안 됩니다. 기회를 놓치기에는 우리 인생이 너무 짧습니다."

그리고 얼마 지나지 않아 프로이트에게 두 번째 기회가 찾아왔다. 대학으로 돌아와 강단에 선 프로이트는 곧장 브뤼케 교수에게 인사하러 갔다. 왜소한 체구의 브뤼케 교수는 왕성한 지력과 매우 엄격한 태도로 학문을 대했다. 훗날 프로이트가 점잖고 엄숙한 태도로 연구에 임한 것도 브뤼케 교수로부터 물려받은 좋은 습성이었다.

앞서 언급했듯이 브뤼케 교수는 갓 대학에 입학한 프로이트의 뛰어난 재능을 간파하고 그에게 특별히 자신의 실험실에서 의학 연구를 할 수 있도록 허락해주었다. 1876년부터 1881년까지 프로이트는 브뤼케 교수의 지도하에 연구 활동을 진행했다. 한마디로 브뤼케 교수는 프로이트 인생의 은인이라고 말해도 전혀 과장이 아니다.

프로이트가 보기에 브뤼케 교수는 인생의 은인일 뿐만 아니라 그의 재능을 알아봐준 좋은 스승이자 유익한 친구였다. 대학 졸업 후 브뤼케 교수는 프로이트의 경제 사정을 헤아려 그가 병원에 취직할 수 있도록 도와주었다. 먼저 의사가 된 후 과학 연구를 지속하라며 인생 계획을 설계해준 이도 그였다. 그 인생 계획은 확실히 가장 좋은 선택이었다.

브뤼케 교수는 불과 3년이라는 짧은 시간 동안 프로이트가 좋은 연구 성과를 거둔 것에 크게 기뻐했다. 그러나 프로이트가 신경병 치료 전문가를 인생 목표로 삼았다는 사실에 적잖은 걱정을 표시했다. 당시 빈의 의학계에서 신경병리학 연구는 거의 기초 단계에 있었기 때문이다.

"이보게, 신경병리학에서 좋은 성과를 거두려면 빈에서는 안 되네. 세계적으로 명망 있는 신경병리학 전문가를 찾아가도록 하게. 지금 유럽에서 가장 유명한 신경병리학 전문가는 프랑스의 샤르코 교수(Jean Martin Charcot)일세."

"저도 진즉부터 샤르코 교수의 명성은 들어 알고 있습니다. 그분에게 배울 수만 있다면 더할 나위 없지요. 하지만 저에겐 프랑스까지 갈 돈이 없습니다. 교수님도 저의 경제 사정을 잘 알고 계시잖습니까……."

프로이트는 말끝을 잇지 못하고 고개를 푹 숙였다.

브뤼케 교수는 아버지가 아들을 위로하듯 프로이트의 어깨를 두드리며 온화한 어조로 말했다.

"너무 조급해하지 말게. 내가 방법을 강구해보겠네."

그로부터 며칠 뒤, 브뤼케 교수가 프로이트에게 희소식을 안겨줬다. 프로이트를 위해 거액의 장학금을 마련한 것이다. 프로이트의 프랑스 유학 비용을 대고도 남을 금액이었다. 프로이트는 뛸 듯이 기뻐했다. 그는 브뤼케 교수에게 연신 감사의 인사를 했다.

"감사합니다. 교수님의 추천 덕분에 그처럼 소중한 기회를 얻었습니다. 정말 감사합니다, 감사합니다, 교수님."

프로이트는 연신 인사를 했지만 브뤼케 교수에게 감사의 마음을 표현하기에는 부족하기만 했다. 제아무리 프로이트가 뛰어난 재능을 지닌 인재라고 해도, 브뤼케 교수가 번번이 도움의 손길을 내밀어주지 않았다면 의학 연구의 길을 순조롭게 걸어가지 못했으리라는 사실을 프로이트는 잘 알고 있었다. 게다가 이번 프랑스 유학은 프로이트에게 너무나 중요한 의미를 지니고 있었다. 세계 정상급의 저명한 신경병리학 전문가를 스승으로 모신다면 프로이트의 의학 연구 기술이 크게 도약하는 것은 시간문제였다. 프로이트가 연신 인사를 하자 브뤼케 교수가 웃으며 말했다.

"고마워할 필요 없네. 자네는 본래가 뛰어난 천리마였네. 언젠가는 의학계에서 자신만의 길을 찾아갈 사람이지. 난 그저 자네가 길을 에둘러 가지 않도록 도와주는 것뿐일세."

소금 수레를 끌고 가는 말이 천리마인 것을 단박에 알아본 백락(伯樂)의 이야기를 알고 있을 것이다. 누구나 인생에서 백락과 같은 이가 일찌감치 출현해주어 자신의 재능을 펼칠 수 있기를 고대한다.

그런 면에서 프로이트는 행운아였다. 그는 대학교에서 자기 인생의 백락이 되어준 브뤼케 교수를 만났다. 브뤼케 교수는 프로이트의 속마음을 헤아려주는 지음(知音)이자 프로이트의 재능과 흥미, 추구하는 것까지 모두 이해하고 있었기에 프로이트가 가장 절실할 때 필요한 도움을 줄 수 있었다.

자신에게는 프로이트와 같은 행운이 없다고 한탄하고 있는가? 인생에서 백락이 나타나기를 바라고 있는가? 그렇다면 먼저 자신 스스로가 뛰어난 명마 천리마가 되어 있어야 한다.

장 샤르코

샤르코의 문 앞에서
정신분석의 주춧돌을 세우다

Freud

히스테리의 고통을 일상적인 불쾌감으로 전환할 수 있다면 상당한 수확을 얻을 수 있을 것이다.

1885년 가을 프로이트는 브뤼케 교수를 향한 감사와 신경병리학을 깊이 있게 연구하고 싶은 갈망을 안고 프랑스 파리로 향했다. 그곳에서 프로이트는 샤르코 교수의 뜨거운 환영을 받았다.

그러나 샤르코 교수의 주변은 프로이트처럼 의술을 배우기 위해 찾아온 이들로 넘쳐났다. 프로이트는 그저 수많은 외국 방문학자 중 하나에 불과했다. 그 때문에 한동안은 샤르코 교수의 관심을 받지 못했다.

하지만 프로이트는 의기소침해하지 않았다. 그는 오히려

냉대에 대한 만반의 준비를 하고 있었다. 그저 신경병리학에 대한 집념만 있으면 언젠가는 샤르코 교수의 관심을 얻을 수 있으리라고 생각했다.

어느 날, 샤르코 교수가 외국에서 온 학자들과 잡담을 나눌 때였다. 다양한 소재의 이야기를 나누다 화제가 전쟁으로 옮겨 갔을 때다. 샤르코 교수가 탄식하며 말했다.

"전쟁이 시작된 후로 내 강연 원고의 번역자와 소식이 끊기고 말았네. 최근에 쓴 원고를 빨리 독일어로 번역해야 하는데 주변에 그럴 만한 사람이 없으니 참으로 답답하고 안타깝기 짝이 없네."

순간 프로이트는 귀가 솔깃했다. 예전에 독일어를 배운 데다 군대에서 복무할 때 번역했던 경험을 이 기회에 발휘할 수 있으리라는 생각이 들었다. 게다가 샤르코 교수와 가까워질 수 있는 최적의 기회가 아닌가? 여기까지 생각이 미치자 프로이트는 즉각 샤르코 교수에게 편지를 썼다. 독일어에 능통한 자신이 한번 맡아서 번역해보고 싶다는 의사를 전달했던 것이다.

얼마 지나지 않아 마침내 프로이트는 샤르코 교수와 단둘이 만나게 되었다. 교수는 프로이트에게 원고를 번역해달라고 요청했다. 더불어 자신의 의학적 견해를 정확하게 번역하도록 특별히 프로이트가 병원 안의 모든 활동에 참여할 수 있게 배려해주었다.

▼

이때부터 프로이트는 정식으로 샤르코 교수에게 신경병리학을 배울 수 있게 되었다. 샤르코 교수는 매우 우호적이고 온화한 태도로 사람을 대했다. 그는 자신의 최신 연구 성과를 프로이트와 다른 학자들에게 스스럼없이 보여주며 함께 토론했다. 또한 그들이 자신의 연구 성과에 이의를 제기하는 것도 흔쾌히 받아들였다.

학자들이 주로 이의를 제기한 것은 샤르코 교수의 히스테리 연구였다. 샤르코 교수는 연구 결과 남성에게도 히스테리 증세가 있다는 결론을 내렸다. 이전까지 의학계에서는 오로지 여성만이 히스테리를 일으킨다는 학설이 보편적이었다. 샤르코 교수의 연구는 히스테리 연구의 새로운 분야를 열어젖힌 것이나 다름없었다. 하지만 학자들은 그러한 연구 결과에 가장 많은 의구심을 품었다. 그중 하나가 말했다.

"그럴 리가 없습니다. 이미 의학계에서는 의지력이 약한 여성들만이 히스테리 증세가 있다고 오래전에 증명하지 않았습니까? 그런데 의지가 강한 남성이 어떻게 그런 질병에 걸리겠습니까? 불가능합니다."

샤르코 교수는 이들의 이의 제기에 화를 내기는커녕 그들의 의견을 하나하나 진지하게 청취했다. 그와 동시에 자신의 연구 결과에 대해서는 단호한 어조로 말했다.

"자네들이 어떤 이론을 제기하든 간에 사실이 존재하는 것을 막을 수는 없네."

샤르코 교수의 단호한 대답은 프로이트의 머리에 단단히 각인되었다. 훗날 그가 정신분석학을 창시했을 때 그는 줄곧 샤르코 교수의 이 말을 가슴에 새기며 단호한 자세로 자신의 신념을 지켜나갔다. 사방에서 날아드는 의구심과 반대 속에서도 프로이트는 흔들림 없이 자신의 연구를 계속했다.

학자들이 거듭 이의를 제기하자 샤르코 교수는 환자 사례를 통해 자기 연구의 진실성을 보여줬다. 더불어 최면 암시가 히스테리성 마비와 근육 수축을 일으킬 수 있다고 알려주었다.

다른 학자들과는 달리 프로이트는 샤르코 교수의 연구를 절대적으로 지지했다. 샤르코 교수의 의술 연구에 비하면 자신은 마치 신경병리학의 대문 앞에 선 꼬마라는 느낌이 들었다. 그는 샤르코 교수의 히스테리와 최면 암시 연구 성과를 접하면서 새로운 세상에 눈을 뜬 기분이었다. 다만 샤르코 교수의 연구가 너무 피상적이어서 좀 더 깊이 있게 연구를 파고들어야 한다는 생각이 들었다. 비유하자면, 샤르코 교수의 연구가 이제 막 문을 열고 들어선 단계에 있다면 대문 안에는 보물창고가 기다리고 있었다. 그래서 프로이트는 샤르코 교수에게 건의했다.

"병적인 마비와 기질성 마비를 비교 연구하면 될 것 같습니다. 제 생각에는 히스테리증의 마비와 신체 각 부위의 감각 상실이 일반인의 관념상의 구분이지, 해부학 원리에 따라 구분되는 것이 아니라는 점을 증명할 수 있을 겁니다."

"젊은이, 나도 자네 의견에 동의하네."

샤르코 교수는 상냥한 어조로 말했다.

"하지만 내 연구 업무는 병리해부학에서부터 시작되었네. 난 신경증의 심리 요인을 자세히 관찰하는 데는 별다른 흥미가 없네. 하지만 자네가 돌아가면 그 명제를 연구해도 될 것 같네."

샤르코 교수의 허락에 프로이트는 뛸 듯이 기뻤다. 그리고 빈으로 돌아가면 그 명제를 깊이 있게 연구하리라 결심했다. 이 결심은 프로이트가 훗날 정신병 심리학 분석을 시작하는 계기가 되었다.

프로이트 정신분석학이 커다란 전당이라면, 이때 샤르코 교수와 나눈 대화와 그로 촉발된 결심은 그 전당의 토대가 되는 주춧돌이라고 할 수 있다.

그 후 프로이트는《히스테리 연구》를 저술했는데, 이는 프로이트의 정신분석 이론의 토대이자 시발점의 표식이 되었다.

냉대라는 장애물을 통해
길을 돌아가는 법을 배우다

Freud

학술계에서 냉대를 받는 것도 따지고 보면 좋은 일입니다. 왜냐하면 지금 나
에게는 학술을 연구하는 것보다 더 중요한 일이 있으니까요.

프로이트는 샤르코 교수와 작별하고 의기양양하게 빈으로
돌아왔다. 그의 의학 연구 명제는 이미 결정되었다. 바로 신경
병 심리학이었다. 프로이트는 심혈을 기울여 이 연구를 파고
들면 놀라운 연구 성과를 얻을 수 있으리라고 굳게 믿었다. 그
러나 뜻밖에도 프로이트는 보수적인 관념과 냉대라는 장애물
에 부딪히고 말았다.

브뤼케 교수는 프로이트를 위해 환영회를 열고 의학계 인
사들에게 프로이트를 소개했다. 유명한 신경병리학 전문가
샤르코 교수에게 의술을 배운 이름 있는 신경병 전문가라고

말이다.

그러한 칭호는 프로이트에게 매우 중요한 현실적 의미가 있었다. 신경병 전문가라는 칭호가 붙어야만 병원에서 좀 더 좋은 대우를 받을 수 있었기 때문이다. 좋은 대우란 경제적으로 좀 더 나은 생활을 누릴 수 있다는 것이었으며, 이는 곧 좀 더 빨리 마르타와 결혼할 수 있다는 의미였다.

그러나 브뤼케 교수는 일부 인사의 반대에 부딪히고 말았다. 환영회에 참석한 의학협회 회장이 젊고 새파란 의사 프로이트를 무시하는 듯한 말투로 말했다.

"샤르코 교수에게 배웠다면 그곳에서 배운 것을 의학협회에 보고해야 할 것 아니오?"

반대자들이 너도나도 고개를 끄덕이며 말했다.

"옳소, 무엇을 배웠는지 우리에게 보여줘야만 전문의라고 인정할 수 있을 것이오."

브뤼케 교수가 난감한 표정으로 프로이트를 쳐다보았다. 뜻밖에도 프로이트는 미소를 지으며 고개를 끄덕였다. 사실 그는 이미 의학협회에 보고서를 제출할 계획을 세우고 있었다. 샤르코 교수의 연구 성과가 빈의 의학계를 뒤흔들 것이라 믿었던 것이다.

보고서를 제출하는 날 프로이트는 자신만만하게 의학협회에 〈남성 히스테리에 관하여〉라는 보고서를 발표했다. 그러나 예상과는 달리 프로이트는 또다시 강단에서 야유를 받아야만

▼

했다.

"허튼소리, 히스테리는 여성들에게만 나타나는 증세요."

"정말 믿을 수가 없군! 프랑스 파리까지 가서 배워 온 것이 고작 이거란 말이야?"

의학협회 회장을 중심으로 권위 있는 전문가 모두가 프로이트와 상반된 입장을 표시했다. 이러한 반응은 브뤼케 교수와 마이네르트 교수의 예상을 벗어난 것이었다. 두 사람은 불안한 듯 프로이트에게 넌지시 물었다.

"이 보고서가 정말 문제없는 것이 확실한가?"

프로이트는 단호히 대답했다.

"문제없습니다. 다만 이 연구 성과가 지금 의학계에서 공인하는 내용에 어긋나기 때문에 저들이 쉽게 받아들이지 않는 것입니다. 실제 환자 사례를 보면 모두가 인정할 겁니다."

마이네르트 교수는 빈 의학계에서 권위 있는 전문가로서 상당한 발언권을 지니고 있었다. 이에 그가 일어나서 말했다.

"새로운 사물을 편견 없이 받아들이는 태도로 이 문제를 살펴봅시다. 우리 이러는 게 어떻소? 프로이트 의사에게 빈의 몇 가지 환자 사례를 수집해서 협회에 소개해달라고 합시다."

반대 인사들은 프로이트의 관점을 거의 배척하다시피 했지만 마이네르트의 체면을 생각해서 그가 제시한 타협 방안에 동의했다. 프로이트의 의학 보고는 그렇게 민망한 분위기에서 끝났다.

프로이트는 마이네르트의 조언대로 남성들의 히스테리 증세 사례를 수집했다. 하지만 그가 일부 분과에서 병례를 찾은 뒤 관찰 연구를 하려고 하자 해당 분과의 의사들이 가로막았다. 그중 나이 많은 의사는 이런 말도 했다.

"이보게, 허튼짓 그만하게. '히스테리'라는 말 자체가 '자궁'을 가리키는데 어떻게 남자가 히스테리 증세를 일으킬 수 있겠나?"

프로이트는 간곡하게 말했다.

"나의 진단을 인정해달라고 하는 것이 아닙니다. 나는 그저 병례를 연구하고 싶은 것뿐입니다."

하지만 그래봤자 입씨름으로 시간만 낭비할 뿐 그들을 설득할 수가 없었다. 그제야 프로이트는 깨달았다. 보고회에서 마이네르트 교수가 자신에게 병례를 수집하도록 기회를 주자고 제안한 데 협회 의사들이 동의한 것은 그저 형식적인 겉치레에 불과했다는 사실을. 보고회에서 그들이 프로이트에게 보인 냉대와 배척은 변함이 없다는 사실을 말이다.

그 후 프로이트는 전형적인 남성 히스테리성 편측마비 환자의 병례를 찾아냈다. 그는 '의협' 사람들에게 자신의 보고 내용이 옳다는 것을 증명해 보였다. 마침내 의학협회는 프로이트의 신경학 전문가 신분을 인정해주었다. 하지만 프로이트의 연구에는 별다른 흥미를 보이지 않았다. 의학계의 권위 있는 인사들은 프로이트의 새로운 연구를 여전히 반대하며 적대적인 태도를 보였다.

얼마 지나지 않아 빈대학교 의과대학의 대뇌연구실은 프로이트의 출입을 불허했다. 이어서 대학의 강의도 폐강되어 그가 설 강단조차 사라지고 말았다. 그렇게 학술 연구가 중단되고 학회에도 참여할 수 없게 되었다.

브뤼케 교수는 프로이트가 괴로워할 것이라 여기며 위로하려고 했다. 그러나 프로이트는 차분하게 고개를 가로저으며 말했다.

"학술계에서 냉대를 받는 것도 따지고 보면 좋은 일입니다. 왜냐하면 지금 나에게는 학술을 연구하는 것보다 더 중요한 일이 있으니까요."

"무슨 일인가?"

"의과대학 병원에서는 많은 돈을 벌 수가 없어요. 이제 충분한 경험을 쌓았으니까 혼자서도 설 수 있을 것 같습니다. 그래서 개인 진료소를 열기로 했습니다. 그래야 더 많은 돈을 벌 수 있을 테니까요."

프로이트는 반츠베크에서 자신을 기다리고 있을 마르타를 떠올리자 힘이 절로 났다.

"지금은 잠시 학술 연구를 중단하고 의사로서 저의 책임을 다하겠습니다. 이 일을 잘해야만 사랑하는 여인을 맞아들일 수 있습니다."

좋은 남자가 일하는 이유:
사랑과 책임을 위해서

Freud

정신이 건강한 사람은 부지런히 일하고 열심히 사랑한다. 이 두 가지만 잘해

내면 다른 일들은 힘들 것이 없다.

빈의 가을은 한가롭고 평안했다. 오랜 세월 빈에서 살았던 프로이트에게 1886년의 가을은 한가롭고 평안할 뿐만 아니라 달콤한 낭만으로 가득 찼다. 그해 가을에 마르타와 결혼했기 때문이다.

결혼식 날 프로이트의 집에는 많은 손님이 몰려들었다. 그들은 프로이트의 친구들로서 4년 동안 장거리 연애를 하면서 온갖 장애물을 넘어 사랑의 기적을 이룬 두 연인의 산증인이었다.

이들은 마르타의 어머니가 프로이트가 가난하다며 두 사람

의 결혼을 오랫동안 반대했다는 사실을 잘 알고 있었다. 하지만 정작 한 가지 사실은 몰랐다. 이날 두 사람의 결혼식 비용을 마르타의 어머니가 마련해줬다는 사실 말이다. 프로이트가 그동안 모은 돈은 진료소를 개업하는 데 모두 써버렸기 때문이다.

마르타의 어머니가 생각을 바꾼 이유는 마르타가 프로이트와 헤어져 지낸 3년 동안 수많은 남성의 구애를 모두 거절했기 때문이다. 마르타는 어머니가 결혼 상대로 소개해주는 사람도 모두 마다한 채 프로이트와의 사랑만을 고집했다.

본시 딸의 행복만을 바랐던 어머니는 마르타가 프로이트를 깊이 사랑하는 것을 보고 마침내 생각을 바꿀 수밖에 없었다. 게다가 프로이트가 프랑스에서 돌아온 이후 곧바로 진료소를 개업한 것도 어머니의 마음을 움직인 이유 중 하나였다. 사랑하는 여인을 위해 안정적인 가정을 만들어주려고 준비하는 프로이트를 보며 좋은 남자라는 확신이 들었던 것이다. 그래서 두 사람의 결혼을 허락하고 결혼식 비용을 대주었다.

드디어 결혼식이 시작되었다. 웨딩드레스를 입은 마르타가 아름답게 치장을 하고 사뿐사뿐 걸어 나왔다. 그녀의 미모에 혼례식에 참석한 축하객들 모두 탄성을 질렀다. 프로이트는 거의 넋이 나갈 정도였다. 마침내 사랑하는 여인을 정식으로 아내로 맞이하게 되었다. 앞으로는 서로 헤어져 지낼 일도 없을 것이다.

▼

축하객들이 반쯤 넋이 나간 채 꼼짝도 못 하는 프로이트를 마르타 옆으로 밀쳤다. 마르타는 신랑의 얼굴을 바라보자니 수줍기도 하면서 만감이 교차했다. 무려 3년이었다. 끝을 알 수 없었던 그 이별이 마침내 끝났다. 프로이트는 그저 그리움에 괴로운 시간이었지만 마르타는 그보다 더 심한 스트레스에 시달렸다. 하지만 프로이트에게는 말하지 않으리라. 앞으로 다시는 그와 헤어지지 않고 평생을 함께할 것이니까.

축하객들의 눈에 비친 두 사람은 천생연분의 신랑 신부였다. 프로이트는 키가 크고 이목구비가 뚜렷한 준수한 청년이었으며, 마르타는 아름다운 미모에 온화하고 현숙하게 보이는 여성이었다. 나란히 서 있는 두 사람의 모습은 그야말로 선남선녀가 따로 없었다.

두 사람을 바라보고 있자니 마르타의 어머니는 미소가 절로 나왔다. 딸이 선택한 사위가 흡족했던 것이다. 저렇듯 높은 학식과 좋은 품성을 갖춘 남자라면 딸을 잘 보살펴줄 것이라는 생각이 들었다.

그날 밤 친구들이 모두 돌아가고 나자 그제야 프로이트와 마르타는 속마음을 털어놓으며 그동안의 회포를 풀었다. 먼저 프로이트가 말했다.

"처음 시작했을 때만 해도 당신을 향한 내 사랑에는 수많은 고통이 따랐소. 내가 허황된 꿈을 꾸고 있는 것은 아닌지, 이 꿈에서 금방 깨어나는 것은 아닌지 두려웠소. 하지만 난 당신이 반츠베크로 돌아간 후에도 나의 사랑을 굳건히 지켰소. 그 때부터는 당신에 대한 충직한 정과 믿음이 생겼소. 그리고 지금은 미칠 만큼 격정적으로 당신을 사랑하오."

마르타는 마음이 꿀처럼 달콤해졌다. 그녀는 프로이트에게 말했다.

"약속해줘요, 앞으로 영원히 우리 헤어지지 말아요. 가난하든 부자가 되든 상관없이."

"약속하겠소."

프로이트는 다짐하듯 힘차게 고개를 끄덕였다.

"나는 당신과 헤어지지 않을뿐더러 당신을 행복하게 만들어주겠소."

그 후 프로이트는 마르타와의 약속을 충실하게 지켰다. 그는 매일 아침 7시에 일어나서 세수하고 난 뒤 마르타가 준비해준 간단한 아침 식사를 했다. 그리고 8시가 되면 첫 환자를 진료했다. 오후 1시쯤에는 마르타와 함께 풍성한 점심 식사를 했다. 오후 3시까지 잠시 휴식을 취했는데, 그 시간에는 마르타와 함께 산책을 즐기거나 쇼핑을 했다. 오후 3시 이후부터 밤 9시까지는 다시 환자를 진료했다. 저녁 식사 후에는 마르타와 함께 산책을 갔다. 산책이 끝난 뒤에는 편지를 쓰거나 글을 쓰며 시간을 보내다 새벽 1시쯤에 잠이 들었다.

빈에서 생활하는 수십여 년 동안 프로이트는 일과표대로 생활했다. 그는 환자를 진료하는 시간을 제외하고는 나머지 시간을 마르타와 그 뒤 태어난 자식들과 함께 보냈다.

　결혼 초기에는 프로이트가 열심히 일하기는 했지만 진료소를 찾는 환자가 많지 않아서 경제적으로 매우 힘든 시기를 보내야 했다. 다행히 그에게는 현명한 아내가 있었다. 마르타는 검소했으며 남편의 마음을 잘 헤아려줬다.

　"아무런 스트레스도 받지 말아요. 그 어떤 힘들고 고생스러운 시간도 당신과 함께 꿋꿋이 헤쳐갈 마음의 준비를 했으니까요."

　마르타의 말에 프로이트는 큰 위안을 얻었다.

　누군가가 프로이트에게 힘들지 않느냐고 물을 때면 프로이트는 항상 이렇게 대답했다.

　"정신이 건강한 사람은 부지런히 일하고 열심히 사랑합니다. 이 두 가지만 잘해내면 다른 일들은 힘들 것이 없습니다."

각자의 길을
가다

Freud

독일 신경생리학계 권위자의 대표작이 염가 판매 서점에서 창고 정리 세일하는 '쓰레기' 책들처럼 터무니없는 허상으로만 채워져 있었다니. 참으로 기분이 착잡합니다. 하지만 결과적으로는 저에게 남아 있던 권위에 대한 환상을 말끔히 씻어버리는 계기가 되었습니다.

빈의 의학계가 프로이트를 적대시하는 바람에 궁지에 몰린 프로이트는 아예 신경병리학 전문가로 개인 진료소를 개업했다. 그는 자신의 치료 방법을 고수했는데, 이는 당시 전통적인 의학과의 결별을 의미했다.

당시 프로이트는 여전히 전통 의학의 권위에 대한 신실한 믿음을 갖고 있었다. 그래서 정신병 환자를 치료할 때 자신이 연구하여 발명한 최면 치료법과 전통적인 의학서적에 나오는 전기치료 방법을 병행했다.

프로이트가 진료소를 개업하자 수많은 정신병 환자가 구름 떼처럼 몰려들었다. 브뤼케를 비롯한 프로이트의 지인들은 한편으로는 기뻐하면서도 다른 한편으로는 프로이트의 치료 방법이 효과가 있을지 걱정했다.

프로이트는 의학 서적 한 권을 꺼내 보이며 브뤼케 교수에게 말했다.

"걱정하지 마세요. 저는 이미 만반의 준비를 갖췄습니다. 음, 이것은 독일 신경생리학계의 권위자의 전기치료법에 관한 책입니다. 저는 경솔하게 최면법만을 사용하는 것이 아니라 권위 있는 전통 치료법도 병행하며 환자를 치료할 겁니다."

"그렇다면 다행일세. 권위 있는 치료법은 언제나 믿을 만하지. 그렇게 치료법을 병행한다면 환자들이 줄어들지는 않을 것 같군."

브뤼케 교수는 그제야 안도의 한숨을 내쉬었다. 그러나 불행히도 예기치 못한 결과가 나왔다.

그날 마침 브뤼케 교수가 프로이트를 만나러 진료소로 찾아왔다가 뜻밖의 광경을 목격했다. 여러 명의 환자 보호자가 프로이트를 둘러싸고 실랑이를 벌이고 있었던 것이다. 그들은 프로이트에게 이곳에서 오랜 기간 치료를 받았는데도 환자의 병세가 전혀 진전이 없으며 심지어는 더 위중해졌다고 따지고 있었다.

프로이트는 미간을 찌푸린 채 아무런 대답도 못 했다. 이러한 광경에 브뤼케 교수가 어리둥절해하며 물었다.

"자네 전기치료법도 병행한다고 하지 않았나? 그런데 어찌하여 효과가 없단 말인가? 심지어 병세가 더 심각해졌다니?"

"그러게 말입니다. 저도 이 책의 권위를 믿었습니다."

프로이트는 의학 서적을 들어 올리며 말했다.

"이 책에는 각종 증세의 신경병 질환에 대한 치료가 자세히 설명되어 있었습니다."

"그러면 치료를 단계별로 하지 않았던 건가?"

"아닙니다. 책에 쓰인 대로 단계별로 치료했습니다. 그런데 이런 결과가 나올 줄 누가 알았겠습니까?"

환자 보호자들은 의사의 고뇌 따위는 관심이 없었다. 그들의 관심은 오로지 치료 결과뿐이었다. 그래서 그들은 아우성을 치며 프로이트에게 항의했다.

"이제 이 병원에서의 치료는 그만두겠소. 치료비도 줄 수 없소. 오히려 당신 때문에 치료 시기를 놓쳤을지도 모를 일이오. 당신에게 손해배상을 청구하지 않는 것만도 다행으로 여기시오."

결국 프로이트는 오랜 시간 환자를 치료하느라 시간만 허비하고 단돈 한 푼도 벌어들이지 못한 꼴이 되었다. 그의 경제 사정은 전혀 개선되지 않았을 뿐만 아니라 전기치료법의 실패로 환자들도 점차 발을 끊었다.

이 일로 말미암아 프로이트는 의사 인생에서 가장 큰 대가를 치르고 교훈을 얻었다.

"이런 일이 벌어져서 정말 안타깝네."

브뤼케 교수가 말했다.

"보아하니 권위 있는 의학 서적도 믿을 것이 못 되는군!"

"그러게요. 저도 정확한 관찰 끝에 나온 최고의 의학 서적이라고 생각했는데, 허구로 가득한 공상소설일 줄은 꿈에도 생각 못 했습니다. 독일 신경생리학계 권위자의 대표작이 염가 판매 서점에서 창고 정리 세일하는 '쓰레기' 책들처럼 터무니없는 허상으로만 채워져 있었다니. 참으로 기분이 착잡합니다. 하지만 결과적으로는 저에게 남아 있던 권위에 대한 환상을 말끔히 씻어버리는 계기가 되었습니다."

프로이트는 책을 쓰레기통에 미련 없이 내던졌다. 프로이트의 행위는 전통적인 치료 방법을 내던졌다는 사실을 의미했으며, 권위를 맹목적으로 신봉하지 않겠다는 의지의 표명이었다. 이후 프로이트는 전통적이고 권위 있는 의학과 결별했다. 권위를 좇지 않고 자기만의 길을 열어나가기로 한 것이다.

그 후 인생길에서 프로이트의 의학 연구는 각계각층으로부터 질책과 반대에 부딪혔다. 그러나 그는 결코 타협하거나 뒤로 물러서지 않고 시종일관 자신의 길을 굳건히 걸어 나갔다. 그는 권위와의 결별로 자신의 신념을 한층 굳건히 했고, 이로써 정신분석학이라는 새로운 과학을 창시하였다.

신기한 최면술,
기적의 창조자라는 찬사를 누리다

Freud

최면술은 본래 그 자체가 사람을 끌어들이는 매력이 있다. 최면술은 내가 타인에게 희망을 안겨주는 즐거움을 처음으로 느끼게 해주었다. 동시에 나 자신은 기적의 창조자라는 찬사를 들을 수 있었으니, 이보다 더 큰 영예는 없을 것이다.

1887년은 프로이트에게 가장 바쁘고 피곤한 한 해였다.

전기치료법이 진료소에 가져온 부정적인 영향은 프로이트의 경제적 소득에 직접적인 타격을 줬다. 그때 마르타는 임신 중이었다. 프로이트는 진료소에서 하릴없이 멍하니 앉아 있는 시간이 많아졌으며, 벽 하나를 사이에 둔 살림집에서는 마르타가 배불뚝이 몸으로 분주히 집 안을 오갔다.

아내가 한 푼이라도 아끼기 위해 애쓰는 모습을 보고 있자니 프로이트는 마음이 너무나 괴로웠다. 아내와 이제 곧 태어날 아이가 끼니 걱정 없이 살도록 해주기 위해서는 환자를 유치하는 것이 절실했다. 그래서 프로이트는 환자에게 최면요법을 이용하기로 결심했다. 그의 진료소가 기사회생할 수 있는 유일한 방법이라고 생각했다.

마침 그때 베를린에서 한 통의 편지를 받았다. 편지는 내과 의사이자 이비인후과 의사였던 플리에스(Wilhelm Fliess)가 보낸 것이었다. 플리에스는 편지에서 이렇게 말했다.

'자네 강연을 들었는데 놀라울 정도로 나와 똑같은 생각을 하고 있어서 깜짝 놀랐네. 자네와 의학 방면의 지식이나 생각을 서로 주고받는 친구가 되고 싶다는 생각이 들었네. 어떤 의미에서 보면 우리는 둘 다 고독한 사람들이네.'

프로이트는 플리에스가 좋은 명성을 지닌 전문의라는 사실을 알고 있는 데다 그의 마지막 말이 가슴에 와 닿았다. 그래서 이렇게 답장을 보냈다.

'나의 친구여, 나도 자네와 교류할 수 있게 되어 참으로 기쁘네. 지금 나는 가정의 생계 문제가 급박하여 새로운 치료 방법을 찾느라 정신이 없네.'

프로이트는 신경증 환자를 치료할 마땅한 기술이 없어서 진료소가 불경기를 겪는 중이었다. 이 때문에 심한 스트레스에 시달리던 그는 자신도 모르게 갑작스레 나타난 플리에스에게 하소연을 했다. 플리에스가 말했다.

"잘 생각한 뒤 새로운 방법을 시행해보게. 다만 최면요법이 확실히 효과적인지 먼저 확인하는 것이 중요하네. 그렇지 않으면 진료소가 문을 닫을 위기에 처할 걸세."

"당연히 효과적이지. 난 아직 정식으로 최면요법을 사용하지 못했지만 최면술은 정말 존재하네."

프로이트는 새로운 친구에게 설명했다.

"학생 시절에 자기력을 이용한 핸슨의 공개 공연을 본 적이 있네. 나는 실험 대상자가 정신을 차릴 때까지 온몸이 강직된 채 얼굴색이 죽은 사람처럼 창백해져 있는 모습을 보았네. 그 공연을 보면서 최면 현상의 진실성을 확신하게 되었지. 게다가 독일 생리학자 하이덴하인(Heidenhain)이 최면술이 매우 신기한 기술이라는 사실을 과학적으로 입증하지 않았는가?"

플리에스가 말했다.

"맞는 말이지만 오랜 기간 정신병학 교수들은 여전히 최면술을 사기꾼들의 속임수라고 여기며 위험한 방법이라고 터부시하고 있네. 그들은 최면술사를 하층 계급의 사람으로 업신여기지 않는가? 자네가 만일 최면요법을 이용한다면 학계에서 반대하며 이의를 제기할 걸세. 그러니 마음의 준비를 단단히 하도록 하게."

프로이트가 고개를 끄덕였다.

"자네 말이 옳네. 나를 적대시하는 보수적인 의학계 사람들의 반대에 맞설 수 있도록 충분히 준비하겠네."

프로이트는 최면요법으로 정신병 환자를 치료하는 한편 파리의 샤르코 교수에게 편지를 보냈다. 파리 의학계에서 최면술을 이용했을 때 환자의 몸에 나타난 증상과 그 증상이 사라진 사례를 수집하기 위해서였다. 위의 사례들로 환자들이 최면 치료를 받도록 설득하고 또 최면 치료에 이의를 제기할 때 강력한 증거로 사용하기 위해서였다.

얼마 지나지 않아 프로이트는 샤르코 교수에게 답장을 받았다. 교수는 그에게 최면술 치료를 받은 환자들의 사례를 수집해서 보냈을 뿐만 아니라 한 가지 소식을 알려주었다. 프랑스 남부 낭시 지역에 광범위하고 성공적으로 최면 치료를 하는 새로운 학파가 생겼다는 소식이었다.

이 소식에 한층 자신감을 얻은 프로이트는 최면요법으로 정신병 환자를 치료하겠다는 결심을 다시금 다졌다.

프로이트는 기질성 신경증의 치료를 포기하고 오로지 심인성 신경증 치료에만 매달렸다. 또한 방대한 자료를 조사한 결과 심인성 신경증 환자의 숫자는 전체 신경증 환자 중에 매우 낮은 비율을 차지하고 있으며, 심리질환으로 야기된 신경증 환자는 정확한 치료를 받지 못해 오히려 숫자가 급증했다는 사실을 알아냈다.

프로이트의 진료소에 서광이 비쳤다. 그는 최면술을 이용한 치료 방법이 소문나기 시작하면서 곧 빈의 각계각층으로부터 관심을 받기 시작했다. 일반인들은 마술을 이용해 환자를 치료한다는 사실에 호기심을 보였고, 환자들은 고통스러운 병을 없앨 수 있다는 희망을 품었다. 그리고 프로이트에게 적대심을 보이던 보수적인 의학계는 의구심과 비웃음 속에서 앞다퉈 프로이트의 진료소를 찾아왔다.

프로이트는 이들을 실망시키지 않았다. 신경증 환자에게 최면요법을 사용해 환자의 고통스러운 기억을 끄집어낸 뒤 그 기억에 심리적 암시를 줘서 치료함으로써 마침내 환자의 병을 완치했다.

환자의 가족이 진료소를 찾아와 연신 감사의 인사를 했다. 프로이트는 타인에게 희망을 주는 데서 오는 즐거움을 처음으로 느꼈다. 그의 마음속은 성공의 기쁨으로 가득 찼다.

프로이트가 최면요법으로 신경증 환자를 치유했다는 소식은 날개 돋친 듯이 퍼져나가 빈의 모든 사람에게 알려졌다. 사람들은 그가 기적을 창조했다며 탄사를 쏟아냈다. 프로이트에게 기적의 창조자라는 찬사는 더할 나위 없는 최고의 영예였다.

이후 프로이트를 찾아오는 환자가 점차 늘어나면서 진료소는 발 디딜 틈이 없게 되었다. 프로이트는 경제적 문제로 더 이상 고민에 빠질 필요가 없어졌다. 이제 그는 풍요롭고 안정적인 생활을 할 수 있게 되었다.

1887년 10월 마르타가 첫딸을 낳았다. 이름을 마틸데라고 지었다. 아이의 탄생은 프로이트의 가정생활을 한층 원만하고 행복하게 해주었다. 프로이트는 플리에스에게 보내는 편지에 이렇게 적었다.

'우리는 하루가 다르게 평안하고 행복한 환경에서 생활하고 있네. 아이의 웃음소리를 들을 때마다 그 웃음소리는 내 인생에서 마주친 가장 아름다운 사물의 상징이라는 생각이 드네. 나는 이제 더 이상 바라는 것도 없고 힘들게 일할 필요도 없게 됐어.'

히스테리 환자의 최면 치료를 보여주는 샤르코

억압,
모든 방법은 다 당신을 위해서다

Freud

사람들의 의식 뒤편에는 강력한 정신 과정이 내재되어 있다.

1887년부터 1889년 여름까지 프로이트는 최면요법으로 수
많은 환자를 치료했다. 일부 신경증 환자들은 그의 치료 덕분
에 완치되었다. 하지만 일부 환자는 좋아졌다가 나빠졌다를
반복했는데, 그중에 신분이 높은 어느 여성은 전형적인 사례
를 보였다.

그날 그 여성이 진료소를 찾아왔다. 그녀는 프로이트에게
신경증 증세가 심해졌다고 하소연했다. 마침 마틸데를 안고
어르고 있던 프로이트는 환자의 하소연에 당시 임신 중이었
던 마르타를 돌아보며 말했다.

"아무래도 당신이랑 마틸데와 잠시 떨어져 있어야 할 것 같

소. 낭시에 꼭 다녀와야 할 것 같아."

사실 전부터 프로이트는 최면 치료 과정에서 발견한 문제점을 마르타에게 말해왔다.

"최면요법에는 적잖은 문제점이 있는데 그중에 가장 큰 불만이 두 가지요. 우선은 모든 환자에게 최면술을 이용할 수가 없소. 그다음엔 환자마다 나의 기대치만큼의 최면 상태에 빠지게 할 수가 없다는 점이오."

그러한 문제점을 해결하는 가장 좋은 방법은 프랑스 낭시의 유명한 최면 전문가 이폴리트 베른하임(Hyppolite Bernheim)을 찾아가 최면 기술을 배우는 것이었다. 하지만 프로이트는 쉽사리 결심할 수 없었다. 마르타에게 영원히 헤어지지 않겠다고 약속했던 그다. 게다가 마르타는 지금 임신 중이고 딸은 아직 어린아이였다. 보모가 보살펴준다고는 하지만 프로이트는 좀처럼 안심할 수가 없었다. 그러나 그 여성 환자의 병세는 지속적으로 프로이트를 압박했다. 당장 치료법을 개선하지 않고서는 마음 편히 잠을 잘 수가 없었다.

의사에게 환자의 병증을 완치시키지 못하는 것보다 더 괴로운 일이 어디 있겠는가? 마르타는 딸을 안고 있는 프로이트의 손을 잡으며 부드러운 어조로 말했다.

"다녀오세요. 마틸데와 함께 당신이 돌아오기를 기다릴게요."

자신의 마음을 헤아려주는 아내의 넓은 아량에 프로이트는 힘을 얻었다. 마침내 그는 당장 낭시로 가서 완벽한 최면 기술을 배워 오기로 결심했다.

"선생님, 이대로 가면 저는 어떡해요?"

여성 환자가 절망적인 표정으로 프로이트의 옷소매를 붙잡았다. 그러자 마르타가 그녀를 위로하며 말했다.

"이러지 마세요. 당신을 위해 좀 더 좋은 치료 기술을 배우기 위해 가시는 거예요. 돌아온 뒤에는 당신에게 좀 더 좋은 치료를 할 수 있을 겁니다."

여성 환자는 고통스러운 듯 소리쳤다.

"당신은 환자가 아니니까 잠시 떨어져 있어도 아무런 고통이나 괴로움을 느끼지 않겠죠. 하지만 난 환자예요. 나는 병마로부터 나를 구해줄 의사가 필요하단 말이에요…… 의사 선생님, 제발 가지 마세요."

"마르타, 내가 환자에게 설명하겠소."

프로이트는 여성 환자에게 차근차근 설명해주었다.

"당신의 병은 매우 특수한 사례에 속합니다. 내 생각에는 당신의 의식 뒤편에 강력한 정신 과정이 진행되고 있는 것 같습니다. 이는 내가 최면요법으로 당신을 치료하는 과정에서 얻은 결론입니다. 하지만 지금으로서는 도대체 무슨 요인이 그런 정신 과정을 불러일으키는지 알 수가 없어요. 이러면 어떨까요? 나와 함께 낭시로 가서 최면요법 전문가에게 직접 치료받는 것이 어떻겠습니까? 나보다 훨씬 뛰어난 전문가가 있으니까요."

뛰어난 전문가에게 치료를 받자는 말에 여성 환자는 뛸 듯이 기뻐하며 흔쾌히 수락했다.

다음 날, 프로이트는 여성 환자를 데리고 프랑스 낭시로 떠났다. 그들은 베른하임의 뜨거운 환대를 받았다. 베른하임은 환자 치료 과정을 프로이트에게 보여주었을 뿐만 아니라 프로이트가 데려온 여성 환자를 직접 검사하고 치료했다.

프로이트는 여성 환자의 증세가 계속해서 반복적으로 나타난다고 설명하며 이렇게 말했다.

"내 생각에는 환자가 기억이 상실된 최면 상태에 이르지 못하기 때문인 것 같습니다."

베른하임은 여성 환자에게 수차례 최면요법을 시도했지만 번번이 효과를 얻지 못했다. 그제야 베른하임은 프로이트에게 솔직하게 털어놓았다. 자신의 암시 치료법은 단지 병원의 장기 입원 환자를 치료할 때만 성공했으며, 개인적으로 찾아온 환자에게는 그다지 효과가 없었다고 말이다. 그러나 두 사람은 여성 환자를 관찰하는 과정에서 한 가지 사실을 발견했다. 그 여성 환자가 잊어버린 고통스러운 기억 속에는 그녀가 용납할 수 없는 욕망이 주요 부분을 차지하고 있다는 점을 말이다. 이를 근거로 프로이트는 억압이라는 개념을 만들어냈다.

프로이트는 억압에 대해 다음과 같은 아주 적절한 비유를 했다.

"그건 마치 아들이 어머니에게 잔뜩 화가 났지만 어머니가 마음 아파할까 봐 차마 대들지 못하고 꾹꾹 화를 누르는 것과 같다."

증세를 정확히 진단하고 나자 치료하기가 훨씬 쉬워졌다. 빈으로 돌아온 프로이트는 곧바로 그 여성 환자의 히스테리를 완치시켰다.

이 성공 사례는 프로이트에게 한층 자신감을 불어넣어줬다. 이때부터 프로이트는 억압을 정신병 증세와 히스테리를 일으키는 가장 관건이 되는 원인으로 간주했다.

그가 생각하기에 억압받는 사상은 인식의 영역에 진입할 수 없다. 그래서 긴장과 초조감에 빠지는데 이는 곧 히스테리를 불러일으킨다. 그래서 억압의 메커니즘이 가장 중요하다고 판단했던 것이다.

훗날 꿈의 분석, 자유연상, 최면 등과 같이 프로이트가 발명한 각종 치료 방법과 말실수, 기억 착오에 대한 분석의 최종 목적은 환자의 억압받는 생각을 찾아내 그 억압을 해소시켜 환자를 근본적으로 치료하는 것이었다.

무지 앞에서 그대로 좌절할 것인가,
가볍게 웃어넘길 것인가?

Freud

인류의 과학 지식을 위해 바친 공헌을 사람들에게 믿고 따르라고 강요할 필요
가 없다. 믿고 안 믿고는 그 성과에 달려 있다. 인내심을 갖고 자신의 연구 성
과로 뭇사람의 관심을 불러일으키면 된다.

프로이트는 당초 자신을 정신병리학의 세계로 이끌어준 요
제프 브로이어 박사를 잊지 않고 있었다.

당초 브뤼케 교수의 실험실에서 브로이어와 첫인사를 나눈
이래 정신분석학을 연구하기까지 브로이어는 프로이트에게
실로 크나큰 영향을 미쳤다.

브로이어는 일상생활에서도 프로이트에게 많은 도움을 주
며 그가 위기에서 빠져나오도록 도와주었다. 또한 사업상에
서도 올바른 방향을 제시해줬을 뿐만 아니라 의학 분야에서

공통의 관심사가 많아 서로 이야기도 잘 통했다. 그래서 최면 요법에서 억압을 관찰해내고, 또 카타르시스 치료법으로 히스테리를 성공적으로 치료한 이후 프로이트는 맨 먼저 자신의 친구이자 스승인 브로이어를 떠올렸다.

프로이트는 뿌듯한 가슴을 안고 브로이어 박사를 찾아갔다. 얼마나 기쁜 일인가? 그는 한시라도 빨리 브로이어 교수와 자신의 연구 성과를 함께 공유하고 싶었다.

브로이어 교수는 프로이트의 연구 성과를 듣고 크게 기뻐해줬다.

"아닙니다. 이건 저 혼자만의 성과가 아닙니다. 따지고 보면 교수님께 오히려 감사를 드려야지요."

프로이트가 겸손하게 말했다.

"나에게?"

"그럼요."

프로이트가 말을 이었다.

"일찍이 파리 가기 전에 저에게 한번 말씀하신 적이 있었습니다. 1880년부터 1882년 사이에 교수님께서 '카타르시스'라는 독특한 방법으로 히스테리 환자를 치료한 적이 있다고 말입니다. 그 방법으로 환자가 건강염려증의 원인과 의미를 관찰할 수 있게 했다고 말입니다."

"아, 이제 생각나네. 안나를 말하는 거로군."

브로이어는 오래전의 기억 속으로 빠져드는 듯 말했다.

"안나는 좋은 교육을 받고 자란 교양 있는 여성이었지. 영특하고 재주도 뛰어났고 아버지와 사이도 돈독했지. 그처럼 훌륭한 여성이 안타깝게도 아버지 병간호를 하다 병에 걸리고 말았지. 내가 그녀의 진료를 맡았을 때는 이미 마비 증세와 수축, 정신착란과 같은 복잡한 증세가 나타나고 있었지."

"그럼 어떻게 그녀를 치료했습니까?"

프로이트는 브로이어의 이야기에 진지하게 귀를 기울였다.

"아주 우연하게 증세를 관찰하다가 발견했네. 그녀가 억누르고 있는 감정이나 환상을 속 시원히 털어놓도록 유도하니까 점점 정신이 맑아지는 거야. 그래서 새로운 치료 방법을 찾을 수가 있었지, 안나를 깊은 최면 상태에 빠지게 한 뒤 마음속 깊은 곳에 감춰둔 걱정이나 근심을 말하도록 했네. 이 방법으로 그녀의 우울성 정신착란에서 오는 발작을 억제한 뒤 다시 그녀의 모든 정신적 억압과 몸의 질환을 해소시켰네."

"그렇지요."

프로이트가 미소를 지으며 고개를 끄덕였다.

"저도 전기요법을 포기하고 최면요법을 사용하면서 교수님처럼 환자가 정신적인 억압을 말로 풀어내도록 하는 방법으로 치료했습니다."

"그러네. 그 방법이 아주 효과가 좋았어. 안나는 정신이 맑을 때는 다른 환자처럼 자기 증상의 원인을 짚어내지 못했네. 그러한 증상이 자신의 일상생활이나 기타 경험과 관계가 있는지도 제대로 파악하지 못했지. 그런데 최면 상태에 빠지면 그러한 연관관계를 모조리 말로 털어놓는 거야. 알고 보니 모든 증상이 아버지를 간호할 때의 경험과 밀접한 관련이 있었어. 아버지 병상을 지킬 때 자신의 생각이나 감정, 충동을 항상 억누르고 지냈던 거야. 그렇게 충동을 억누르는 과정에서 병증이 나타난 거지."

"맞는 말씀입니다. 저도 지난 일 년 동안 관찰을 통해 억압이라는 정신질환 요소를 찾아냈고, 지금은 그 억압을 배설하고 정화하는 방법으로 병을 치유했습니다."

"지그문트, 자네가 그 방법을 발견할 줄은 정말 몰랐네."

브로이어는 크게 기뻐하며 말했다.

"당초 내가 이용했던 치료 방법도 똑같았네. 환자가 최면 중에 생각을 떠올리고 자유롭게 감정을 토로하여 억압되었던 정신 활동이 충분히 이루어지고 나면 증세가 자연스레 없어지지. 그리고 다시는 재발하지 않았네. 장기간에 걸친 노력 끝에 나도 그 방법으로 안나의 모든 정신질환 증세를 치유했네."

"이 발견은 위대한 가치가 있습니다. 그 무엇으로도 평가할 수 없는 가치입니다. 그런데 왜 그 방법을 그토록 오랫동안 비밀로 했습니까? 대외적으로 발표해서 과학적 성취로 빛낼 수 있었을 텐데요?"

브로이어가 말했다.

"그건 개별적인 병례에서 발견한 것이라서 그 방법을 확대하여 보편적으로 적용하려면 검증이 필요했네."

"제 생각에 이것은 근본적인 현황인 것 같습니다. 개별적인 병례에서 효력이 증명되었다면 기타 환자도 마찬가지 아니겠습니까? 게다가 실천을 통해 증명되었으니 교수님의 발견은 완전히 정확한 겁니다."

두 사람은 의학 연구사의 중대한 성과를 얻었다는 기쁨을 만끽했다. 두 사람은 함께 사례 분석을 하고 심리분석학의 첫 번째 사례 보고서인 〈안나 O 사례〉를 공동 발표했다.

그 후 프로이트와 브로이어는 히스테리 병증을 공동으로 연구한 성과를 《히스테리 연구》라는 책으로 출간했다. 이 책은 프로이트 정신분석학의 이론적인 토대를 마련해주었다. 그러나 이 책의 출간으로 말미암아 브로이어는 큰 괴로움을 겪고 말았다. 책이 출간된 뒤 빈과 독일에서 냉대를 받은 것이다. 의학계에서는 그들의 연구를 부정했고 수많은 권위 있는 학자가 일제히 격렬한 비판을 쏟아냈다.

프로이트와 브로이어는 그러한 비판이 얼마나 무지한지 잘 알고 있었다. 프로이트는 그들의 무지를 가볍게 웃어넘겼다. 반면에 브로이어는 크게 의기소침해하며 좌절했다. 자존심에 큰 상처를 입고 그대로 주저앉고 만 것이다.

일상생활에서 비판이나 책망은 누구나 겪는 일이다. 그러한 비판이나 책망이 옳을 때는 잘못을 인정하고 과오를 개선하면 된다. 하지만 그것이 옳지 않거나 무지에서 나온 거라면 우리는 어떻게 대처해야 할까? 브로이어처럼 타격을 받고 소극적으로 변해 그대로 주저앉을 것인가? 당연히 그래서는 안 된다! 우리는 프로이트처럼 무지에서 오는 비판과 책망을 대수롭지 않게 웃어 넘겨야 한다. 그래야만 소극적인 정서에 빠지지 않을 수 있다.

정신적인 아버지와
결별하다

Freud

<u>이처럼 큰 대가를 치르는 것은 결코 쉬운 일이 아니었다. 그러나 나는 회피할</u>
<u>수가 없었다.</u>

아마도 프로이트는 어느 날 갑자기 브로이어와 결별을 하게 되리라고는 꿈에도 생각하지 못했을 것이다.

《히스테리 연구》가 출간된 이후 프로이트는 오랫동안 브로이어를 만나지 못했다. 프로이트는 책에서 아직 완성하지 못한 이론 구조를 그와 함께 토론하기 위해 시간을 내어 브로이어의 병원으로 찾아갔다. 브로이어를 만나지 못하고 허탕 친것이 벌써 세 번째였다.

앞서 두 번은 브로이어의 집으로 찾아갔지만 그를 만나지 못했다. 브로이어 부인은 그가 병원 내과에 출근하고 주치의를 겸하기 때문에 매우 바쁘다고 말을 전했다.

프로이트는 이번에는 꼭 브로이어를 만나게 해달라고 기도하며 병원을 찾아갔다. 히스테리 연구 이론 외에도 그가 새롭게 발견한 것을 브로이어와 공유하고 싶은 마음이 간절했던 것이다.

하늘이 프로이트의 기도를 들어준 것일까. 마침 병원에서 퇴근할 준비를 하던 브로이어를 간신히 만날 수 있었다. 다른 의사들은 모두 퇴근하고 사무실에 두 사람만 남았다. 프로이트가 자신의 생각을 이야기하자 브로이어가 고개를 끄덕이며 말했다.

"자네 말이 맞네. 책 속의 이론은 매우 간단하지, 기껏해야 관찰할 내용을 직접적으로 묘사한 것이 아닌가…… 하지만 그게 바로 의학계에서 우리를 냉대하고 비판하는 원인이 아닐까? 그들은 우리의 연구 성과를 검증도 하지 않으면서 도대체 뭘 근거로 반대하고 부정하는지 모르겠네!"

여기까지 말을 이은 브로이어는 평소 차분하고 침착하던 모습과는 달리 흥분에 휩싸였다.

"교수님이 무엇 때문에 괴로워하는지 저도 잘 압니다. 하지만 그들의 무지한 소리에 신경 쓸 필요는 없지 않을까요? 우리는 아직 해야 할 일이 많습니다. 그거 알고 계십니까? 카타르시스 이론은 성(性)적인 문제에 대해서 아직 충분히 연구되지 않은 상태입니다. 일부 병력에서 성적인 요소가 일정한 작용을 한다고 《히스테리 연구》에서 잠시 언급은 했지만, 기타 감정의 자극이 별다른 주목을 받지 못한 것처럼 성적인 요소도 아직 중시되지 않는 상황입니다."

"지그문트, 그게 무슨 소리인가?"

브로이어가 프로이트를 뚫어지듯 쳐다보며 말했다.

"자네 말은 성적인 충돌이 신경증의 근원이란 소리인가? 내가 잘못 들은 건 아니겠지? 도대체 성과 신경증이 무슨 관계가 있단 말인가? 안나는 성적인 방면에서는 놀라울 만큼 미발달한 상태였네. 말 그대로 히스테리 환자였어! 그녀의 사례에서는 성욕이 신경증 발병에 별다른 작용을 하지 않았다고 충분히 증명하지 않았나?"

브로이어는 비록 언성을 높이지는 않았지만 그의 어조에는 강한 거부감과 비판이 느껴졌다. 좀 전에 프로이트에게 찬사를 내뱉을 때와는 극명한 대조를 이루는 말투였다. 순간 프로이트는 당혹감에 빠졌다. 하지만 브로이어와의 관계가 훼손되는 것은 절대적으로 피하고 싶었다.

"제 생각에 안나는 그저 사례에 불과합니다. 이 책에서 우리는 병의 원인은 거의 언급하지 않았습니다. 또한 병을 일으키는 근본적인 문제도 거의 다루지 않았지요. 하지만 경험이 점차 쌓이면서 모든 감정적 자극이 신경증 증세를 일으키는 것은 아니라는 사실을 깨달았습니다. 이러한 증세를 일으키는 것은 대개가 성적인 감정 자극이었습니다. 현재 경험하고 있는 성 충돌이나 혹은 어린 시절 성 경험의 결과라는 것을 말입니다."

"지그문트, 자네의 관점은 반박하지 않겠지만 그 대신 나의 관점은 지켜야겠네."

브로이어가 단호한 목소리로 말을 이었다.

"나는 발병하는 과정에서 성적인 문제가 중요한 작용을 한다고는 한 번도 생각해본 적이 없네. 더구나 아동 시기의 성 경험이 신경증 형성과 관련이 있다고는 더더구나 인정할 수 없네. 내 생각에 이 문제는 생리학적 관점에서 바라봐야 하네, 심리학적 관점으로 대하면 안 되네."

"교수님은 항상 이런 식입니다. 모든 문제를 생리학과 결부시키지요."

프로이트는 낙담한 듯 말했다.

"정신 과정에서 발병하는 시점, 즉 정신 과정이 정상적인 활동을 못 하는 시기에 대해 교수님은 항상 생리학 분야의 이론으로 대답하십니다."

"설마 그것이 틀렸단 소리인가? 그 문제에 대해서는 우리가 계속 논쟁을 벌였지. 그럼에도 나는 내 관점이 옳다는 생각에 변함이 없네."

브로이어는 격분한 듯 외쳤다.

"신경증의 발병 과정은 정상적으로 감정을 배설할 경로를 찾지 못하는 정신 과정이네. 비정상적이고 반수면의 정신 상태에서 발생하는 과정이란 말일세. 그래서 나는 그것이 바로 반수면성 히스테리라고 생각하네. 설마 이것이 틀렸단 말인가?"

프로이트도 언성을 높이며 말했다.

"그렇다면 무엇 때문에 반수면 상태가 되는 건데요? 저는 혹시 여러 가지의 역량이 상호 영향을 미치는 것은 아닌지, 정상적 생활에서 보았던 목적과 의도가 일으킨 작용은 아닌지 의심하는 겁니다. 그래서 방어성 신경증이라고 하는 것이 옳다고 생각합니다."

"미안하네, 지그문트. 만일 다음 연구의 방향이 그런 식이라면 난 찬성할 수 없네."

브로이어가 몹시 피곤한 듯 눈자위를 문지르며 말했다.

"자네도 알다시피 나는 병원 일도 해야 하고 주치의 일도 해야 하네. 더 이상 새로운 연구에 몰입할 여력도 시간도 없네."

그렇게 해서 친구처럼 친밀한 우정을 나누던 두 사람의 사이는 학술적인 견해 차이로 파국을 맞고 말았다.

이 일로 프로이트는 속상하면서도 화가 났다. 브로이어와의 우정을 지속하기 위해 자신의 주장을 바꿀 수가 없었다. 하지만 주장을 바꾸지 않는 이상 둘 사이의 우정은 돌이킬 수가 없었다. 그 후 브로이어와 마주칠 때면 프로이트는 어린아이와 같은 유치한 모습을 보였다. 매번 브로이어를 볼 때마다 못 본 척 외면했던 것이다.

대다수 사람은 프로이트가 몰인정하다고 수군거렸다. 정작 브로이어와의 우정을 잃어버린 프로이트의 고통을 헤아려주는 이는 아무도 없었다. 훗날 프로이트는 이렇게 말했다.

"우리 두 사람의 우정에서 도움을 많이 받은 쪽은 당연히 나였다. 안타까운 것은 정신분석학의 발전이 우리의 우정을 깨뜨린 것이다. 그처럼 큰 대가를 치르는 것은 결코 쉬운 일이 아니었다. 하지만 나는 회피할 수가 없었다."

우리는 누구나 인생에서 나를 격려해주고 지지해주고 올바른 방향으로 전진하도록 이끌어주는 정신적인 아버지가 필요하다. 하지만 대다수 사람은 그러한 정신적인 아버지를 만나기가 쉽지 않다. 이것도 인연이 필요하기 때문이다.

그런 의미에서 프로이트는 행운아였다. 10대 시절 정직하고 아낌없이 베풀어주는 브로이어라는 정신적 아버지를 만난 것이다. 처음 만난 날 이후로 브로이어는 줄곧 프로이트의 정신세계에서 아버지 역할을 했다.

프로이트는 은혜를 모르는 몰염치한 사람이 아니었다. 그는 브로이어가 자신에게 잘 대해준 것을 항상 가슴에 새겼으며, 브로이어를 자기 인생의 태양이라고 불렀다. 하지만 뜻밖에도 학술적 견해 차이로 브로이어와의 우정이 깨질 줄은 꿈에도 몰랐다.

오늘날 돌이켜보면, 신경증 심리학의 대문을 열어젖히기 전까지 프로이트는 숱한 역경을 헤쳐왔다. 난처한 궁지에 몰리기도 하고, 냉대와 반대에 부딪히고 질책도 당했으며, 심지어 정신적 아버지까지 잃고 말았다. 하지만 그러한 고통을 감내한 덕분에 프로이트는 신경증 심리학이라는 새로운 학과를 창시할 수 있었다.

1885년 비엔나 종합병원에서
정신과 의사로 훈련받을 당시의
프로이트

Chapter 5

내면의 중심;
당신 마음속의 비밀이 감춰진 곳

"

프로이트,
지금은
나 자신을 사랑할 때

모욕적인 욕설과 공격에 프로이트의 추종자였던 아들러는 크게 분노했다. 그는
수요심리학회 모임이 열렸을 때 프로이트에게 필요하다면 자신이 나서겠다고 했
다. 어리석은 반대파들의 황당무계한 비판을 조목조목 반박하겠다며 분통을 터
뜨렸다. 하지만 프로이트는 고개를 가로저으며 담담한 표정으로 말했다.
"성공하려면 그러한 항의나 성명의 존재를 용인해야 하네. 그저 나의 견해 때문
에 나를 질책하는 사람이 없길 바랄 뿐이지."

유일한 동성 친구와의 우정에는
연애의 성분도 섞여 있었다

Freud

피할 수 없는 반대에 부딪혔다는 것을 인식하면 그러한 상황에 더 이상 예민
해지지 않는다.

브로이어와의 결별은 프로이트를 고통 속에 빠뜨렸다. 동시에 프로이트는 빈의 의학계 동료들로부터 고립되고 단절되었다. 모두가 프로이트를 멀리한 것이다. 이 때문에 프로이트는 우울했지만, 다행히 그는 심리 상태가 매우 안정적인 사람이었다. 일찍이 대학 시절 유대인이라고 배척받을 때 그는 이미 안정적인 심리 상태를 증명해 보인 적이 있었다. 프로이트는 자신이 피할 수 없는 반대에 부딪혔다는 것을 인식하자 더이상 그런 상황에 예민해지지 않게 되었다.

프로이트는 세상이 자신에게 보이는 적의를 담담하게 받아

들였다. 하지만 그의 마음속 깊은 곳에는 여전히 고독감이 자리 잡고 있었다. 마르타는 남편의 마음을 잘 헤아려주는 현명한 아내였지만 의학에 대해서는 아는 것이 없었다. 프로이트와 함께 정신분석학설을 깊이 있게 토론하거나 공감대를 형성하는 것은 더더구나 불가능했다. 정신적인 아버지였던 브로이어가 떠나버린 프로이트의 정신세계는 암담한 회색지대가 되고 말았다. 그때 그의 정신세계로 걸어 들어온 이가 있었다. 바로 독일 베를린의 생물학자이자 이비인후과 의사 빌헬름 플리에스였다.

일찍이 1887년 프로이트는 플리에스에게 편지를 받았다. 플리에스는 편지에서 프로이트에 대한 존경과 그가 연구하는 학과에 대한 관심을 표시했다. 그는 프로이트와 마찬가지로 유대인이었으며 나이도 비슷했다. 그래서 두 사람은 별다른 위화감 없이 쉽게 교류하기 시작했다. 교류 횟수가 늘어날수록 그들의 관계도 점차 친밀해졌다.

프로이트는 매우 유머가 풍부했고 자신의 감정을 직접적으로 표현하는 인물이었다. 1894년 플리에스에게 보낸 편지에서 프로이트는 이렇게 말했다.

'자네는 나의 유일한 타인이며 남들과는 다른 특별한 사람이네.'

그때 플리에스는 이미 프로이트 인생에서 가장 친밀한 친구가 되어 있었다. 그랬기에 프로이트는 플리에스에게 자신의 마음을 전부 드러내 보일 수 있었다.

프로이트가 '히스테리의 원인과 성적인 요소의 관련성'에 대한 연구 결론을 플리에스에게 알려줬을 때 플리에스는 그의 결론에 적극적인 공감을 표시했다. 더불어 자신도 성적인 요소와 관련한 심리 연구가 매우 중요하다는 생각이 든다고 편지에 썼다.

프로이트는 플리에스에게 적극적인 지지와 인정을 받자 외로움이 눈 녹듯 씻기는 느낌이었다. 이제는 거대한 의학계와 홀로 맞서 싸우고 있다는 고독감이 들지 않았다. 이때부터 프로이트는 멀리 베를린에 있는 친구 플리에스를 완전히 신뢰하기 시작했다. 플리에스와는 의기투합이 잘되어 서로 하지 않는 말이 없을 정도였다. 심지어 빈의 의학계에서 따돌림 당하고 고립된 자신의 처지도 허심탄회하게 털어놓았다.

플리에스는 프로이트를 위로하며 말했다.

"너무 괴로워하지 말게, 내가 영원히 자네 옆에 있어주겠네. 자네가 나를 필요로 할 때는 언제든지 자네에게 달려가 지원해주겠네."

플리에스의 우정은 프로이트에게 따뜻한 위안이 되었다. 그는 브로이어를 대신해 플리에스를 인생에 가장 중요한 지기로 생각하게 되었다.

프로이트는 두 사람의 관계가 이 세상에 유일무이한 우정이라는 생각이 들었다. 어린 시절 '오이디푸스 콤플렉스' 때문에 일어난 갖가지 재미있는 추억담도 들려주었다. 또한 의학 연구 과정에서 맞닥뜨린 여러 문제와 어려움도 털어놓았다. 이때 프로이트는 신경증 치료 방면에서 생리학 관련 치료 기술을 배제한 이후 새로운 치료 기술을 찾을 수 없어 답보 상태에 빠져 있었는데, 이러한 문제점들도 모두 플리에스에게 털어놓았다.

플리에스는 상당한 명성이 있는 생물학 전문가로서 높은 학식과 지혜를 지닌 인물이었다. 그는 프로이트가 직면한 문제점들을 차분하게 들어주며 좋은 의견을 제시하고 지지해주었다.

프로이트는 성욕이 히스테리의 근원이라고 주장하면서도 정작 자신의 의학 연구가 플라톤의 사상을 따라 철학 영역으로 들어갔다는 사실을 미처 깨닫지 못했다. 이는 곧 의학적인 퇴보를 의미했다. 당시 프로이트에게는 이 방면의 연구 자료가 전혀 없었다. 오직 플리에스가 그의 이론에 대해 제시해준 실질적 조언이 전부였다. 플리에스의 조언은 이랬다.

"과학적 근거로 증명할 수 있네. 여성의 성 기관과 비갑골 간에는 눈에 띄는 연관관계가 있네."

권위 있는 이비인후과 전문가인 플리에스가 자신의 전공을 사례로 제시해준 조언을 프로이트는 전적으로 신뢰했다. 그 덕분에 철학적 사상으로 흘러가던 연구 방향은 다시 제자리를 찾을 수 있었다. 그로부터 10년 후인 1914년 프로이트는

《정신분석운동》을 쓰면서 비로소 당시 자신의 연구 방향이 하마터면 철학으로 빠질 뻔했다는 사실을 깨달았다.

하지만 이러한 실수를 누가 잘못됐다고 말할 수 있겠는가? 프로이트는 성욕이 히스테리의 원인이라고 굳게 믿은 이후 그 방향으로 연구를 집중했다. 그 덕분에 정신분석학과에서 가장 위대하고 가장 창의적인 저서인 《꿈의 해석》이 탄생했다.

한번 생각해보라. 프로이트가 당초 정신분석학설의 대문을 열었을 때 자신이 플라톤의 철학 사상으로 길을 잘못 들었다는 것을 깨달았다면 어땠을까? 아마 그는 원대한 꿈을 향하던 시선을 돌렸을 테고 그러면 심리학은 창시하지 못했을 것이다. 그리고 우리는 아마도 지금쯤 무지 속에서 헤매고 있을 것이다.

플리에스의 실질적인 조언으로 말미암아 연구 방향을 다시 의학 방면으로 돌릴 수 있었던 것은, 플리에스가 프로이트에게 막대한 영향을 미치고 있다는 방증이기도 했다. 훗날 프로이트는 융과 아들러 등 제자들에게 직접 이렇게 말하기도 했다.

"나는 나에게 가장 필요한 친구이자 전우인 플리에스에게 크게 의존하고 있다. 그러한 의존성 속에는 동성애적인 요소도 포함되어 있다."

지금까지도 동성애는 심리적 장애로 간주되어 사회로부터 거부당하고 인정받지 못하고 있다. 하지만 일찍이 고대 중국에서는 동성애를 특별히 배척하지 않았으며 심지어 가장 순수한 감정이라고 여겼다.

동성 간에도 서로에게 매력을 느끼고 호감을 느낀다. 이러한 우정이 유일무이한 경지에 이르게 되면 그 속에는 동성애적인 성분이 포함되어 있게 마련이다. 프로이트와 플리에스의 우정은 매우 생동감 있는 사례라고 할 수 있다.

가래침으로 야기된 '화근'이
'억압'을 끌어내다

Freud

사람은 누구나 본능적인 침략 에너지 저장고가 있다. 이 저장고 속 침략 에너지의 총량은 고정적이다. 만일 모종의 방식으로 표출될 경우 내면의 침략성 구동력이 점차 약화된다.

결과적으로 볼 때, 프로이트가 브로이어와 결별한 것은 사실 나쁜 일이 아니었다. 프로이트는 브로이어와의 결별을 계기로 히스테리 환자의 최면술 치료요법 영역에서 벗어나 새로운 치료법을 만들어낼 수 있었으니 말이다.

카타르시스 요법으로 환자를 치료하는 과정에서 프로이트는 다음의 한 가지 결론을 얻어냈다.

'정신에 문제가 생긴다는 것은 본능과 저항, 두 개의 충동이 서로 힘을 겨루는 과정에서 또 다른 원인이 발생하여 본능

이 저항을 이겨내는 동시에 부정확한 방식으로 방출되어 정신적인 문제를 일으키는 것이다.'

프로이트는 이러한 미지의 원인을 '억압'이라고 불렀다. '억압'이라는 개념의 탄생은 프로이트가 연구 과정에서 얻어낸 성과 중 가장 큰 부분을 차지한다. 프로이트는 생물학적 기초에서 인성을 체계적으로 해부했다. 이 연구는 프로이트의 과학 연구가 의학에서 심리학으로 전환하여 양자를 한데 융합했음을 의미한다.

프로이트는 진료 시간을 제외한 대부분의 시간을 이 과제를 연구하는 데 보냈다. 그야말로 온종일 이 연구에만 골몰했다고 할 수 있다. 깨어 있는 시간 동안 그의 모든 생각은 '억압'이라는 개념에 집중되어 있었다. 그는 맨 먼저 자기 자신을 관찰 대상으로 삼았다.

프로이트는 마르타와 결혼한 후 빈의 베르크가세 19번지 이층집에서 내내 살았다. 일층에는 진료소와 서재가 있었는데 프로이트는 날마다 이곳에서 시간을 보냈고, 가족들은 이층에서 생활했다. 또한 이 건물에는 이들 가족 외에 프로이트의 여환자가 살고 있었다. 두 집은 같은 계단을 이용하며 살았다.

프로이트는 유명한 골초로 항상 담배 파이프를 입에 물고 살았다. 그날도 아침 일찍 진료소로 내려갈 채비를 끝낸 프로이트는 계단 중간에서 담배 한 대를 피웠다. 담배를 피우고 나자 목이 컬컬하면서 목에 가래가 걸렸다. 프로이트는 타구(唾

具, 가래나 침을 뱉는 그릇)를 찾아 잠시 두리번거리다가 그냥 계단에 가래침을 뱉었다.

"프로이트 선생, 어떻게 이럴 수가 있어요?"

갑자기 등 뒤에서 들려오는 날카로운 목소리에 프로이트는 움찔하고 말았다. 뒤를 돌아보니 여환자 집의 늙은 가정부가 계단에 선 채 잔뜩 화가 난 표정으로 프로이트를 노려보는 것이 아닌가? 프로이트는 얼굴을 붉히며 미안하다고 사과한 뒤 얼른 자신의 서재로 내뺐다. 그의 등 뒤로 늙은 가정부의 투덜거리는 소리가 들려왔다.

투덜거리는 소리가 진료소 안까지 들려오자 환자들이 목을 내빼고 계단 쪽을 바라보았다. 당황한 프로이트는 소리가 들리지 않도록 재빨리 문을 닫았다. 그리고는 호기심에 가득 찬 환자들을 바라보며 어깨를 으쓱거렸다.

사실 그 늙은 가정부에게 프로이트는 일말의 편견도 없었다. 아니, 오히려 책임감을 다하는 충직한 노부인이라고 좋은 평가를 할 정도였다. 늙은 가정부가 자신을 못마땅하게 여긴다는 것도 알고 있었다. 단순히 못마땅하게 여기는 수준을 넘어서서 아예 나쁜 사람으로 매도하고 있다는 것도 말이다. 그녀는 매일 끊임없이 두 가족이 함께 사용하는 공용 계단을 수시로 점검했다. 조금이라도 더러운 흔적이 있으면 큰 소리로 프로이트를 욕하며 그 후 며칠 동안은 아는 척도 하지 않았다.

프로이트는 교양 있는 유대인 신사로서 어릴 때부터 어머니에 대한 애착으로 평생 여성을 존중했다. 그래서 그 늙은 가정부도 신분이나 나이에 아랑곳없이 존중했다. 하지만 걸핏하면 자신에게 불평을 쏟아내고 냉담하게 대하자 프로이트는 점차 스트레스를 받기 시작했다. 이웃의 여환자를 치료하러 갈 때면 그 늙은 가정부의 냉랭한 표정을 마주해야 한다는 생각에 스트레스가 극에 달했다.

그날도 프로이트는 환자를 진료하는 내내 귀를 쫑긋한 채 문밖 계단의 동정을 수시로 살폈다. 마침내 계단을 울리던 늙은 가정부의 투덜거리는 소리가 멈췄다. 프로이트는 그녀가 시장에 갔다고 짐작하고 잽싸게 그 틈을 타서 이층의 여환자를 진료하러 올라갔다. '계단에 타구가 없어서 가래 뱉을 곳이 없었던 거잖아. 난 아무런 잘못이 없으니 날 탓하면 안 돼. 하지만 신사로서 어떻게 나이 든 중년 여성과 말다툼을 벌일 수 있겠어?'라고 생각하면서.

그런데 프로이트가 허둥지둥 여환자의 진료를 끝내고 집을 나서려는데 아뿔싸, 현관문 앞에서 늙은 가정부와 마주치고 말았다. 늙은 가정부는 차갑게 쳐다보며 말했다.

"프로이트 선생, 신발 좀 닦고 다니세요. 저것 좀 보세요, 우리 집 양탄자가 더러워졌잖아요?"

"아, 그게…… 정말 죄송합니다."

프로이트는 서둘러 사과를 하고 여환자의 집을 나섰다 늙은 가정부의 차가운 눈빛이 날카로운 비수처럼 등에 꽂히는 느낌이었다.

'내 신발이 뭐가 더럽다고 저렇게 투덜거리지? 아침에 가래를 뱉었다고 괜한 생트집을 잡는 거야.'

프로이트는 초조한 듯 담배 파이프를 끄집어냈다. 하지만 불을 붙이는 순간 늙은 가정부의 냉랭한 눈초리가 떠오르는 것이 아닌가? 이 모든 것의 화근은 담배였다! 프로이트는 불을 끄고 파이프를 다시 주머니 속에 집어넣은 뒤 깊은 한숨을 내쉬었다.

그 후 프로이트는 환자의 병례를 관찰하다가 문득 그때 자신의 고통스러운 경험을 떠올렸다. 그리고 다음과 같은 결론을 내렸다.

'본능은 에너지로 가득 차 있지만, 자아에 의해 저지당하여 제대로 된 방출을 하지 못한다.'

그는 이러한 체험을 '억압'이라고 정의했다. 억압은 프로이트의 신경증 연구에서 매우 큰 부분을 차지한다. 억압이 신경증을 판단하는 기준이 되기 때문이다. 하지만 '억압' 이론과 관련한 프로이트의 가장 인상 깊은 경험이 가래를 뱉어서 늙은 가정부에게 노골적인 혐오와 배척을 받은 일일 줄, 누가 알았으랴?

'본능'을 방출하지 못하면
꿈속에서 '억압'이 뚫고 나온다

Freud

꿈의 주된 의의는 미래에 대한 예시로서 미래에 출현할 모종의 사물과 관련이

있다. 그러므로 사전에 미래를 보여주는 상징적인 꿈을 토론하는 것은 우리가

꿈을 탐구하는 의의와 목적이다.

프로이트는 온종일 외출을 하지 않고 진료소나 혹은 서재
에서 시간을 보냈다. 진료소 안에는 환자를 치료할 때 쓰는 침
대식의 분석용 의자와 프로이트가 앉는 소파가 놓여 있었다.
서재에는 각종 진열품과 프로이트가 가족이나 친구들과 찍은
기념사진이 놓여 있었다. 프로이트는 이 서재에서 과제를 연
구했다.

그날 프로이트가 마지막 환자의 진료를 끝냈을 때는 벌써
해가 져서 날이 어두워져 있었다. 그는 서둘러 이층으로 올라

가는 대신 서재로 들어가 환자 연구와 그 치료 과정을 기록했다.

그는 깊은 밤이 돼서야 기록을 끝낼 수 있었다. 졸리고 피곤해진 프로이트는 가볍게 목운동과 팔운동을 하고 난 뒤 와이셔츠 목 단추와 소매 단추를 풀었다. 프로이트는 평소 체면을 매우 중시하는 사람이었다. 비록 자신의 집에서 환자를 진료했지만 그는 항상 정장 차림이었다. 환자에 대한 일종의 예의와 존중의 표시라고 여겼기 때문이다. 그러나 이날은 밤도 늦은 시각인 데다 주위에 아무도 없었기 때문에 남의 이목이나 체면 따위는 전혀 문제가 안 되었다.

여기까지 생각이 미친 프로이트는 아예 넥타이까지 벗어버렸다. 그때 프로이트는 서른 살 중반으로 풋풋했던 얼굴은 점차 성숙미를 풍겼다. 여기에 넥타이를 풀고 목까지 드러나자 한결 자유분방한 사나이의 느낌마저 들었다.

프로이트는 자신의 몸을 짓누르던 모든 속박을 풀어버린 듯한 느낌이 들었다. 그는 가벼운 걸음걸이로 성큼성큼 계단을 올라갔다. 그 발걸음에는 자유로움과 만족감이 묻어났다.

그런데 갑자기 그 늙은 가정부가 계단 위편에서 프로이트를 향해 내려오는 게 아닌가? 그녀는 넥타이를 풀고 목을 훤히 드러낸 프로이트를 보고서는 소스라치게 놀랐다. 입을 헤벌리며 믿기지 않는다는 듯한 표정으로 프로이트를 바라보았다.

좀 전까지만 해도 왠지 모를 해방감 때문에 가볍게 계단을 오르던 프로이트였다. 하지만 한순간 그는 단정하지 못한 옷차림으로 신사로서의 체면을 구겼다는 생각에 기분이 엉망이 되고 말았다. 흐트러진 모습을 들키고 싶지 않았던 프로이트는 황급히 몸을 숨기려고 했다. 그런데 이게 웬일인가? 다급한 마음과는 달리 몸이 꿈쩍도 안 하는 것이었다. 몸을 움직일 수 없었던 프로이트는 자신을 경멸하는 듯한 표정으로 점차 다가오는 늙은 가정부를 멍하니 쳐다보고만 있을 수밖에 없었다. 이러지도 저러지도 못하는 프로이트의 이마에서는 땀이 비 오듯 쏟아졌다.

"여보, 일어나요."

마르타의 목소리가 귓가에 들려왔다. 순간 번쩍 눈을 뜬 프로이트는 그제야 자신이 침대에 드러누워 있었음을 깨달았다. 마르타는 프로이트를 쳐다보며 물었다.

"왜 이렇게 땀을 흘려요? 괜찮아요?"

"꿈을 꿨소."

프로이트가 꿈 이야기를 들려주자 마르타가 웃으며 말했다.

"어떻게 꿈을 꾸면서 이리도 땀을 삘삘 흘려요?"

"그건 단순한 꿈이 아니오. 내 생각에는 낮에 있었던 일이 꿈속에서 다시 재현된 것 같소."

프로이트는 낮에 늙은 가정부가 계속해서 트집을 잡던 일과 자신의 꿈을 상세하게 분석해서 들려줬다.

"분명 낮에 그 가정부가 불평불만을 늘어놓은 일이 심리적으로 나를 억압했던 것 같소."

마르타는 남편의 분석을 듣고 나서 깔깔거리며 웃음을 터뜨렸다.

"그렇다면 이참에 아예 담배를 끊는 게 어때요?"

"그러게 말이오."

프로이트는 한숨을 내쉬었다.

"오랫동안 담배를 피우다 보니 거의 본능이 되다시피 한 것 같소. 하지만 이제 나의 의식이 담배를 피우는 것은 잘못된 일이라 남의 질타를 받을 수 있다고 알려주고 있으니 나도 이 담배를 피우는 본능을 통제해야 할 것 같소. 사실 낮에 여러 차례 담배를 피우고 싶었지만 꾹 참았소. 그런데 그 본능이 제대로 방출을 못 하다 보니 억압으로 변한 것 같소. 당신도 생각해보구려. 그게 스트레스가 되니까 내 꿈속에서 튀어나오지 않았겠소? 꿈속에서도 이렇게 억압당하는 느낌을 받다니, 정말 끔찍하게 싫구려."

마르타는 남편의 어깨를 토닥이며 안쓰러운 표정을 지었다.

"그럼 어떡해요? 정말로 담배를 끊을래요?"

"음, 그야 물론…… 아니…… 나도 뭐라 장담 못 하겠소……. 당신도 내가 걸핏하면 인후염 걸리는 것이 지겹소?"

프로이트는 아내에게 질문을 던졌다가 갑자기 뭔가 생각난 듯 이어서 말했다.

"잠깐만! 여보, 잠깐만 기다려봐요. 이건 억압을 관찰하는 아주 좋은 사례가 될 것 같소. 오늘 일어난 일을 당장에 기록해야겠소."

프로이트는 침대에 엎드린 채 열심히 적어나가기 시작했다. 그런 남편의 뒷모습을 바라보며 마르타는 미소를 지었다. 사랑하는 남편이 이처럼 훌륭한데 그깟 담배 좀 피운다고 뭐 어떻겠는가? 남편의 취미생활까지 속박하고 싶지 않았다. 그저 남편이 마음 편하고 즐거우면 그것으로 충분했다.

아버지의 소망과 상반된
'특별한 선물'

Freud

그 어떤 종교도, 스스로 박애주의라고 자랑하는 종교일지라도 그들 종교에 속

하지 않는 사람에게는 언제나 냉혹하고 무정하다.

1891년 5월 6일 프로이트의 진료실 문이 굳게 닫혀 있었다. 간혹 진료소를 찾아온 환자들도 굳게 닫힌 병원 문 앞에서 허탕을 치고 발길을 돌렸다. 환자들은 의사가 집에 없다고 여겼지만 실상 프로이트의 집 안은 손님들로 발 디딜 틈이 없었다.

일흔이 넘은 아버지와 이제 막 쉰이 된 어머니, 그리고 남동생과 여동생 모두가 프로이트 집을 방문한 것이다. 이때 프로이트보다 열 살 어린 막냇동생은 이미 스물다섯이었다. 이처럼 온 가족이 한자리에 모인 이유는 프로이트의 서른다섯 번째 생일을 축하해주기 위해서였다.

▼

당시 프로이트는 이미 세 아이의 아버지였다. 첫째 딸 마틸데 외에 둘째 아들 마르틴과 셋째 아들 올리버를 두고 있었다. 프로이트의 어머니는 태어난 지 석 달 된 올리버를 껴안고서 아이의 포동포동한 얼굴을 바라보며 이렇게 말했다.

"이것 봐, 우리 작은 깜둥이와 꼭 닮았어!"

프로이트는 어머니가 어린 시절의 애칭을 부르자 마음이 절로 따듯해졌다. 새삼 세월이 참 빠르다는 생각도 들었다. 어머니의 품에 안겼던 시절이 지금도 눈에 선한데 어느새 자신의 어린 아들이 어리광을 부리는 걸 보는 나이가 되었다니.

동생들은 모두 어머니가 프로이트를 '작은 깜둥이'라고 부르는 것에 익숙해져 있었다. 하지만 마틸데와 마르틴은 그걸 알 리가 만무했다. 어린 남매는 할머니 옆으로 다가가 앳된 목소리로 물었다.

"할머니, 작은 깜둥이가 누구예요?"

"물론 너희 아버지란다."

프로이트의 어머니가 이야기보따리를 풀어놓기 시작했다. 그리고 프로이트의 어린 시절 재미난 일화들을 들려주었다.

"너희 아버지는 네다섯 살 때부터 책을 읽기 시작했단다. 게다가 기억력은 또 얼마나 좋았는지 몰라. 삼촌의 이름도 너희 아버지가 지어줬단다, 그때 겨우 열 살이었는데 말이야."

어머니의 목소리는 아들에 대한 자부심으로 가득 차 있었다. 그도 그럴 것이 지금까지 큰아들 프로이트는 온 가족의 자랑이 아니었던가?

마틸데는 호기심 어린 표정으로 프로이트의 팔을 잡아당기며 말했다.

"아빠, 그때 어떤 책을 읽었어요? 저도 읽고 싶어요, 저도 이젠 네 살이란 말이에요."

"아빠는 너만 할 때 날마다 성경을 읽었단다."

프로이트는 딸의 크고 맑은 눈동자를 바라보았다. 그 시절 두툼한 성경책의 책장을 넘기며 열심히 읽던 자신의 모습이 떠올랐다.

그때 어느덧 백발 성성한 노인이 된 프로이트의 아버지가 어린 시절 프로이트가 읽었던 그 성경책을 건네주며 말했다.

"네가 이 책을 너무 좋아해서 빈으로 이사 올 때 챙겨 와서 그동안 창고에 보관했단다. 이 책을 너의 서른다섯 번째 생일 선물로 가져왔구나."

아버지의 선물은 너무나 뜻밖이었기 때문에 프로이트는 크나큰 기쁨에 휩싸였다.

그날 밤 모두가 돌아가고 마르타는 세 아이와 이미 깊은 잠에 빠졌다. 프로이트는 그제야 아버지가 건네준 성경책을 꺼냈다. 책의 속표지에는 아버지가 히브리어로 또박또박 써놓은 글귀가 있었다.

사랑하는 아들에게. 네가 일곱 살이 되던 해에 하나님의 정신은 너를 학업으로 이끌어주셨다. 언젠가 나는 하나님의 이름을 대신하여 너에게 이렇게 말했지.

"내 책을 읽도록 해라. 이 책은 너의 지식과 지혜의 원천이 될 것이다."

아들아, 넌 어린 나이에도 이 책이 세계에서 가장 뛰어난 재능을 지닌 사람이 쓴 책으로 모든 총명과 지혜의 근원이라는 것을 일찌감치 깨달았다. 이 세상의 입법자와 저술가들 모두 이 책을 그들 지식의 원천으로 삼았다. 그렇기에 이 책은 이 세상 모든 책의 뿌리라고 할 수 있다.

일찍이 어린 시절 너는 이 책에서 하나님의 선견지명의 능력을 보았다. 그리고 너는 기쁜 마음으로 하나님의 말씀에 귀를 기울이고 그 말씀에 자발적으로 따랐다. 그때부터 나는 이 책을 소중히 보관해왔다. 이제 지금 너는 하나님의 선지적인 인도 아래 하늘 높이 크게 날아올랐다. 그래서 나와 너의 모친은 크게 기뻐하며 너를 이끌어준 하나님께 감사드린다. 너의 서른다섯 번째 생일인 오늘 특별히 이 책을 너에게 선물한다. 우리가 하나님처럼 너를 사랑한다는 것을 알아줬으면 한다.

프로이트는 아버지가 책에 남긴 글귀를 읽자니 자신에 대한 부모님의 모든 희망과 바람이 담겨 있는 듯했다. 그들은 자신이 성경의 인도 아래 종교를 신앙하는 삶을 살기를 바라고 있었다. 종교의 신도가 되어 앞으로 역경이나 난관에 부딪힐

때 종교 속 '초자연'의 신비한 역량으로 비호받을 수 있기를 희망하고 있었다.

"이 세상에 초자연적인 신비한 역량이 어디 있단 말인가? 이 책의 가장 좋은 점은 도덕 윤리 지식과 고전 역사 지식뿐이다."

프로이트는 책장을 덮고 어둠의 장막이 드리워진 창밖을 바라보았다.

"아무래도 정신분석학설의 범위를 좀 더 넓게 파고들어야겠어. 인간의 정신이 신비한 역량의 조종을 받는 것이 아니라 자연 현상의 일부분으로서 인간 신경계통의 극히 복잡한 일부 기능이라는 사실을 알게 되면 그들은 어떻게 받아들일까? 이처럼 종교 신앙에 변함없이 집착할 수 있을까? 그 어떤 종교도, 스스로 박애주의라고 자랑하는 종교일지라도 그들 종교에 속하지 않는 사람에게는 언제나 냉혹하고 무정하다."

프로이트의 아버지는 아마 영원히 몰랐을 것이다. 아들의 서른다섯 번째 생일이었던 그날 밤 아들의 생각이 자신이 바라는 바와 정반대 방향으로 치달았다는 사실을! 이 정반대의 사상적 질주로 말미암아 프로이트가 정신분석학설에 확고한 뿌리를 내리게 되었다는 사실을!

아버지의 죽음으로
이 세상에 뿌리내릴 땅을 잃다

Freud

지금 죽음은 그의 일생을 종결지었다. 이 종결은 땅에 박힌 내 뿌리를 뽑아가는 것 같았다. 이 세상에 내가 뿌리를 내릴 땅이 더 이상 없다는 느낌이었다.

프로이트는 자기 생각을 멀리 독일에 있는 플리에스에게 편지로 써 보냈다. 플리에스는 곧장 답장을 보내 프로이트의 생각에 동감을 표시했다. 이는 프로이트에게 큰 위안이 되었고, 한발 더 나아가 플리에스에 대한 애틋함도 더욱 커지는 듯했다.

플리에스와의 교류는 고독한 정신세계에 한 줄기 빛이 되었다. 그는 생명과 생명이 서로 의기투합하여 막힘없이 소통하는 즐거움과 애틋함을 느꼈다. 그러는 중에 프로이트는 또 다른 인생과의 영원한 작별을 맞이하게 되었다. 그와 영원한 작별을 고한 이는 아버지 야코브 프로이트였다.

서른다섯의 프로이트는 연구를 차근차근 진행하고 있었다. 억압 이론의 기초를 세웠고, 유아 시절 성욕 및 성 유혹이 신경증을 초래한다는 결론도 얻어냈다. 이러한 논점은 당시 빈 의학계에 파란을 불러일으켰다.

무수히 많은 사람이 그를 질책하고 욕을 퍼부었다. 도덕의 파탄자이고 후안무치한 양아치라고 손가락질했다. 그러한 외부 세계의 질책과 욕설에 프로이트는 십분 이해한다는 태도를 보였다. 프로이트의 일이라면 무조건 지지하고 찬성하는 아내 마르타마저 유아 성욕에 대한 프로이트의 논점을 이해하지 못했기 때문이다. 그녀는 매번 프로이트가 그 문제를 거론할 때면 '어떻게 비정상적인 성애(性愛)까지 들먹일 수 있냐'는 눈빛으로 바라봤던 것이다.

프로이트는 겉으로는 외부의 거센 비판을 담담하게 받아들였지만 실상 속으로는 심한 심적 억압을 받았다. 연구자로서 뭇사람의 이해와 지지를 갈망하지 않는 이가 어디 있겠는가?

프로이트는 신경분석을 연구하는 사람으로 억압이 오래되면 신경증을 일으킨다는 사실을 누구보다 잘 알고 있었다. 그래서 자신도 마음속의 억압을 전이시키는 방법을 배울 필요성을 느꼈다. 지금까지 줄곧 프로이트는 자유연상으로 환자를 치료했다. 그 과정에서 환자들은 프로이트에게 꿈 이야기를 들려줬다. 이를 통해 프로이트는 꿈이 환자의 병인(病因)과

▼

관련이 있을지도 모른다는 생각을 했다. 그래서 줄곧 그들의 꿈 이야기를 수집하여 기록했다. 그리고 이층 늙은 가정부가 자신에게 불러일으킨 정신적 억압으로 꿈을 꾸고 난 뒤, 프로이트는 '꿈이 의미 있는 정신구조'이며, '현실생활의 정신 활동 속에서 그에 상응하는 위치를 찾는다'는 사실을 철저히 인식하게 되었다. 그는 억압의 정서를 분산하기 위해 꿈의 분석에 심혈을 기울였다.

프로이트가 빈의 학술청에서 꿈과 관련한 강연을 했을 때 당시 사람들은 여전히 프로이트에게 뿌리 깊은 편견을 갖고 있었다. 그래서 강연의 효과가 그다지 좋지 않았다. 이는 프로이트를 의기소침하게 만들었다. 바로 그즈음 갑작스레 찾아온 아버지의 죽음은 큰 타격이 되었다.

1896년 10월의 어느 날, 프로이트가 진료소에서 환자를 치료하는데, 어머니에게 전보가 왔다. 아버지의 목숨이 위태로우니 당장 집으로 오라는 전갈이었다.

프로이트는 허둥지둥 집으로 달려갔다. 동생들 모두 한자리에 모인 집 안은 무거운 비통함과 슬픔으로 가득 차 있었다. 침대에 드러누워 있는 아버지는 아무런 생기가 없었다. 프로이트는 아버지의 손을 잡았다. 흐릿하고 희뿌연 아버지의 두 눈에서는 예전의 모습을 찾아볼 수가 없었다.

아버지는 그렇게 프로이트를 떠나갔다. 프로이트는 아버지의 차가운 손을 붙잡고 대성통곡을 했다. 그동안 의학계의 거센 비난과 질책 속에서도 프로이트는 단 한 번도 눈물을 흘린 적이 없었다. 하지만 아버지가 떠난 이 순간 프로이트는 더 이상 감정을 억제할 수가 없었다. 어머니는 눈물을 머금은 채 아들을 위로하며 말했다.

"네 아버지는 일흔다섯까지 사셨으니 장수한 셈 아니냐? 사람은 누구나 죽는 법이다. 아들아, 옛날에 네가 나한테 한 말을 기억하느냐?"

프로이트는 여섯 살 무렵 어머니와 삶과 죽음에 대해 이야기를 나눈 적이 있었다. 그때 어머니는 이렇게 설명했다.

"사람은 진흙으로 만들어졌단다. 그래서 죽을 때도 흙으로 돌아간단다."

프로이트는 아버지의 죽음에 대해 이런 말을 했다.

"아버지는 총명하고 상상력이 풍부한 사람으로 어릴 때부터 나에게 많은 영향을 미쳤다. 아버지는 내 생명에서 가장 중요한 사람 중의 하나였고 나는 줄곧 아버지를 존경하고 사랑했다. 이제 죽음은 그의 일생을 종결지었다. 이 종결은 땅에 박힌 내 뿌리를 뽑아가는 것 같았다. 이 세상에 내가 뿌리를 내릴 땅이 더 이상 없다는 느낌이었다."

우리 모두에게 아버지의 존재는 매우 중요하다. 아버지의 사랑은 침묵 속에 있지만, 대단히 드넓고 대단히 깊다. 아버지가 있는 아이는 충분한 안전감을 느낀다. 아버지는 아이의 사회화를 돕고, 아이와 이 세상을 잇는 다리 역할을 한다.

아이가 씨앗이라면 아버지는 대지이다. 씨앗은 땅에 뿌리를 내려야만 싹이 트고 성장하여 큰 나무가 될 수 있다. 아버지의 죽음은 모든 자식을 부평초로 만든다. 그 어디에도 뿌리를 내릴 수 없는 고통과 상실감에 빠뜨린다.

생명의 비밀을
은밀한 꿈속에 숨기다

Freud

꿈의 제작자는 실현할 수 없는 소망의 충동이다. 그것은 꿈에 에너지를 제공

하고 낮의 잔존물을 꿈의 재료로 삼는다.

아버지와의 사별로 프로이트는 비통한 슬픔에 휩싸였다. 그 뒤 몇 날 며칠을 아버지와의 추억에 잠겨 지냈다. 심지어 잠이 들어서도 아버지의 꿈에 시달렸다.

프라이베르크에서 아버지가 그의 작은 손을 잡고 산책 갔을 때, 빈의 공원에서 아들이 훗날 큰 인물이 될 것이라는 예언을 들었을 때 기쁨이 가득했던 그 표정들, 대학을 졸업할 때 자신의 졸업식에 참석한 아버지의 얼굴에 일렁이던 자랑스러움과 뿌듯함, 서른다섯 생일 때 성경을 생일선물로 주면서 남겨주신 당부의 말들…….

이제 더 이상 아버지의 자상한 얼굴을 볼 수 없다는 사실에 프로이트는 슬픔을 억누를 수가 없었다.

1897년 새해를 프로이트 가족은 슬픔 속에서 보냈다. 프로이트가 의학계의 배척과 아버지의 죽음에 이중으로 타격을 받아 무너져버린 것이다.

프로이트는 전문적으로 정신분석을 하는 의사로서 자신이 이대로 슬픔에 파묻혀 지내는 것은 정상이 아니라고 판단했다. 만일 장기간 슬픔 속에 빠져 지낸다면 정신적으로 문제가 생길 것이 분명했다. 그때가 되면 자신은 의사가 아닌 환자로 병상에 드러누울 판이었다.

스스로 슬픔을 떨치고 일어서야 했다! 프로이트는 생각했다. 꿈은 현재의 자신과 돌아가신 아버지를 잇는 유일한 끈이었다. 아버지를 잃은 슬픔에서 벗어나려면 자신의 꿈을 분석하는 것이 가장 좋은 방법이었다.

1897년부터 프로이트는 본격적으로 자기 자신의 꿈을 분석하며 그 내용들을 모두 기록하기 시작했다. 여기에 아버지가 별세하기 전에 수집했던 꿈의 사례와 분석을 통합하여 이러한 결론을 얻었다.

'모든 꿈은 모종의 특정한 의미가 있고, 과학적 방법으로 그 의미에서 이론적 근거를 찾을 수 있다.'

프로이트는 아버지에 대한 그리움이 사무쳤지만 다시는 만날 수 없었기에 날마다 꿈에서 아버지를 만났다. 바로 이러한 현실에서 출발하여 그는 다음과 같은 결론을 얻었다.

'꿈의 제작자는 실현할 수 없는 소망의 충동이다. 그것은 꿈에 에너지를 제공하고 낮의 유물들을 꿈의 재료로 삼는다.'

그는 또 이렇게 말했다.

'수면은 정신적으로 한 가지 선결조건이 있다. 바로 자아가 수면 속의 소망에 집중해야 하고, 동시에 각종 일상적 취미에서 심리적 에너지를 거둬들여야 한다. 왜냐하면 모든 활동의 경로가 동시에 중단된 이후에는 자아도 평소 억압을 유지하는 데 쏟아붓는 에너지를 줄일 수 있기 때문이다. 무의식적인 충동은 밤 시간에 억압이 줄어드는 틈을 타서 꿈과 함께 의식 속으로 진입한다.'

그전까지만 해도 프로이트는 꿈의 분석을 환자에게만 적용했다. 꿈과 신경증이 비슷하다며 꿈과 신경증을 한데 연계시켰던 것이다. 하지만 자기 꿈을 분석하기 시작한 이후 그는 꿈과 신경증이 전혀 다르다는 사실을 깨닫고 다음과 같은 결론을 내렸다.

'꿈은 억압된 소망의 위장된 충족이다.'

동시에 그는 매번 아버지 꿈을 꾸고 난 뒤에는 마음이 우울해지는 것을 깨닫고는 또한 다음과 같은 결론도 내렸다.

'그렇게 나타난 꿈은 욕망이 충족되는 상태를 대표한다, 즉, 충동적 욕망의 충족이라고 할 수 있다.'

▼

죽음으로 말미암은 사별은 생명의 필연적 현상이다. 그럼에도 사별은 인간의 내면에 수없이 많은 고통과 슬픔을 불러일으킨다. 사별했을 때 빨리 슬픔을 떨치고 고통을 자연스럽게 해소하는 사람이 있는가 하면 상실의 고통 속에서 헤어나지 못하는 사람이 있다. 마치 물에 빠진 사람처럼 스스로의 힘으로 빠져나오지 못한다. 마음속에 뻥 뚫린 검은 구멍은 점점 커져서 결국 그 구멍 속으로 빨려들어가고 만다.

그 과정에서 누군가가 손을 내밀어 당신을 구해준다면 참으로 다행일 것이다. 그러나 대부분의 경우는 도움을 얻지 못한다. 이때 자신을 구할 사람은 당신 자신뿐이다. 우리는 프로이트처럼 사별의 고통으로 가슴속에 거대한 구멍이 생겼을 때 스스로 횃불에 불을 지피고 마음속을 환히 비출 수 있어야 한다.

횃불을 들고
마음속의 검은 구멍을 밝히다

Freud

낮의 잔존물에 대해 좀 더 보충해서 설명하고자 한다. 의심할 여지 없이 그것은 수면을 깨우는 근본적인 원인이다. 꿈은 오히려 수면의 수호자라고 할 수 있다.

자기 분석을 통해서 프로이트는 자기 구원을 얻었다. 아버지를 잃은 고통을 떨쳐냈을 뿐만 아니라 그의 꿈의 해석에도 큰 수확이 있었다. 프로이트는 이러한 결론을 얻었다.

'꿈의 무의식적 욕망과 낮의 잔존물, 그리고 깨어난 시간 동안 아직 버리지 못한 흥밋거리는 모두 연관되어 있다. 이것들이 결합되어 꿈을 꾸고 그 꿈은 정신분석학에서 이중적 의미의 꿈이 된다.'

그는 자신이 꿈속에서 슬픔과 고통을 떨쳐버린 경험을 바탕으로 다음과 같이 보충했다.

'낮의 잔존물은 수면을 방해하는 근본적인 원인이다. 꿈은 오히려 수면의 보호자라고 할 수 있다.'

동시에 프로이트는 꿈을 분석하는 과정에서 꿈이 심리학과 관련 있을 뿐만 아니라 문학, 철학 등 다양한 방면과 연계되어 있다는 사실을 발견했다. 그는 이렇게 말했다.

"꿈이 만들어질 때 꿈의 재료는 전위(轉位) 작용을 한다. 이러한 작용은 꿈이 위장한 황당무계한 상징에 적절한 해석을 만들어준다. 전위 작용의 목적은 꿈의 단조롭고 추상적인 개념을 구체적 형상으로 바꾸는 것이다. 이러한 전환의 장점은 쉽게 발견할 수 있다. 꿈의 관점에서 봤을 때 형상적인 사물이란 표현해낼 수 있는 사물을 뜻한다. 이는 꿈속에 직접적으로 나타난다."

이러한 표상의 구체적인 표현력은 문학과 연계된다. 프로이트는 또 이렇게 말했다.

"우리는 대체적으로 꿈의 응축성을 무시한 채 단지 한 번의 분석으로도 꿈을 해석해낼 수 있다고 여긴다. 실상은 계속 분석해야만 꿈 뒤에 숨은 의미를 캐낼 수 있다. 앞에서 언급했듯이 꿈의 깊은 의미를 완전하게 분석하는 것은 불가능하다. 물론 우리의 해석이 완벽할 때도 있지만 그 꿈에서 또 다른 의미를 찾아낼 가능성은 항상 열려 있다."

이러한 응축 작용은 철학과 연결되어 있다. 물론 정신분석을 하는 의사로서 프로이트의 꿈의 분석은 주로 심리학 방면으로 구현된다. 오직 심리학 방면의 분석만이 정신병 환자의 치료에 도움이 된다. 그 방면에서 프로이트는 풍성한 수확을 얻었다. 그는 이렇게 말했다.

"부차적인 위치에 있는 낮의 잔존물이 성공적으로 꿈의 형성에 영향을 미친 뒤에는 잠재의식 속 모종의 것을 차용하여 억압된 욕망의 본능적 역량으로 전이된다. 또한 잠재의식을 위해 불가결의 것을 제공하는데 이것이 곧 전위 작용에 반드시 필요한 부착점이다."

이러한 분석 과정에서 프로이트는 심리학에서 꿈의 중요성을 발견했고, '잠재의식'이라는 개념과 이론 체계를 만들어냈다. 이와 관련하여 프로이트는 이렇게 말했다.

"꿈은 소망 충족의 원인이며, 잠재의식 체계의 산물에 기원한다. 잠재의식의 활동은 그 산물 외에는 다른 목적이 없다. 또한 소망 충동 이외에는 기타 역량을 필요로 하지 않는다. 우리가 꿈의 해석을 기반으로 의미 있는 심리학 추론을 세운다면 꿈을 다른 종류의 정신구조를 포함한 관계 속에 놓을 수 있다."

프로이트는 약 3년에 걸친 꾸준한 분석 작업을 통해 마침내 아버지를 잃은 고통에서 벗어날 수 있었다. 그는 자신이 분석한 기록을 정리해서 책으로 출간했다. 그 책이 바로 훗날 정신분석학설의 최고의 명작으로 꼽히는 《꿈의 해석》이다. 프로이트는 이 책을 이렇게 평가했다.

"이 책은 아버지의 죽음에 대한 반응과 자기 분석이다. 분석 속에는 한 남자의 일생에서 가장 결정적인 상실의 경험이 담겨 있다."

《꿈의 해석》은 출간 당시에는 세간의 관심을 받지 못했다. 그러나 활활 타오르는 횃불처럼 프로이트의 영혼 깊숙한 곳의 어두운 구멍을 환히 비춰주었으며, 인류의 마음속 깊은 곳의 구멍도 환히 비춰주었다. 그리하여 인류의 오묘한 정신을 한층 직관적으로 인식할 수 있게 되었다.

이 책이 출간된 이후 정신분석은 더 이상 의학에만 국한되지 않게 되었다. 심리학은 다양한 학과의 강의 주제가 되었고 일반인들도 심리학을 이해하게 되었다.

1956년 저명한 미국의 박사 톤즈는 이 책을 두고 역사를 바꾼 책으로, 다윈의《종의 기원》그리고 코페르니쿠스의《천체 운행론》과 더불어 인류의 3대 사상 혁명의 책이라고 일컬었다.《꿈의 해석》이 인류에게 얼마나 큰 공헌을 했는지 미뤄 짐작할 수 있다.

프로이트가 꿈을 분석하고 연구하지 않고, 또 책을 써서 이론을 확립하지 않았다면 인류는 아마 지금도 영혼에 대해 몽매한 혼돈 상태에서 오랫동안 헤매고 있을 것이다!

황금 덩어리는
언젠가 빛을 발하게 마련이다

Freud

이 반대자들의 문제는 정신분석학을 나 개인의 깊은 사고의 산물이라고만 여긴다는 것이다. 그들은 이 학과의 설립이 오랜 시간에 걸친 나의 인내심과 객관적이고 공정한 작업의 결과라는 사실을 믿고 싶어 하지 않는다.

플리에스는 프로이트가 필요로 할 때는 언제든지 프로이트 곁으로 당장 달려갈 것이라고 말했지만, 현실적으로 그는 너무 먼 독일에 살고 있었다. 물리적인 거리는 두 사람의 사이에 항상 동반되는 가장 큰 문제였다.

끊임없이 서신을 주고받으며 프로이트는 자기 일을 세세하게 플리에스에게 이야기했고, 플리에스도 최선을 다해 방도를 강구했다. 그러나 매 순간 프로이트 옆에 있어줄 수는 없었다. 일상생활 속의 의학 연구자로서 프로이트는 여전히 고독했다. 그리고 두 사람의 서신 왕래를 통한 애착 역시 커다란 도전에 직면하게 되었다.

1900년 프로이트는 《꿈의 해석》을 출간했다는 소식을 플리에스에게 서신으로 알렸다. 플리에스도 프로이트의 성과를 크게 축하했다. 하지만 얼마 지나지 않아 두 사람의 의견은 한때 공감대를 형성했던 성적 문제에 관한 연구를 두고 대립했다. 서신이 오갈수록 의견 대립은 점차 심각해졌다. 두 사람은 더 이상 소통의 필요성을 느끼지 못하게 되었고 급기야 결별에 이르고 말았다.

《꿈의 해석》도 냉대를 받았다. 빈의 의학계든 외국 의학계든 전문 학회지에서는 《꿈의 해석》에 관해 단 한 자도 언급하지 않았다. 따돌림과 외로움이 이미 습관이 된 프로이트는 대수롭지 않게 여겼다. 정작 그가 참을 수 없었던 것은 일부 의학계 동료들이 《꿈의 해석》을 읽지도 않은 채 무작정 반대하거나 반박하는 논문을 쓴 것이다.

프로이트로서는 도저히 용납할 수 없는 일이었다. 상대방의 인품이 좋고 나쁨은 차치하고서라도 터무니없는 말로 억지를 부리는 행태가 너무 저열하게 느껴졌다. 게다가 그들의 글은 비열하기 짝이 없었으며 처음부터 끝까지 비방하고 공격하는 내용뿐이었다. 안하무인 막무가내의 태도에 프로이트는 참을 수가 없었다.

그러나 프로이트는 자신감이 가득 찬 사람이었다. 그의 성공도 그의 자신감에 뿌리를 두었다고 해도 과언이 아니다. 프로이트는 이렇게 생각했다.

'이 반대자들의 문제는 정신분석학을 나 개인의 깊은 사고의 산물이라고만 여긴다는 것이다. 그들은 이 학과의 설립이 오랜 시간에 걸친 나의 인내심과 객관적이고 공정한 작업의 결과라는 사실을 믿고 싶어 하지 않는다.'

프로이트가 정신분석학설의 이론을 이용하여 상세한 설명을 했다면 그러한 오해를 깨끗하게 씻을 수 있었을 것이다. 하지만 프로이트는 그렇게 하지 않았다. 그 나름의 자존심과 자부심이 있었기 때문이다. 그동안 줄곧 자신에게 쏟아지던 배척과 질책을 아무렇지 않게 지나친 그였다. 이번에도 마찬가지였다. 그는 과학이 인류의 지식에 공헌하고자 한다면 대중에게 믿고 따르라고 강요할 필요가 없다고 여겼다. 믿든 안 믿든 나중에 성과가 나오면 자연스레 해결될 문제였다. 자신의 연구 성과가 대중의 관심을 불러일으킬 때까지 인내심을 갖고 기다리면 된다고 생각했던 것이다.

이러한 프로이트의 생각을 통속적인 말로 해석한다면 '황금 덩어리는 언젠가 빛을 발하게 마련이다'는 말과도 같다. 사실상 그의 생각이 옳았다는 것은 훗날 역사가 증명해주었다.

《꿈의 해석》이 출간된 후 빈 의학계의 젊은 학도들은 프로이트의 연구에 관심을 갖기 시작했다. 그들은 프로이트를 숭배하며 앞다퉈 프로이트를 찾아왔다. 그중에는 훗날 정신분석학설에서 상당한 성과를 올린 아들러와 존스 등이 있었다.

1902년 이 추종자들은 프로이트의 진료소에서 수요심리학 모임을 만들었다. 이 모임은 1908년 정신분석이 세계적으로 공인을 받은 이후 빈 정신분석연구회로 바뀌었다.

프로이트는 월요일부터 금요일까지는 환자들의 진료에 전념했다. 그리고 토요일 밤이 되면 진료소로 모여든 추종자들과 함께 의학 연구를 화제로 토론하거나 카드 게임을 하거나 혹은 오페라를 들었다.

추종자들이 동무가 되어주고 존경해주는 가운데 프로이트는 고독감을 떨칠 수 있었다. 플리에스와 결별하고, 이어서 전 세계로부터 무시와 반대를 당해 고통스러웠던 프로이트에게는 그 무엇과도 바꿀 수 없는 큰 위안이었다.

황금 덩어리는 언젠가는 빛을 발하게 마련이다. 뛰어난 인재는 언젠가는 두각을 나타내게 마련이다.

지혜로운 사람은 제아무리 두꺼운 먼지로 뒤덮여도 그 빛이 감춰지지 않는다. 그는 수만 겹 쌓인 먼지 속에서도 결국 찬란한 빛을 발산한다. 그리고 수많은 추종자가 그 빛을 따라 모여들게 마련이다.

프로이트는 이를 온몸으로 증명해 보였다.

소녀 도라,
또 다른 프로이트를 증명하다

Freud

근거 없는 유언비어 앞에서 끝까지 진리를 지켜나가지 못하고 위축된 채 뒤로

물러선다면 그것은 나약함의 표현일 뿐이다.

비록 《꿈의 해석》이 의학계에서 냉대를 받았지만, 프로이트는 자신의 연구가 언젠가는 인정받을 것이라고 굳게 믿었다. 그래서 고집스럽게 의학 연구를 지속해 나아갔다. 그때 그는 열여덟 살의 소녀를 환자로 맞이했다. 이 소녀는 프로이트 덕분에 완치되어 의학계를 발칵 뒤집어놓았는데, 그녀가 바로 도라다.

《도라의 꿈 이야기》를 읽은 대다수 사람은 이 책을 문학 작품으로 간주한다. 그만큼 프로이트가 풍부하면서도 깊이 있는 문학적 요소를 가미해서 이 책을 썼기 때문이다. 하지만 이

책을 자세히 읽어보면 프로이트가 철저히 의학적 관점에서 편찬한 의학 사례집이라는 사실을 쉽게 알 수 있다.

사실 프로이트는 도라의 치료 과정을 책으로 편찬할 당시 적잖은 걱정을 했다. 우선 도라의 프라이버시 문제가 있었다. 일단 책이 출간되면 도라의 심리 과정은 전 세계에 공개되어 도라가 적잖은 영향을 받게 될 터였다. 프로이트 역시 반대파들의 비난을 받을 것이 뻔했다. 하지만 프로이트는 사회적 책임감이 강한 사람이고 정직한 의사였다.

"의사는 환자뿐만 아니라 과학 발전에도 책임이 있다. 나는 과학 발전에 책임을 다해야 하고, 또 도라와 똑같은 사례의 환자들도 생각해야 한다. 도라에게 직접적인 상처를 주지 않는다면 히스테리의 원인과 형성 과정을 책으로 출간하는 것은 의사로서 책임을 다하는 일이다."

사회적 책임감에 프로이트는 각계각층에서 쏟아질 비난을 뻔히 알면서도 도라의 이야기를 책으로 편찬했다.

도라를 치료하고 연구하는 과정에서 프로이트는 그녀의 히스테리 병인이 친밀한 사람과의 내면 활동, 성생활과 밀접한 관계가 있다는 사실을 발견했다. 위의 두 가지 방면에서 오랫동안 심리적 억압을 받았기 때문에 히스테리 병증이 나타났다고 결론을 내렸다.

하지만 일단 치료 사례가 공개되면 간단히 도라의 프라이버시가 침해되는 데서 문제가 끝나지 않을 것이 분명했다. 사회 여론의 관점에서 미혼의 젊은 여성을 성과 한데 연계해 언급하는 것 자체가 도라에게는 상처이고 치욕이었다. 프로이트는 사회적 책임감이 강한 사람이자 여성을 존중할 줄 아는 신사였다. 그는 다른 환자들을 돕기 위해 도라를 배신하고 상처 주는 일은 할 수 없었다.

다행히 프로이트는 지혜롭고 총명한 사람이었다. 그는 매사를 용의주도하고 꼼꼼하게 처리했는데, 도라의 프라이버시를 보호하는 데서도 그러한 성격이 완벽하게 구현되었다.

먼저 프로이트는 평생 빈에 올 일이 없는 환자 한 명을 외진 도시에서 찾아냈다. 둘째로 그 환자에게 '도라'라는 별명을 지어주었다. 그리하여 그 이름에 대한 의학계 인사들의 주의력을 분산시켰다. 셋째로 도라의 비밀을 끝까지 지켰다. 오직 그가 신뢰하는 의사 한 명에게만 그녀가 자신의 환자라고 알려주었다. 넷째로 프로이트는 도라의 병력을 순수 학술 기간지에만 실어서 외부 사람들의 관심이 집중되지 않도록 미연에 방지했다.

환자의 프라이버시를 보호하는 한편 정신병 환자들의 치료에 도움을 줄 수 있어야 하는 상황이었다. 이 둘 사이에는 많은 모순점이 있었다. 프로이트는 양자 간의 모순을 극복하기 위해 거듭 궁리하며 머리를 쥐어짰다.

당시 대다수 사람은 프로이트의 행동을 이해하지 못했다. 프로이트는 이렇게 설명했다.

"만일 근거 없는 유언비어 앞에서 끝까지 진리를 지켜나가지 못하고 위축된 채 뒤로 물러선다면 그것은 나약함의 표현일 뿐이다. 나는 환자에게 상처를 주지 않는다는 전제 아래서 나의 연구 성과를 출간했다. 이는 의사로서의 책임을 다한 것이다."

프로이트의 철두철미한 사후 대책은 프로이트가 엄숙한 태도로 의학 연구에 임하는 의사이자 매우 현명한 사람이었다는 사실을 보여준다. 프로이트는 일부 전문의가 도라의 병례를 허접한 애정소설쯤으로 여길까 봐 매우 걱정스러웠다. 프로이트로서는 절대로 용납할 수 없는 일이었기 때문이다. 프로이트가 처음 도라의 병례를 공개하기로 결심한 것은 엄숙한 태도로 정신병의 병리를 탐구하고 토론하고 싶은 바람에서였다. 그래서 책을 출간할 매체를 찾는 데도 매우 까다로운 조건을 내세웠다. 그 조건이 책의 판매량에 영향을 미친다고 해도 상관없었다. 그렇게 해서라도 의사로서의 도덕성이 결여된 사람들이 그 책을 훼손하는 것을 피하고 싶었던 것이다.

프로이트가 원했던 것과는 달리 훗날 《도라의 꿈 이야기》는 수많은 비의학계 독자의 사랑과 찬사를 받는 책이 되었다. 독자들은 그 책을 애정추리소설로 여겼고, 심지어 일부 독자는 '사랑은 무엇인가?'라는 명제의 답안을 제시하는 책으로 간주하기도 했다.

소녀 도라는 세상 사람들에게 과학을 대하는 프로이트의

엄숙한 태도를 보여줬고, 또 프로이트가 문학적 재능이 풍부한 작가라는 사실을 새삼 깨닫게 해주었다.

　그동안 수많은 사람이 프로이트를 비난했다. 그의 과학 연구는 허무맹랑한 공상에서 나왔으며 경박하기 짝이 없다고 매도했다. 하지만《도라의 꿈 이야기》를 출간하기까지 프로이트가 보인 태도는 그의 반대파들에게 뺨을 후려치는 것과 같은 놀라움을 안겼다.

높은 곳의 권세들을
굴복시키리라

Freud

내가 높은 곳에 있는 권세들을 굴복시키지 못한다면 지옥을 움직이리라.

《꿈의 해석》에 프로이트는 다음과 같은 머리말을 적었다.

'내가 높은 곳에 있는 권세들을 굴복시키지 못한다면 지옥을 움직이리라.'

이는 본래 프로이트가 억압 상태에 있는 인간들의 운명을 가리키는 말이었다. 하지만 그는 이것이 곧 자신의 모습을 그대로 묘사한 말이라는 사실을 이내 깨달았다. 그렇게 된 것은 그의 《성욕에 관한 세 편의 에세이》가 세상에 나오면서였다.

프로이트가 일찍이 유아 성욕이라는 논점을 제기했을 때 사회는 한바탕 들썩거렸다. 사람들은 프로이트를 음탕하고 저속한 사람이라며 입에 올리기조차 싫어했다.

훗날 그가 《도라의 꿈 이야기》를 출간하자 세상은 또다시 프로이트를 비판하고 욕을 퍼부어댔다. 그들은 프로이트가 미혼의 여성이 아버지에게 연정을 품었다는 둥 인류 도덕에 위배되는 말을 했다며 비판했다. 또한 도라가 아버지와 성관계를 갖는 환상을 품었다고 분석한 내용을 두고서는 그야말로 색정광이나 보일 수 있는 변태적인 표현이라고 매도했다. 프로이트가 내심 여성을 희롱하고 성욕을 충족시키려는 욕망에서 더러운 견해를 내놓았다며 손가락질하기도 했다.

이러한 모욕적인 욕설과 공격에 프로이트의 추종자였던 아들러는 크게 분노했다. 그는 수요심리학회 모임이 열렸을 때 프로이트에게 필요하다면 자신이 나서겠다고 했다. 어리석은 반대파들의 황당무계한 비판을 조목조목 반박하겠다며 분통을 터뜨렸다. 하지만 프로이트는 고개를 가로저으며 담담한 표정으로 말했다.

"성공하려면 그러한 항의나 성명의 존재를 용인해야 하네. 그저 나의 견해 때문에 나를 질책하는 사람이 없길 바랄 뿐이지."

프로이트는 이들에게 한 가지 꺼내지 않은 말이 있었다. 곧 출판할 책의 내용이 유아의 성욕과 소녀 도라의 이야기보다 한층 더 온 세상을 깜짝 놀라게 하리라는 것을, 지금보다 더 험악한 상황이 곧 벌어지리라는 것을 말이다.

외부 세계의 비난에도 프로이트는 자신의 신념을 굽히지

않았다. 그는 정신분석과 성 관련 연구에 몰두했다. 그리고 얼마 지나지 않아 새로운 책《성욕에 관한 세 편의 에세이》를 세상에 내놓았다.

이 책에서 프로이트는 그동안 연구했던 유아 성욕에 대해 상세히 설명하고 결론을 지었다. 더불어 사춘기 때의 성전환과 처녀의 성적 표현 등의 내용을 추가했다.

과연 프로이트의 예상대로 새로운 책이 출간되자 각계각층의 인사들은 비난과 욕지거리를 퍼부었다. 왜냐하면 당시 사람들의 성에 대한 인식은 매우 제한적이었기 때문이다. 그들은 유년 시절에는 성욕이 존재하지 않는다고 여겼다. 사춘기에 접어들어 신체적 발육이 이루어지면 차츰 성숙해지면서 점차 성욕이 발현된다고 여겼다. 게다가 성욕은 이성 간에만 존재한다고 여겼다. 두 사람 사이에 모든 것을 압도하는 흡인력이 생기면서 성욕이 비로소 생겨나고, 그 목적은 이성 간의 성 교합이라고 여겼다. 반면에 유아는 순수하고 천진무구한 존재로서 상대방을 압도할 만한 흡인력이 있을 리도 없고 성욕 또한 당연히 생겨날 수 없다고 여겼다.

보수적인 반대파의 눈에 프로이트는 그야말로 천박하고 야비한 인물로 보였다. 감히 유아에게 성욕이 있다니 이는 인류 전체를 모욕하는 말이 아닌가? 게다가 감히 성적인 문제를 만천하에 공개하고 노골적으로 논하다니? 성적인 문제는 부부의 은밀한 침실 속에서나 나눌 수 있는 화제였다. 그런데 어떻게 대중 앞에서 토론한단 말인가? 참으로 후안무치하기 짝이 없었다.

일순간에 프로이트는 사회 각계각층이 손가락질하는 비난의 대상이 되었다. 그들은 프로이트라는 이름만 나오면 이렇게 말했다.

"아, 자네가 말하는 사람은 그 빈의 난봉꾼 맞는가?"

혹은 이렇게 말하는 이도 있었다.

"그 음탕하고 뻔뻔한 양아치!"

온갖 더럽고 야비한 꼬리표가 프로이트를 따라다녔다.

마르타와 프로이트의 어머니는 불안감에 휩싸이고 말았다. 두 사람은 프로이트를 걱정했고, 이러한 비난에 프로이트가 좌절하고 주저앉을까 봐 두려워했다. 그들의 불안 뒤편에는 몰이해가 자리 잡고 있었다. 사실 마르타도 프로이트를 전혀 이해하지 못했다. 정직하게 자기 발전을 꾀하고, 한 번도 경거망동한 적이 없던 남편이 어떻게 '성'이라는 문제를 연구하게 되었는지 도무지 이해할 수가 없었다.

프로이트는 의학에 대해 아무것도 모르는 어머니와 아내에게 자신의 연구 목적을 설명해줘도 이해하지 못할 것임을 잘 알고 있었다. 그래서 상세히 설명하는 대신 그저 그녀들을 위로만 해주었다. 자신에게 붙은 꼬리표의 이면에는 인류의 무지가 있으며, 사람은 누구나 자신이 알지 못하는 것에는 무지에서 나오는 비난과 욕을 퍼붓게 마련이라고 말했다.

▼

진즉부터 이러한 점을 잘 알고 있던 프로이트는 마음의 준비를 하고 있었다. 그는 '내가 높은 곳에 있는 권세들을 굴복시키지 못한다면 지옥을 움직이리라' 하고 생각했다.

인류의 무지는 지옥이나 다름없다. 그렇기에 프로이트와 같은 지혜로운 사람이 필요하다. 지식의 눈으로 지옥을 환하게 밝혀주고, 지옥에서 천당으로 향하는 길을 환하게 비춰줄 사람 말이다. 프로이트는 그 일을 해냈다. 그는 정신분석학설로 인류를 새로운 정신 공간으로 이끌었다. 그곳에서 인류는 자기 자신을 새로이 인식하게 되었다.

Chapter 6

추종과 배신;
정신분석학사의 은원관계

##

**프로이트,
지금은
나 자신을 사랑할 때**

훗날 그때의 만남에 대해 융은 말했다.
"프로이트 선생은 내가 만난 사람들 중에서 가장 걸출했다. 그 누구도 그에게 필적할 수 없었다."
프로이트는 융에게 깊은 인상을 받고 강렬한 호감을 느꼈다. 프로이트는 이렇게 회상하며 말했다.
"내 나이 쉰으로 수많은 사람을 만나봤지만 융처럼 지식이 방대하고 상상력이 풍부한 사람은 본 적이 없었다. 게다가 정신증 분석에 대한 그의 강력한 관심은 경이로울 정도였다. 우리는 그야말로 서로의 생각과 뜻이 일치했다."

아들러:
경건한 추종자에서 도전자로 변하다

Freud

그는 범성욕주의(모든 정신 활동은 성 본능에서 비롯된다는 학설)를 인정하지 않았다. 하지만 그에게 거부된 것들은 여전히 다른 이름으로 그의 폐쇄된 체계 속에 포함되었다. 그의 이른바 '남성적 항의'대로라면 그것은 비정상적이고 성적 특징을 지닌 억압이다.

의학계는 물론 사회 각계각층으로부터 공격이 쏟아지자 수요심리학회 모임의 회원들은 분노했다. 하지만 프로이트는 오히려 그들을 위로하며 말했다.

"무지는 무지일 뿐이네. 그 누구도 무지가 모든 것을 파생할 수 있다고 믿을 권리가 없네."

프로이트의 위로에 회원들은 차츰 안정을 되찾아갔다. 그들 대부분은 빈에서 자란 사람이었다. 그래서 프로이트의 사람 됨됨이를 잘 알고 있었다. 프로이트는 인품이 고상한 사람으로 손가락질하는 뭇사람의 말처럼 변태나 색정광이 아니었다. 그래서 세상 사람들의 무지에서 나오는 비난과 욕설에도 그들의 마음은 동요하지 않았다. 오히려 수요심리학회를 구심점으로 삼아 똘똘 뭉쳤다.

수요심리학회에서 반드시 짚고 넘어가야 할 사람이 있다. 훗날 심리학 대가로 한 세대를 풍미했던 알프레드 아들러이다.

프로이트처럼 아들러도 유대인이었고 그의 아버지 역시 장사꾼이었다. 그래서인지 어린 시절의 경험도 프로이트와 유사한 부분이 많다. 다만 프로이트는 어린 시절 자신감이 가득하고 뛰어난 성적을 자랑했던 반면 아들러는 열등감에 빠져 지냈다. 그는 태어날 때부터 몸이 허약하고 잔병치레가 많아서 네 살이 되어서야 걸음마를 배울 수 있었다. 또한 심각한 구루병에 걸려 두 다리가 휘어져서 격렬한 운동조차 할 수 없었다. 아들러는 신체적인 결함으로 마치 한 마리의 미운 오리처럼 항상 열등감에 휩싸여 지낼 수밖에 없었다.

빈의 유대인 사회에서 젊고 뛰어난 프로이트는 가장들 사이에서 '그 집 아들'로 통했다. 그 때문에 아들러는 프로이트의 이름을 일상적으로 들으며 살았다. 열등감에 시달리던 그에게 프로이트는 곧 숭배의 대상이 되었다.

진학할 때도 아들러는 프로이트의 족적을 그대로 따랐다. 빈대학교 의과대학을 입학하여 의학박사 학위를 땄다.

아들러는 졸업 후 안과 의사가 되었다. 프로이트를 숭배하던 그는 마침 프로이트가 가장 고독하던 시기에 정신분석 애호가들을 함께 '수요심리학회' 모임을 만들었다. 그러고는 매번 사회 각계각층에서 프로이트에게 반기를 들고 비난을 쏟을 때마다 프로이트 옆에서 든든한 수호자 역할을 했다. 이 때문에 프로이트는 아들러에게 특별한 호감을 느끼며 깊은 관심을 갖게 되었다.

아들러는 프로이트의 정신증 연구를 추종하는 과정에서 정신분석에 강렬한 흥미를 느끼고 급기야 전공을 바꾸기에 이르렀다. 그는 안과 의사에서 정신병학자로 변신하여 빈대학교로 돌아가 1년 동안 정신분석을 연구했다.

훗날 의학계에서 프로이트를 반대할 때 젊은 아들러는 깊은 분노를 느끼며 그 반대자들과 격렬한 논쟁을 벌이기도 했다. 전공을 바꿔서 학교로 돌아가 정신증을 연구하고, 또 프로이트의 사상을 지지하며 앞장서서 반대파들과 논쟁을 벌이는 등의 행동들은 아들러가 프로이트를 거의 신처럼 숭배했다는 것을 보여준다.

프로이트는 아들러가 자신을 경건하고 정성스럽게 대한다는 사실을 누구보다 잘 알고 있었다. 그리하여 자신을 추종하는 데다 의학 방면에 천부적 자질을 갖고 있는 아들러를 수제자로 삼아 중요한 일들을 맡겼다.

프로이트의 지휘 아래 수요심리학회 모임은 〈정신분석학

가이드북〉을 창간했다. 이 간행물은 정신분석학에 관한 글들을 전문적으로 실었다. 프로이트는 아들러에게 이 간행물의 편집을 맡기는 동시에 세계 각지를 돌아다니며 강연할 때마다 항상 그를 데리고 다녔다.

당시 정신분석학설은 그동안 학계 권위자들의 반대와 비난에 부딪혔지만, 프로이트가 끝까지 밀어붙인 덕분에 독립된 학과로 자리매김하고 있었다. 비록 탄생 역사는 짧았지만 프로이트와 아들러의 협력 아래 크게 성행하기 시작했다. 아들러는 정신분석학과 발전에서 매우 중요한 역할을 했다. 프로이트는 아들러가 자신의 이론에 반대하리라고는 상상조차 해본 적이 없었다.

《성욕에 관한 세 편의 에세이》가 출간된 이후 프로이트의 연구는 범성욕주의 이론 단계로 접어들었다. 프로이트는 '리비도(Libido)'의 개념을 만들어냈다. 인류 심신 활동의 발전과 문화 창조는 모두가 성적 본능의 역량으로 이뤄진 것이라고 주장했다. 그 후에는 한 발 더 나아가 인간 세상의 모든 사회관계, 가령 가족관계, 각종 동아리, 교회, 군대 등도 리비도가 연결고리가 되어 이어진 것이라고 여겼다.

프로이트는 인간관계와 사회관계를 전부 성적 본능의 결과로 귀납했을 때 의학계 권위자들의 비판과 반대에 부딪히리라는 마음의 준비를 하고 있었다. 그러나 앞장서서 반기를 든 사람이 정작 자신의 추종자 아들러일 줄은 상상조차 못 했다.

아들러는 성적 본능의 중요 작용을 전면적으로 부정했다. 그는 성격 형성과 신경증의 발병은 사람들의 권력욕과 체질 저하를 보상하려는 욕구에 기인한다고 여겼다. 예기치 못한 아들러의 반기에 프로이트는 경악했고 더불어 분노했다. 그는 아들러가 심리학 방면에서 정신분석학의 여러 발견을 무시하는 것이 잘못되었다고 여겼다.

하지만 아들러는 자신의 관점이 정확하다고 고집했다. 결국 두 사람은 논쟁을 벌였지만 서로를 설득하는 데 실패했다. 수차례에 걸친 논쟁 끝에 두 사람의 관계는 파국으로 치닫고 말았다.

아들러는 프로이트의 곁을 떠나면서 수요심리학회의 여러 회원을 데리고 나갔다. 그리하여 정신분석연구회라는 새로운 모임을 만들고 개체심리학을 창시했다. 지금까지 프로이트는 반대자들을 도전자로 여긴 적이 없었지만 아들러는 예외였다. 프로이트는 아들러의 공개적인 반대를 자신의 연구와 권위에 대한 도전이라고 간주했다. 이 일은 오랫동안 프로이트의 가슴에 남아 그를 괴롭혔다.

그로부터 여러 해가 지난 뒤 프로이트는 아들러를 이렇게 평가했다.

"그는 범성욕주의를 인정하지 않았다. 하지만 그에게 거부된 것들은 여전히 다른 이름으로 그의 폐쇄된 체계 속에 포함되었다. 그의 이른바 '남성적 항의'대로라면 그것은 비정상적이고 성적 특징을 지닌 억압이다."

　비록 몇 마디의 말에 불과했지만, 자신이 한때 총애하고 신뢰했던 경건한 추종자 아들러에 대한 프로이트의 복잡한 심정이 묻어나고 있다.

13시간의 대화로
세기의 우정을 쌓다

Freud

난 자네를 신뢰하네, 나 자신을 신뢰하는 것처럼 자네를 신뢰하네. 자네로 말미암아 내가 미래에 대한 자신감으로 가득 차게 되었다는 것을 알아주기 바라네.

알프레드 아들러의 배반이 프로이트를 실망에 빠뜨렸다면, 또 다른 회원의 배신은 프로이트를 죽음과 같은 고통 속으로 몰아넣었다. 그 고통이 너무나 뼈에 사무쳐 프로이트는 두 번이나 정신을 잃고 쓰러지기도 했다. 그 장본인은 분석심리학의 창시자 칼 구스타프 융이었다.

1906년 프로이트의 《성욕에 관한 세 편의 에세이》가 출간되자 각계각층으로부터 비난과 욕설이 쏟아졌다. 비록 아들러 등과 같은 추종자들이 호위무사처럼 프로이트의 학설을 수호해주었지만, 프로이트는 자신이 사면초가에 빠졌다는 생각을 떨칠 수가 없어서 매우 슬펐다.

4월 초엽의 어느 날, 따듯하고 화사한 봄빛이 빈을 가득 채웠지만 프로이트는 서재에 틀어박힌 채 꿈쩍도 하지 않았다. 집 밖을 나서면 밀물처럼 쏟아지는 사람들의 따가운 시선과 비난이 싫었기 때문이다.

바로 그때 우편 배달부가 편지 한 묶음을 배달했다. 프로이트는 어릴 때부터 편지 왕래로 사람들과 교류하기를 즐겨 했다. 아내 마르타와도 연애 시절 거의 천여 통에 가까운 편지를 주고받았을 정도다. 하지만 최근 들어 프로이트는 편지를 꺼내 읽는 것조차 꺼렸다. 대부분의 편지 내용이 그의 학설에 반대하는 사람들의 욕설과 질책이었기 때문이다. 프로이트는 모두 무지한 사람들이 횡설수설하는 말이라서 열어보지 않아도 무관하다고 여겼다.

하지만 마음과는 달리 호기심에 눈길이 자꾸 편지 더미로 가는 건 어쩔 수 없었다. 그때 문득 취리히 소인이 찍힌 편지를 발견하고서는 절로 쓴웃음이 나왔다. 나의 '악명'이 저 멀리 스위스까지 퍼졌단 말인가?

프로이트는 문득 궁금증이 생겼다. 저 멀리 스위스에서 편지를 보낸 사람은 도대체 자신을 어떻게 평가할까 하는 호기심에 편지를 뜯어보았다. 편지의 발신자는 칼 구스타프 융이었다. 프로이트는 고개를 갸우뚱거렸다. 한 번도 들어본 기억이 없는 이름이었던 것이다. 도대체 이 낯선 사람은 편지를 악의로 보낸 걸까, 아니면 선의로 보낸 걸까? 프로이트는 자조 섞인 웃음을 지으며 편지를 읽기 시작했다.

융은 편지 서두에서 자신은 취리히 정신병원의 경력이 오래된 의사라고 소개했다. 동시에 취리히대학교의 정신의학과 강사이며 정신심리학을 주로 강의하고 있다고 설명했다. 그는 강의 중에 프로이트의 정신분석을 자주 설명한다고 덧붙였다.

융은 프로이트에게 일찍이《꿈의 해석》이 막 출간되었을 때 그 책을 관심 있게 읽어보다가 책 속의 이론과 자신이 탐구하고 있던 문제가 동일하다는 것을 발견했다고 말했다. 그때부터 프로이트를 천재로 여기고, 종교 신앙처럼 프로이트를 숭배하게 되었다고 털어놓았다. 융은 당시 각계각층에서 프로이트에게 쏟아지던 비난에 대해서도 자신의 입장을 밝혔다.

'이 전쟁에서 나는 선생님이 옳다고 믿습니다. 저의 견해를 듣고 의학계 동료들은 체면을 잃는 일이라고 생각합니다. 하지만 진리를 지키려면 세속적인 편견은 떨쳐버려야지요. 그래서 저는 선생님에 대한 저의 입장을 공개하여 세상 사람들에게 알릴 겁니다. 제가 선생님 옆에서 지지하고 있다는 사실을 잊지 말아주십시오.'

여기까지 읽은 프로이트는 마음을 짓누르던 압박감이 일순간에 사라지면서 기분이 한층 가벼워졌다. 저 멀리 알프스 산 북단에서 자신을 지지해주고 동조해주는 지기(知己)가 있다고 생각하니 기쁨이 솟구쳤다.

이때부터 두 사람은 편지 왕래를 하며 정신분석에 관한 연구와 생각을 서로 교류했다. 비록 융은 프로이트보다 열아홉 살이나 어렸지만, 나이는 그들의 교분에 아무런 영향을 미치지 않았다. 그만큼 융은 젊은 나이에 비해 지식이 풍부했고, 정신분석학에도 프로이트가 놀랄 만큼 깊은 관심을 갖고 있었다. 프로이트는 박학다식한 데다 정신분석 연구에 평생을 바친 사람이었다. 그는 융에게서 자신의 젊은 시절 모습을 보는 듯하여 호감이 더욱 커져갔다. 하루라도 빨리 융을 만나 허심탄회하게 이야기를 나누며 친분을 나누고 싶었다. 두 사람이 편지 왕래를 시작한 지 1년이 되던 해, 이윽고 프로이트는 융을 자신의 집으로 초대했다.

1907년 3월 3일, 융은 자신의 우상 프로이트를 만나러 빈에 도착했다. 당시 3월이라서 추위가 매서웠지만 융의 이마에서는 진땀이 흐르고 있었다. 곧 있으면 자신의 우상을 만난다는 생각에 가슴이 쿵쾅거렸다.

마침내 한자리에 마주한 두 사람은 허심탄회하게 이야기를 나누기 시작했다. 두 사람의 열띤 대화는 무려 13시간이나 이어졌다. 밤 11시가 돼서야 피곤에 지친 두 사람은 아쉬움 속에서 작별 인사를 나눴다.

처음 얼굴을 마주한 두 사람에게 공통의 화제나 똑같은 목표, 공감대가 없었다면 어떻게 연속으로 10여 시간을 지루한

줄도 모르고 열띤 대화를 나눌 수 있었겠는가?

훗날 이날의 만남에 대해 융은 이렇게 말했다.

"프로이트 선생은 내가 만난 사람들 중에서 가장 걸출했다. 그 누구도 그에게 필적할 수 없었다."

프로이트는 융에게 한층 깊은 인상과 호감을 느꼈다. 프로이트는 이렇게 회상했다.

"내 나이 쉰으로 수많은 사람을 만나보았지만, 융처럼 지식이 방대하고 상상력이 풍부한 사람은 본 적이 없었다. 게다가 정신증 분석에 대한 그의 강렬한 관심은 경이로울 정도였다. 우리는 그야말로 서로의 생각과 뜻이 일치했다."

융과 헤어진 뒤 프로이트는 당장에 그에게 편지를 썼다.

'자네와의 만남으로 나는 큰 위안과 흥분을 느꼈네. 자네에게 해줄 말이 있네. 난 자네를 신뢰하네, 나 자신을 신뢰하는 것처럼 자네를 신뢰하네. 자네로 말미암아 내가 미래에 대한 자신감으로 가득 차게 되었음을 알아주기 바라네. 이제 내 나이도 쉰이 훌쩍 넘어서 후계자를 찾아야 할 때가 되었네. 자네를 만나고 나서 나는 비로소 깨달았네. 내가 바라는 후계자가 바로 자네 같은 사람이라는 걸 말일세. 나를 도와 정신분석학설을 완성하고 또 외부 세계와 싸워나갈 사람은 자네 말고는 없네.'

'프로이트 왕국'의
계승자

Freud

사람은 그 누구도 자신의 감정을 숨길 수 없다. 입은 침묵하고 있지만, 그의
손가락은 수천수만 마디의 말을 하고 있다.

프로이트의 편지를 받은 젊은 과학자 융은 기쁨과 흥분으로 어쩔 줄을 몰랐다. 자신의 우상으로부터 인정받고 찬사를 듣는 것보다 더한 기쁨이 어디 있을까? 하지만 융은 프로이트의 찬사에 불안감을 표시하며 이렇게 답장을 보냈다.

'제 생각에는 저를 너무 과대평가하시는 것 같습니다. 사실 저는 선생님이 말씀하신 만큼 뛰어난 사람이 아닙니다. 제가 알고 있는 지식 대부분은 선생님의 인도 아래 이해하고 또 표현할 수 있었습니다.'

융의 겸손하고 예의 바른 태도에 프로이트는 한층 호감을

느꼈다. 그러나 융은 한 가지 프로이트에게 말하지 않은 것이 있었다. 프로이트와의 오랜 대화에서 두 사람 사이에 이견이 존재한다는 사실을 발견한 것이다. 억압이 내포하고 있는 의미를 다루며 프로이트는 성적 요소의 중요성에 주안점을 두었다. 반면, 융은 성적 문제는 그저 병인 중의 부차적인 요소일 뿐 기타 여러 상황이 정신질환을 일으킨다고 여겼다.

융은 이러한 이견을 프로이트에게 드러내지 않았다 자신의 성 이론을 거의 열광적으로 확신하고 있는 프로이트의 모습 때문이었다. 자신이 아무리 설명해도 결코 프로이트의 확고부동한 생각을 바꿀 수 없다는 걸 알고 있었던 것이다. 게다가 당시까지만 해도 융은 프로이트를 신처럼 숭배하고 있었다. 이는 이후 그가 프로이트에게 보낸 편지에 잘 드러나 있다.

'솔직히 말해서 제가 선생님께 갖는 존경과 사랑은 거의 신앙심에 가까울 만큼 열광적이고 경건합니다.'

바로 이 두 가지 이유 때문에 융은 두 사람 사이의 이견에 대해 침묵했다. 하지만 당시 융은 미처 깨닫지 못하고 있었다. 그 이견이 훗날 두 사람의 관계를 파탄내고 서로 등지게 만드는 주요 요인이 되리라는 걸 말이다. 한편 프로이트는 그러한 이견을 전혀 의식하지 못했다. 그는 여전히 흥분에 휩싸인 채 편지에 이렇게 썼다.

'정신학의 새로운 생명이 취리히와 빈에서 우리와 함께하고 있네.'

이때 두 사람은 모두 상대방의 매력에 한껏 매료되어 있었다. 두 사람은 각자 서로를 자신과 함께 이 세상에서 인류의 정신 영역과 내면세계를 탐구할 최고의 동반자라고 여겼다. 그리고 두 사람이 손을 잡는다면 정신분석학설의 위대한 성취를 이룩할 수 있으리라고 굳게 믿었다.

두 사람은 서로에 대한 인정과 호감으로 한층 친밀해졌다. 프로이트는 편지로 융과 사상적 교류를 했을 뿐만 아니라 자신의 사생활 이야기도 기탄없이 털어놓았다.

여러 해가 지난 뒤 프로이트와 융의 관계가 파탄 나자 프로이트는 이렇게 한탄했다.

"사람은 그 누구도 자신의 감정을 숨길 수 없다. 입은 침묵하고 있지만, 그의 손가락은 수천수만 마디의 말을 하고 있다."

하지만 처음 두 사람이 친분을 나눌 때만 해도 프로이트는 융과 함께 자신의 비밀을 숨김없이 공유하려고 했다. 융에게 '자신과 플리에스 간에 동성애적인 요소'가 있었다고 털어놓았으며, 플리에스와 관계가 틀어진 이유도 말해주었다.

융은 허물없이 속마음을 드러내는 프로이트에게 큰 감동을 받으면서도 한편으로는 불안했다.

"저를 이렇게 신뢰해주셔서 영광일 따름입니다. 선생님과 플리에스의 우정은 정말 부럽기 짝이 없습니다. 하지만 저까지 동등하게 대해주시는 것은 감히 바랄 수가 없습니다. 저는 선생님의 우정을 감당하기 힘듭니다. 우리가 비교적 자연스러운 관계로 함께 지낼 수 있다면 부자 사이처럼 지냈으면 좋겠습니다. 나이가 한창 어린 후배로서 선생님과 우정을 나누는 사이라면 훨씬 자연스럽게 선생님과 함께할 수 있을 것 같습니다."

융의 요청을 프로이트는 묵인했다. 이때부터 열아홉 살 차이가 나는 두 사람은 아버지와 아들처럼 친분을 나누었다. 이때 프로이트의 정신분석학설은 이미 의학계에서 공고히 자리매김을 하고 있었다. 그의 연구 성과는 거대한 성채와 같았고, 그의 마음속에서 융은 그의 사업을 물려줄 최적의 후계자, 즉 그의 성을 물려줄 계승자였다.

개인적 감정을 묻고
'아버지'와 '아들'이 같은 길을 걷다

Freud

결혼 초기부터 두 사람이 몸과 마음을 다해 진심으로 사랑하지 않는다면 두

사람의 관계는 일단 무너지기 시작했을 때 한순간에 끝나고 만다.

1908년 프로이트와 융은 함께 오스트리아 잘츠부르크에 모습을 드러냈다. 제1회 국제정신분석학회에 참가하기 위해서였다. 이번 대회는 매우 역사적인 의미를 지닌 행사였다. 프로이트의 학술 연구가 국제 의학계에서 한 축을 담당하고 있다는 사실을 의미했기 때문이다.

프로이트는 직접 회의를 주재했다. 그는 회의 참석자들에게 자신의 연구 성과를 자랑스럽게 소개하고 자신이 창간하려는 〈정신분석과 정신병리 연구 연감〉의 편집장 직책을 융에게 맡겼다. 이는 심리분석학 역사상 최초의 회보였다. 이 회보

의 성공 여부는 정신분석학설이 각 병원의 학술지에 미치는 영향력과 결부되어 있었다. 그처럼 중요한 임무를 융에게 맡긴 것은 프로이트가 얼마나 융을 신뢰하고 의지했는지를 단적으로 보여준다.

융은 프로이트의 신뢰에 감사하며 〈연감〉을 잘 간행할 것을 약속했다. 이에 프로이트는 이렇게 서신을 보냈다.

'나는 자네의 능력을 믿네. 과감하게 한번 해보게. 한 가지 희소식이 있네. 매사추세츠 주 우스터시의 클라크대학교 G. 스탠리 홀(G. Stanley Hall) 총장이 연락을 해왔네. 내년 20주년 개교기념일 행사 때 일주일 동안 강연회를 열어달라고 우리를 초청했네. 이미 정식 초청장도 보냈다고 하니 곧 받게 될 거야. 자네도 마찬가지일세.'

한 가지 예기치 못한 일은 클라크대학교에서 보내온 초청장 이외에 취리히에서 또 한 통의 편지가 날아온 것이었다. 그 편지는 융이 아니라 사비나라는 여성이 보낸 것이었다.

사비나는 편지에서 이렇게 밝혔다. 그녀는 먼저 프로이트는 자신의 이름을 들어본 적이 없을 테지만 자신은 오래전부터 프로이트의 명성을 익히 들어 알고 있다고 말문을 열었다. 사비나는 자신이 러시아 태생의 유대인이며 융의 환자라고 밝혔다. 동시에 융의 실험실에서 조수로 일하면서 융에게 프로이트의 정신분석학에 관한 이야기를 많이 들어왔으며, 융이 프로이트의 치료 방법을 이용해 자신을 치료해줬다는 이야기도 했다.

사비나의 이야기에 프로이트는 크게 기뻐했다. 융이 자신의 정신분석 연구 사업을 이어받아 발전시킬 것이라는 믿음도 한층 커졌다. 앞으로 융에게 더욱 많은 중책을 맡겨야겠다는 생각도 들었다. 하지만 이어서 사비나가 밝히는 말에 프로이트는 소스라치게 놀라고 말았다.

'프로이트 선생님, 저는 지금 매우 곤혹스러운 문제가 생겨서 선생님의 도움이 필요합니다. 선생님은 융 선생에게는 아버지와 같은 권위를 갖고 계시기에, 융 선생이 선생님의 말씀이라면 잘 들을 거라 생각하기 때문입니다. 그러니 저 좀 도와주세요.

저와 융 선생은 단지 환자나 조수처럼 간단한 사이가 아닙니다. 우리는 서로 사랑하는 연인입니다. 그런데 우리 관계가 그만 탄로 나고 말았습니다. 누군가가 익명으로 우리의 관계를 폭로하는 바람에 융 선생은 부르크횔츨리 정신병원에서 해고되었습니다. 융 선생은 이 모든 것이 제가 꾸민 짓이라 여기고 매우 분개하며 저와의 관계도 끊었습니다. 하지만 전 그와 헤어질 수가 없습니다. 여러 번 그에게 애걸하고 그 익명의 편지는 내가 쓴 것이 아니라고 해명도 해보았지만 제 말을 믿지 않아요. 그래서 이렇게 프로이트 선생님께 도움을 요청하는 겁니다.'

프로이트는 사비나의 편지를 처음 읽었을 때 전혀 예상하지 못한 일이었기에 적잖이 당혹스러웠다. 그러나 곰곰이 생각해보니 이치상 그럴 수밖에 없었을 것이라는 생각이 들었다. 문득 자기 과거의 일도 떠올랐다.

프로이트의 아내 마르타에게는 미나 베르나이스라는 여동생이 있었다. 그녀는 전쟁통에 남편을 잃고 프로이트의 집으로 와서 함께 지냈다. 줄곧 아내 마르타만을 사랑했던 프로이트는 어린 처제의 명랑하고 활발한 모습에 그만 매료당하고 말았다. 한편 미나는 점잖고 재능과 학식이 풍부한 형부를 한층 좋아하고 사모하게 되었다.

하지만 그들의 부적절한 관계는 결국에는 끝나야 했다. 프로이트는 가정으로 돌아가 현숙한 아내 마르타와 평온하고 안정적인 가정생활을 꾸렸다. 이러한 생활은 그가 세상을 떠날 때까지 유지되었고, 프로이트는 두 번 다시 그 어떤 이성과도 스캔들에 휩쓸리지 않았다. 새로운 사랑이 나타났을 때 프로이트는 아내와 가정을 선택했던 것이다.

융이 아버지와 아들 같은 부자관계를 맺고 싶다고 했을 때부터 프로이트는 줄곧 그를 아들처럼 여겼다. 그런데 그 '아들'이 자신과 똑같은 정신분석학 연구의 길을 걸을 뿐만 아니라 연애생활에서도 똑같은 길을 걷게 될 줄은 상상조차 하지 못했다.

프로이트는 융이 그와 같은 실수를 저지를 거라고는 예상치 못했지만, 또 한편으로는 그깟 실수 좀 저지른 게 대수인가 싶은 생각이 들었다. 인간은 감정의 동물이다. 그 감정적인 충동은 성 본능의 욕구 충동에 기인하고 있으니 이것 역시 예상했던 일 아닌가?

하지만 자신의 '후계자'가 감정에 휩쓸려 무너지는 것을 손놓고 구경만 할 수는 없었다. 프로이트는 당장 융에게 편지를 보냈다. 정작 프로이트의 편지를 받은 융은 너무 놀란 나머지 멍하고 말았다. 저 멀리 빈에 있는 프로이트가 이곳에서 일어난 일을 어떻게 알았단 말인가? 왜냐하면 프로이트는 편지에서 사비나가 알려줬다는 말은 단 한마디도 언급하지 않았기 때문이다.

융은 자신의 스캔들을 프로이트가 알았다는 사실에 수치심을 느끼고 낭패감에 빠졌다. 사실 융은 전부터 프로이트의 부적절한 관계를 이미 알고 있었다. 그 일로 한때 프로이트를 경멸하기도 했다. 그런데 이제 자신이 그와 똑같은 실수를 저질렀으니 프로이트도 분명 자신을 경멸할 것이라고 여겼다.

프로이트는 융이 무슨 생각을 할지 이미 내다보고 있었다. 그는 편지에서 이렇게 말했다.

'전에 자네는 우리가 부자와 같은 관계가 되었으면 좋겠다고 했었네. 그래서 내가 아버지로서 자네에게 몇 마디 당부하고 싶네. 지금 자네가 저지른 일은 참으로 큰 실수네. 흔히 남자들은 충동적인 동물이라고들 하지. 하지만 자네가 기억해야 할 점이 있네. 결혼 초기부터 두 사람이 몸과 마음을 다해 진심으로 사랑하지 않는다면 두 사람의 관계는 일단 무너지기 시작했을 때 한순간에 끝나고 마네. 자네의 아내 엠마를 생각해보게. 얼마나 훌륭한 여성인가?'

융은 쓴웃음을 지었다. 엠마는 확실히 훌륭한 여성이었다. 하지만 자신을 병원에서 해고시킨 그 익명의 편지는 바로 엠마가 쓴 것 아니던가? 그렇다 해도 지금 와서 누구를 탓하겠는가? 프로이트의 말처럼 엠마와의 결혼생활을 무너뜨려서는 안 된다. 하지만 사비나를 향한 감정을 어떻게 마음먹은 대로 정리할 수 있단 말인가? 융은 사비나에게 향하는 사랑을 멈출 수가 없었다. 아니 점점 더 격렬해지기만 했다.

프로이트는 어찌 됐든 융이 부적절한 사랑으로 무너지는 것을 구경만 할 수는 없었다. 그래서 사비나를 제자로 삼아 그녀를 빈으로 불러들여 정신분석학회의 회원으로 받아들였다. 물리적인 거리로 융과 사비나의 부적절한 관계를 끝내게 할 생각이었던 것이다. 결국 사비나는 프로이트의 설득 아래 융과의 관계를 끝내고 한 유대인 의사와 결혼했다.

이 일을 처리하는 과정에서 프로이트는 인생 경험자로서 갖은 애를 쓰며 탈선한 아들, 융을 정상 궤도로 돌려세웠다. 그야말로 융을 위해 온갖 고심을 다 한 것이다. 하지만 이 일에 대한 융의 태도는 매우 모순적이었다. 그는 한편으로는 자신을 위해 진심으로 애를 쓴 프로이트에게 감사하면서도 또 다른 한편으로는 이 일이 약점이 되어 앞으로 언제 어디서나 프로이트의 통제를 받게 될 것이라고 여겼다. 훗날 융은 '통제받는다'는 생각 때문에 점점 프로이트로부터 멀어지게 되었다. 그러나 동시에 프로이트에 대한 감사의 마음이 있었기에 융은 프로이트와 결별한 이후 좌절에 빠져 깊은 죄책감에 시달려야 했다.

결별의 징후를 발견하고,
죽음 본능을 체험하다

Freud

말실수란 없다. 모든 말실수는 잠재의식 속의 진실이 표출된 것이다.

1909년 미국 매사추세츠 주 우스터시의 8월은 경치도 아름답고 기후도 적절하여 모든 것이 만족스러웠다. 이 도시에 소재하고 있는 클라크대학교는 인문적 분위기로 가득한 데다 개교 20주년 기념행사로 매우 북적거렸다.

프로이트와 융은 캠퍼스를 산책하면서 미국의 독특한 인문적 분위기를 만끽하는 한편, 의학 연구에 관한 이야기를 나누었다. 이때 기회를 틈타 프로이트는 사비나의 일을 들먹이며 아버지와 같은 말투로 융에게 엄중한 경고를 했다.

융은 다소곳하게 프로이트의 경고를 듣고 있었지만, 내심 '프로이트가 이를 빌미로 자신을 통제하려 한다'는 반발심이 강하게 솟구쳤다. 이 때문에 융에게서는 더 이상 예전의 열정적인 모습을 볼 수가 없었다. 그동안 프로이트를 열광적으로 숭배하던 융은 그러한 자신의 태도 변화를 미처 깨닫지 못했다.

프로이트는 수십 년 동안 환자를 관찰했던 의사로서 사람들의 순간적인 마음의 변화를 곧잘 알아챘다. 그랬기에 융의 표정에 드러나는 심정의 변화도 놓치지 않았다.

프로이트는 융이 왜 갑자기 자신에게 냉담해졌는지 이유를 알 수 없었기에 남모르는 근심이 생겼다. 그동안 수많은 추종과 배신을 경험했던 그였다. 브로이어를 향한 그의 추종과 배신, 또 자신을 향한 플리에스의 추종과 배신을 통해 열광적인 감정의 뒤에 따라오는 냉담이 무엇을 의미하는지 프로이트는 누구보다 잘 알고 있었다.

비록 근심이 생기기는 했지만 프로이트는 여전히 융을 자신의 후계자로 여겼다. 강연 기간에 그는 자신의 정신분석학설을 대중에게 강의하는 한편, 융을 대중에게 정식으로 소개했다. 그 덕분에 융은 젊은 나이에 프로이트와 나란히 미국 학자들의 존경을 받으며, 가는 곳마다 환영을 받았다. 즉, 프로이트가 아낌없는 지원으로 융을 젊은 나이에 자신과 같이 정신분석학설의 최고봉 자리에 올려놨다고 해도 과언이 아니다. 비록 훗날 프로이트와 결별한 뒤 융은 한층 더 큰 성공을 거뒀지만, 이번에 프로이트와 함께 오른 '정상'의 자리는 훗날의 영광을 위한 튼튼한 토대가 되었다.

성공적인 강연회를 축하하기 위해 프로이트와 융은 술자리를 열었다. 두 사람은 잔뜩 흥이 나서 술잔을 들며 건배를 외쳤다. 특히 융은 흥분을 주체하지 못해 평소보다 많은 술을 마셨다. 그는 프로이트를 잡아당기며 정신분석학에 대해 논하기 시작했다.

어릴 때부터 심령사를 접한 융은 신비한 현상에 관심이 많았다. 그는 프로이트에게 덴마크 사람이 토탄 늪지에서 원시인의 유골을 발굴했는데 놀랍게도 시신이 완벽하게 보존되어 있었다고 말했다. 신나게 이야기를 늘어놓느라 융은 프로이트의 안색이 변한 사실을 미처 알아채지 못했다. 프로이트는 걱정스러운 듯 융을 바라보며 물었다.

"자네는 그 시신에 왜 그리도 관심이 많나?"

"그냥 들은 이야기를 한 것뿐입니다."

융은 그제야 프로이트의 안색이 변한 것을 알아채고 조심스레 물었다.

"제가 혹시 잘못 말한 것이 있습니까? 그렇다면 그저 말실수일 뿐이니 개의치 마십시오."

프로이트는 그저 고개만 가로저었다. 비록 융에게는 아무런 말도 하지 않았지만 내심 하고 싶은 말이 있었다. 바로 '말실수란 없다. 모든 말실수는 잠재의식 속의 진실이 표출된 것이다'였다.

사실 두 사람이 다시 만나기 전에 융이 보인 냉담한 태도에 프로이트는 의심이 솟구쳤다. 그리고 융이 걸핏하면 시신의 이야기를 들먹이는 것의 배후에는 '아버지를 살해하고 싶은 동기'가 숨어 있다고 판단했다.

이제까지 두 사람은 부자 사이나 다름없이 지냈다. 하지만 지금의 융은 더 이상 예전처럼 공손하지도 않을뿐더러 잠재의식 속에 프로이트를 파괴하고 싶어 하는 욕구가 깃들어 있었다. 이에 프로이트는 마치 '아들'에게 공격을 당한다는 생각에 긴장하기 시작했고, 그 긴장된 정서는 프로이트의 마음속을 내내 맴돌았다. 점차 냉담해지는 융의 태도는 프로이트의 긴장감을 한층 가중시켰다.

프로이트는 이런 말을 한 적이 있다.

"당신이 누군가를 무시할 때 그 무시하는 듯한 느낌은 상대방에게 전달되게 마련이다. 그리하여 상대방은 자신을 보호하려는 조치를 취하게 된다."

자신보다 한참 나이가 어리고 활력이 넘치는 융의 공격에 프로이트는 잠재의식 속에서 스스로를 지켜야 한다는 욕구가 발현되었다. 그리하여 융과 함께 식사하던 도중에 정신을 잃고 쓰러지고 말았다. 그때의 일은 당시 의학계를 한바탕 뒤흔들었다.

훗날 프로이트는 그때의 일을 돌이켜보고 자세히 분석한 후 '죽음 본능'이라는 개념을 내놓았다. 그가 확립한 '죽음 본능'은 공격과 침범 아래 모든 것을 파괴하려는 충동이다. 다시 말해서 융과의 결별을 앞두고 마음속의 근심이 프로이트를 긴장과 불안에 빠뜨려 결국 정신을 잃고 쓰러지게 만든 것이다. 이 혼절을 통해 프로이트는 죽음 본능을 처음으로 체험했다.

프로이트가 생각하기에 인간의 생명은 어둡고 조용한 자궁에서 탄생했기 때문에 자연스레 그때의 어둡고 안전한 곳으로 회귀하려는 본능이 있다. 그것이 바로 죽음이었다. 사람은 누구나 파괴와 침략의 본능을 지니고 있다. 이러한 본능이 그 사람을 죽음으로 향하게 만든다. 그 죽음에서 비로소 모든 긴장과 불안이 사라지고 몸부림이 멈추면서 진정한 평안을 얻을 수 있기 때문이다.

가까이 다가갈수록
더 멀어지다

Freud

내 권위를 걸고 모험을 할 수는 없네.

1910년 3월, 프로이트와 융은 다시 한 번 재회했다. 두 사람 모두 왕궁과 호수로 수놓아진 아름다운 도시 뮌헨을 방문한 것이다. 뮌헨에서 열리는 제2회 국제정신분석학회에 참석하기 위해 세계적인 정신분석학계 인재들이 이곳으로 모여들었다.

프로이트는 뮌헨에 오기 전에 한 가지 중요한 결정을 내렸다. 융을 학회 회장으로 추천하기로 한 것이다. 이 결정을 내리기 전에 프로이트는 오랫동안 심사숙고했으며 망설이고 또 망설였다.

작년 미국 클라크대학교에서 기절한 일로 프로이트는 불안감이 생겨났다. 더군다나 유럽으로 돌아오는 길에 그는 또다시 융과 말다툼을 벌였다.

당시 배에서 두 사람은 광활한 바다를 바라보고 있었다. 따듯한 해풍을 맞으면서 두 사람은 각자의 꿈 이야기를 들려주며 상대방의 꿈을 분석했다. 먼저 융이 자신의 꿈 이야기를 들려줬다. 이에 프로이트는 꿈의 환상적인 요소에 경탄하며 이렇게 분석했다.

"그것은 아들이 아버지를 죽이고 싶어 하는 꿈일세."

그때 프로이트는 이미 자신의 근심을 한층 명확하게 인식하고 있었다. 융이 꿈속에서 자신이 죽기를 바라고 있다고 확신했다. 이는 곧 융이 자신을 배신하리라는 사실을 의미했다. 프로이트로서는 결코 바라지 않는 일이었다. 이처럼 우수하고 적합한 후계자를 찾는 일이 얼마나 어려운가? 추종과 배신의 고통을 경험했던 프로이트는 또다시 그러한 일이 자신과 융 사이에 일어나는 것을 용납할 수가 없었다.

프로이트는 마음속의 근심을 억누른 채 화제를 돌렸다. 그는 융에게 최근 자신이 이해할 수 없는 꿈으로 곤혹스럽다고 털어놓았다. 남녀 간의 삼각관계에 관한 꿈을 자주 꾸고 있던 것이다.

"사실 자네에게 더 많은 것을 이야기해줄 수 있었네."

여기까지 말한 프로이트는 잠시 침묵하더니 갑자기 일어섰다.

"하지만 내 권위를 걸고 모험을 할 수는 없네."

프로이트는 이때까지도 전혀 모르고 있었다. 융이 자신과 마르타, 안나 사이의 복잡한 애정관계를 이미 훤히 알고 있다는 사실을 말이다. 융은 "내 권위를 걸고 모험을 할 수는 없다"는 말에 경멸스러운 어조로 말했다.

"근엄한 과학 연구자가 어떻게 권위를 진실보다 더 중요하게 여길 수 있습니까?"

프로이트는 자신의 마음속 깊은 곳에 숨겨놓은 비밀을 더 이상 털어놓지 않는 이유가 두 사람의 관계에 이미 금이 가고 있음을 깨달았기 때문이라는 사실은 미처 알지 못했다.

사실 융도 프로이트가 자신의 꿈을 해석한 내용에 상처를 받았다. 프로이트의 말인즉슨, '아들' 융이 '아버지' 프로이트에게 반항하고 반기를 들고 있다는 뜻이었으니까. 그러한 분석이 괴로웠지만 반박할 근거를 찾을 수가 없었다. 이때 비로소 융은 자신의 마음속 깊은 곳에서 프로이트에 대한 열광적인 숭배가 사라지고 있음을 깨달았다. 열광적인 숭배 대신 오만하고 난폭한 냉담이 자리를 차지하기 시작했다는 사실을 말이다.

이러한 깨달음에 융은 한층 괴로웠다. 그러면서도 의식 한편으로는 아버지처럼 존경하던 프로이트와의 관계가 파탄 나는 것을 원하지 않았다.

국제정신분석학회에서 프로이트가 자신을 학회 회장으로

추천하자 융은 너무 놀라 멍하고 말았다. 그는 프로이트에게 감사를 표시하며 프로이트의 기대를 저버리지 않겠다고 약속했다. 그동안 줄곧 프로이트를 추종하던 아들러 등 빈의 정신분석학자들은 프로이트가 융을 추천한 것에 강력한 불만을 제기했다. 얼마 지나지 않아 아들러 등 일부 학자가 프로이트 곁을 떠나 독립적인 모임을 결성했다.

아들러 등의 학자들과의 결별에 프로이트는 적잖이 괴로웠지만, 자신의 결정을 굽히지 않았다. 융과의 관계가 이미 금 가고 있다는 사실을 알고 있으면서도 프로이트는 융이 자신의 사업을 계승하도록 하고 싶었던 것이다. 융도 마찬가지였다.

종종 가까이 다가갈수록 더 멀어지는 경우가 있다. 당시 프로이트와 융은 미처 깨닫지 못하고 있었지만 두 사람의 사이가 바로 그랬다.

진심 어린 호의를 베풀었지만
아무런 대가를 얻지 못하다

Freud

속이 좁고 자만심에 빠진 사람이 그처럼 깊은 학식과 높은 수준을 지닌 사람을 어떻게 시종일관 곁에 잡아둘 수 있겠는가? 게다가 나처럼 아무런 매력조차 없는 사람은 오죽하겠는가?

프로이트의 결정은 그야말로 진심 어린 호의를 베푼 것이었다. 그만큼 학회 회장직은 정신분석학에서 대단히 중요했기 때문이다.

1910년 국제정신분석학회의 대표는 총 42명이었다. 칼 아브라함(Karl Abraham), 산도르 페렌치((Sándor Ferenczi), 융, 어니스트 존스(Ernest Jones) 등도 모두 포함되어 있었다. 여러 국가에서 온 그들은 전 세계 정신분석학과의 걸출한 인재들이었다. 이번 회의는 세계 정신분석 분야의 정상급 회의라고 해도 무방했다.

회의에서는 국제정신분석협회를 설립했다. 협회의 역할은 프로이트에게 건의하고 협조하는 것이었다. 동시에 외부에서 쏟아지는 공격에서 프로이트를 보호하는 보호막 역할을 하는 것이었다. 이처럼 협회는 프로이트를 위해 전문적으로 설립된 것이었다. 정신분석학설이 하나의 성채라면 프로이트는 그 성의 국왕이었다. 협회는 외부의 공격으로부터 성을 보호하는 성벽이자 수비대였다. 그 때문에 협회 회장은 일인지하 만인지상의 재상이나 다름없었다.

프로이트가 아들러 등 추종자들과의 결별의 위험을 무릅쓰고 숱한 반대를 물리치면서까지 융을 협회의 회장으로 추대한 것은 자신의 심장을 꺼내 융에게 선물한 것이나 매한가지였다. 그러나 프로이트가 그처럼 심혈을 기울이고 정성을 쏟았건만 융은 그를 끝내 저버렸다. 물론 융이 프로이트의 호의를 저버린 것은 사적인 은원관계나 불화로 말미암은 갈등 때문이 아니었다. 그것들은 단지 사소한 갈등에 불과했다. 과학을 연구하는 과학자로서 학술 연구 방향의 불일치를 제외하고는 그들의 관계를 파괴할 수 있는 갈등은 없었다.

협회 회장직을 맡은 지 얼마 지나지 않아 융은 자신의 책을 집필하기 시작했다. 그리고 정리하는 과정에서 자신의 연구와 프로이트의 연구에 매우 큰 차이점이 있다는 사실을 발견했다. 프로이트는 엄격한 자연주의적 경향이 있었지만, 융은 시종일관 인간의 정신에는 숭고한 포부가 있어야 한다고 믿었다.

이때 공교롭게도 프로이트와 아들러가 결별했다. 그는 프로이트에게 다음과 같은 편지를 받았다.

'그들은 범성욕주의를 버렸네. 하지만 그들이 잘못했다는 점을 증명하게 될 것이네. 자네는 성 본능 학설을 끝까지 수호하겠다고 약속해주게.'

융은 적잖은 곤혹스러움을 느꼈다. 그도 역시 범성욕주의가 완전히 옳다고는 생각하지 않았기 때문이다. 융은 오랫동안 망설인 끝에 자신의 솔직한 생각을 프로이트에게 털어놓았다. 융은 프로이트에게 범성욕주의 속의 리비도 이론을 수정하고 싶다고 아주 조심스럽고 완곡하게 밝혔다.

프로이트는 융의 생각에 소스라치게 놀랐다. 그는 신사이자 '아버지'였다. '아들' 융이 좀 더 깊이 있게 연구하려는 것을 막을 수 없었다. 하지만 그보다 더 프로이트를 고통스럽게 한 것은 그러한 이론 수정 작업 자체가 융이 자신의 연구 성과를 부정하고 있다는 사실을 의미했기 때문이다.

융은 이미 완전히 프로이트를 등지고 돌아선 것이나 매한가지였다. 프로이트는 그 사실을 깨닫고 의기소침해졌다. 소극적인 정서는 프로이트를 어린아이처럼 유치하게 만들었다. 그로부터 얼마 뒤 프로이트는 스위스 크로이츠링겐의 친구를 만나러 갔는데 부근에 사는 융의 집을 일부러 찾아가지 않았다. 예전에 브로이어와 결별할 때 보였던 유치한 모습이 다시 재현된 것이다. 당시 브로이어와의 관계가 파탄 났을 때 프로이트는 길거리에서 브로이어와 마주쳐도 모른 척 외면하고 지나치는 지극히 유치한 태도를 보였다.

비록 유치하기 짝이 없었지만 융을 자극하는 데는 매우 성공적인 방식이었다. 융은 프로이트가 '아버지의 권위'로 자신을 응징하고 있다고 받아들이고 매우 괴로워했다. 예전에 프로이트가 정신적인 아버지 브로이어와 결별했을 때처럼 융은 고통 속에 빠져들었다.

그러나 프로이트가 화목한 가정에서 부모의 지극한 사랑을 받고 자라난 것에 반해, 융은 어릴 때부터 불화가 잦은 부모 밑에서 자랐다. 사랑이 결핍된 가정에서 융은 대단히 독립적인 성격으로 자라났다. 그는 자기 자신에 대해 절대적인 권위를 갖고 있었기에 프로이트의 '아버지의 권위'에 타협하지 않았다. 그것은 곧 자아를 상실하는 것을 의미했기 때문이다.

그리하여 융은 연구 방면에서 자신의 주장을 굽히지 않았다. 사실상 프로이트와 융의 관계는 한쪽은 열과 성을 다해 호의를 베풀었고, 또 다른 한쪽은 그 고마움을 모른 채 호의를 저버린 관계였다. 하지만 일상생활의 잡다한 갈등을 제외하고 오로지 학술 연구로만 따진다면 두 사람의 엇갈림에서 누가 옳고 누가 그른지 함부로 재단할 수가 없다.

우리는 누구나 자신의 신념을 지킬 권리가 있다. 또한 자신의 신념을 지켜야만 진실한 자신으로 살아갈 수 있다. 융이 괴로움과 죄책감 때문에 자신의 신념을 굽혔다면 그는 영원히 프로이트의 학술에 종속된 장식품에 불과했을 것이다. 물론 훗날의 분석심리학도 탄생하지 못했을 것이다.

융과의 결별,
유익했으나 무익했다

Freud

이론상의 불일치로 불안해할 필요 없네. 이것은 매우 정상적인 일이야. 우리의 관계는 여전히 예전처럼 친근할 것이네.

지금껏 세파에 휘둘리지 않고 자신의 신념대로 행동해온 프로이트는 자신의 주장을 굽히지 않는 융으로 말미암아 또다시 정신을 잃고 쓰러지고 말았다.

1912년 11월 국제정신분석학회가 아름다운 뮌헨에서 열렸다. 프로이트와 융은 이곳에서 다시 만났다.

두 사람은 단둘이서 담판을 지었다. 융이 프로이트에게 물었다.

"이전까지 수많은 오해가 무엇 때문에 생겼는지 저는 몰랐습니다. 하지만 지금은 반드시 말씀드려야 할 것 같습니다.

▼

정신분석학설에서 선생님은 보석을 발굴했습니다. 그리고 저는 보석 가공자로서 그 보석을 정밀하게 가공할 필요가 있습니다."

프로이트는 무슨 말인지 확연히 알 수 있었다. 융이 가리키는 것은 리비도 이론에 대한 수정 작업이었다. 프로이트는 성적 본능의 작용이 정신분석학설의 토대이자 심리의 원동력이라고 여겼다. 반면에 융은 리비도가 인간의 생식, 성장, 기타 활동을 포함한 생명력이며, 성욕은 단지 그중 하나일 뿐이라고 주장했다. 또한 융은 수정한 리비도 이론을 근거로 인간을 내향성과 외향성의 두 부류로 나누었다.

프로이트는 융이 수정한 이론을 보고 이미 그가 자신과는 다른 길로 접어들었다는 사실을 깨달았다. 자신의 범성욕주의의 정신분석과 점점 멀어져가고 있음을 느꼈던 것이다.

프로이트는 융이 자신의 이론에 위배되는 다른 길로 나가려는 것을 눈치챘지만 그러한 현실을 직시하고 싶지 않았다. 이제는 프로이트도 혈기 왕성한 젊은 나이가 아니었다. 예전에 브로이어, 플리에스, 아들러와 그랬던 것처럼 단호하게 결별할 수가 없었다. 프로이트는 융도 매우 긴장하고 불안에 빠져 있음을 눈치챘다. 융도 자신과의 관계가 깨지는 것을 원치 않는다고 여겼다. 프로이트는 이렇게 융을 위로했다.

"이론상의 불일치로 불안해할 필요 없네. 이것은 매우 정상적인 일이야. 우리의 관계는 여전히 예전처럼 친근할 것이네."

융은 프로이트의 말에 안도의 한숨을 내쉬며 용기를 내어 자신의 생각을 솔직히 털어놓았다. 다만 프로이트로부터 질책을 당할 마음의 준비는 아직 하지 않은 상태였다.

하지만 융은 알고 있었다. 이는 임시적인 타협일 뿐 조만간 두 사람이 첨예하게 대립될 것임을! 왜냐하면 그는 단순히 리비도 이론을 수정하는 데 그치지 않을 테니 말이다. 얼마 전에 융은 미국의 포드햄대학교에서 강연할 때 프로이트의 성 본능 학설을 공개적으로 반박한 적이 있었다. 다만 학회에서는 아직 자신의 견해를 명확히 밝히지 않은 상태였다.

프로이트가 새로 쓴 《토템과 금기》가 곧 세상에 선을 보일 예정이었다. 이번에 뮌헨에서 프로이트는 자신의 새 책에 담긴 개념을 널리 홍보할 계획이었다. 융은 이미 그 새 책에 맞춰 자신의 견해를 대외적으로 발표할 준비를 하고 있었다.

과연 융의 예상대로 프로이트는 회의석상에서 그의 새 책 《토템과 금기》는 인류학, 종교학, 문학 등 다방면에서 연구할 수 있는 책이라고 소개했다. 이에 융은 자신의 견해를 밝혔다. 프로이트가 예기치 못한 것은 융의 견해가 전부 자신의 책에 대해 부정적인 내용뿐이었다는 점이다. 가령 융은 프로이트가 이 책에서 너무 단편적이라고 지적했다. 그리고 프로이트가 토템과 무속신앙이 출현한 본질적인 현상이 도대체 무엇인지를 아예 모르거나 혹은 알고 싶어 하지 않는다고 지적했다. 또한 새 책의 연구 범위가 너무 협소하고 깊이가 없으며 자료 수집도 정확하지 않다고 비판했다.

융의 발언에 야유가 터져 나왔다. 프로이트의 추종자들은 융에게 왜 비난하는지 따졌다. 이에 융은 이렇게 대답했다.

"우리는 아버지와 아들처럼 친한 관계입니다. 하지만 나는 독립적인 인간으로서 나 자신의 사상과 주장이 있습니다. 맹목적으로 아버지를 따르는 아들이 아닙니다."

거침없이 말을 내뱉는 융을 바라보면서 프로이트는 처음에는 경악했고, 그다음에는 깊은 실망감을 느꼈다. 그러고는 다시 정신을 잃고 쓰러졌다.

이후 프로이트와 융은 완전히 결별하고 각각 제 갈 길을 갔다. 사실 결별은 두 사람 모두에게 유익한 일이었다. 하지만 오랜 시간 동안 두 사람은 고통에 시달려야 했다.

모두가 알다시피 융은 프로이트가 가장 자랑스러워하는 제자였다. 하지만 융과의 결별은 프로이트가 어렵사리 얻은 세상의 찬사에 큰 타격을 가져왔다. 각계각층의 인사들은 프로이트의 정신분석학설이 오류투성이라고 비아냥거렸다. 그렇지 않다면 왜 모두가 프로이트를 배반하고 떠났겠냐며 조롱을 퍼부었다. 프로이트는 또다시 곤혹스러운 궁지에 몰리고 말았다.

융은 프로이트보다 더 심각한 궁지에 몰렸다. 그는 한편으로는 아들이 아버지를 배반한 것과 같은 죄책감에 시달렸다. 분명히 옳은 길을 가고 있는데도 아버지에 대한 죄책감이 가시지를 않았다. 또 다른 한편으로는 정신분석학 동료들과 각 계각층으로부터 비난과 욕설이 쏟아졌다. 은혜를 모르고 자신의 은사를 난처하게 만들었다고 모두 비판의 날을 세웠다.

융의 심리 상태는 과거 프로이트처럼 안정적이지 못했다. 결국 그는 정신적으로 무너지고 말았다. 거의 수년 동안 연구에 몰입할 수가 없었다. 비록 그들의 선택에 잘못이 없었다고는 하지만 일시적으로는 두 사람 모두 이익을 얻기는커녕 오히려 명예가 크게 훼손되고 말았다. 오랫동안의 침체기가 지나고 나서야 두 사람은 각자 전무후무한 위대한 성과를 이룩해냈다. 프로이트의 공헌은 굳이 말하지 않아도 모두 잘 알 것이다. 융은 자신의 주장을 굽히지 않았고, '무의식적인 감성 활동을 흡수하고 심리의 잠재적 능력을 존중한다'는 그의 이론은 인류 역사에 크나큰 공헌을 했다.

프로이트는 결코 속 좁은 사람이 아니었다. 그는 융과의 결별을 상당히 객관적으로 평가했다.

"융과의 결별이 준 충격은 매우 컸다. 상당수의 사람이 그를 따라 나를 떠났다. 그 자신의 역량 이외에도 그에게는 '설령 정신분석이 갖추고 있는 재료로부터 반감을 주는 발견을 떨쳐버릴 수 있는' 흡인력이 있었다."

그의 말에서 볼 때, 프로이트는 자신이 크게 중용했던 제자가 좋은 발전을 이루기를 희망하고 있었다. 또한 두 사람의 결별이 서로에게 유익한 일이 되기를 바랐음을 알 수 있다. 하지만 그를 떠난 융은 거의 10여 년 동안 사업과 학술 연구에서 암흑기를 보내야만 했다.

Chapter 7

생명의 으뜸;
정신분석학의 로비에서 철학의 전당으로
올라서다

66

프로이트,
지금은
나 자신을 사랑할 때

프로이트와 철학가들의 공통된 관점에서 볼 때, 정신분석학과 철학은 비록 각각
독립적인 전당이지만 서로 상통하는 부분이 있다. 그중에는 철학의 전당에서 정
신분석학의 전당으로 옮겨 갈 통로가 있다.
독립적인 사상을 지닌 프로이트는 진즉부터 이러한 점을 인식하고 있었다. 다만,
그는 철학의 전당을 지나서 정신분석학의 전당으로 갈 지름길을 버리고 독립적인
연구로써 자신만의 길을 열어갔다.

유일한 변명:
말의 힘을 경시하던 그가
열렬한 투사로 변하다

Freud

말에는 불가사의한 힘이 있다. 그것은 가장 큰 행복을 가져다주기도 하고 가장 깊은 실망을 안겨주기도 한다. 교사가 학생에게 지식을 전달하게 해주고 또 연설가가 청중을 지배할 수 있도록 해준다. 말은 가장 강렬한 감정을 불러일으켜 인간의 모든 행동을 촉진한다.

프로이트는 환자를 치료하는 과정에서 이런 말을 한 적이 있다.

"말에는 불가사의한 힘이 있다. 그것은 가장 큰 행복을 가져다주기도 하고 가장 깊은 실망을 안겨주기도 한다. 교사가 학생에게 지식을 전달하게 해주고 또 연설가가 청중을 지배하고 그들을 대신해 결정을 내리도록 해준다. 말은 가장 강렬한 감정을 불러일으켜 인간의 모든 행동을 촉진한다. 그렇기에 심리치료에서 말의 기능을 비웃어서는 안 된다.”

프로이트는 말의 힘을 깊이 통감하고 있었지만, 뭇사람의 오해와 중상모략의 늪에서 반평생을 사는 동안 단 한 번도 자신을 위해 변명해본 적이 없다. 그는 과학이 인류의 지식에 공헌하고자 한다면 사람들에게 믿고 따르라 강요할 필요가 없다고 여겼다. 믿든 안 믿든 훗날의 성과가 모든 것을 해결해주리라고 생각했다. 그는 자신의 연구 성과가 뭇사람의 관심을 받을 때까지 인내심을 갖고 충분히 기다릴 수 있었다. 그러나 융과의 결별로 거센 비판에 휘말린 프로이트는 더 이상 침묵하고 싶지 않았다. 자신의 권위를 보호하기 위해서든, 자신의 정신분석학설의 명분을 바로잡기 위해서든 상관없었다. 어찌됐든 프로이트는 ‘말’이라는 무기로 여론과 한바탕 전쟁을 벌이기로 결심했다.

그래서 1914년 프로이트는 《정신분석운동사》를 출간했다. 이 책은 프로이트가 평생 처음으로 자신을 변호하기 위해 쓴 책이자, 정신분석 사업에 대한 변호이기도 했다. 그는 이 책에서 정신분석학설의 기원과 자신의 연구 발전 과정을 상세히 설명했다.

아들러와 융 등과 갈라서게 된 중요 원인은 범성욕주의론이었다. 그래서 프로이트는 이에 관해 집중적으로 설명했다. 프로이트가 창시한 ‘인류 창조 활동 과정과 인류 심리학의 본질은 모두 성적 본능에서 기원한다’라는 관점을 증명하기 위해 그는 특별히 의학계 유명인사 세 명과 관련한 일화를 사례로 들었다.

이들 세 명은 정신분석학의 아버지 브로이어, 그의 스승이자 프랑스 유명 병리학 전문가인 샤르코, 그리고 빈대학교 부인과 교수 크로바크(Rudolf Chrobak)였다. 브로이어의 신경증 환자는 '비밀 데이트'로 병에 걸렸으며, 샤르코의 신경증 환자는 남편의 장애로 병에 걸렸고, 크로바크의 여환자는 남편의 성 불능으로 초조해하다 결국 신경증에 걸렸다.

프로이트는 의학계의 유명인사와 관련한 일화로 세상 사람들에게 자신의 주장을 증명했다. 자신의 범성욕주의가 실제 조사와 연구를 기반으로 얻은 결론이며 결코 허황된 상상에서 비롯된 것이 아니라는 사실을.

프로이트는 정신분석학에 몸 바친 이래 끊이지 않는 비난과 논쟁에 시달렸다. 각계각층의 사람들로부터 손가락질을 받은 것이 한두 번이 아니었지만, 그는 단 한 번도 자신을 위해 변명하지 않았다. 자신의 연구 방향이 옳다고 확신하고 있었기 때문이다. 하지만 이번에는 달랐다. 그는 아예 책 한 권의 분량을 할애하여 자신과 자신의 연구를 변호했다. 아들러와 융과의 결별이 프로이트에게 얼마나 큰 상처와 타격을 줬는지 알 수 있는 대목이다. 점잖고 냉철하던 프로이트를 무기들고 싸우는 열혈 투사로 바꿔놓았으니 말이다.

프로이트는 훗날 그때의 자기변호에 대해 이렇게 설명했다.

"정신분석학은 이미 현실 생활에서 가치를 증명하고 있었다. 사람들은 이제 더 이상 정신분석이 허황된 망상의 산물이라며 나를 공격할 수 없었다. 하지만 그들은 이전의 제자들이 나를 떠난 것을 빌미로 삼아 내가 독단적이고 제멋대로라며 나의 인품을 공격했다. 비록 융 등이 내 곁을 떠났지만 나에게는 아직 함께 힘을 모아 정신분석학의 발전을 위해 노력하는 수많은 동료가 있다."

우리는 프로이트의 말을 곱씹어볼 필요가 있다. 프로이트가 속이 좁고 자만심에 빠진 사람이라고 가정해보자. 그럼 어떻게 깊은 학식과 높은 수준을 지닌 사람들이 프로이트를 추종하며 변함없이 그의 곁에 머물렀겠는가? 융 등 여러 사람과 결별한 원인은 그저 서로 뜻과 생각이 맞지 않기 때문이었다.

가장 큰 공포:
아들의 안위를 걱정하는 평범한 아버지

Freud

수 주 동안 우리는 전선에 있는 아들로부터 아무런 소식도 듣지 못했다. 나는 어쩌면 그 아이가 부상을 당했거나 죽었을지도 모른다는 고통스러운 추측을 했다.

프로이트는《정신분석학운동사》를 통해서 언어를 무기 삼아 융과 아들러의 학술과 관점에 신랄한 공격을 퍼부었다. 그러고는 모든 정력을 기울여 자신의 연구에 주력했다. 하지만 뜻밖에도 인생에서 가장 큰 공포가 그와 아내 마르타를 엄습했다.

1914년, 프로이트의 아들이 입대할 나이가 되었다. 하지만 아들의 병역 복무는 프로이트 때와는 사뭇 달랐다. 프로이트는 군대에서 복무하는 동안 특별히 하는 일이 없었다. 오히려 남은 시간에는 책을 번역하며 소일거리를 찾을 정도였으니 말이다. 하지만 그해는 공교롭게도 제1차 세계대전이 발발했다. 오스트리아의 모든 징병 적령자는 전쟁터에 나가 실제 총을 들고 적과 전투를 벌이게 되었다.

그해 8월은 프로이트의 쉰여덟 생일이 석 달 지난 때였다. 빈 전체에 대대적인 징병이 이뤄지면서 프로이트의 집에도 입영 통지서가 날아왔다. 그 뒤로 프로이트와 마르타는 단 하루도 편히 잠들 수 없었다. 아들의 앞날이 걱정스러웠기 때문이다. 마침내 9월, 아들이 떠나자 마르타는 공포에 질린 감정을 어쩌지 못한 채 결국 대성통곡했다.

"울지 마시오. 아이는 무사할 것이오."

프로이트는 아내를 위로하며 말했다.

"괴로운 상상 따위는 하지 말고 아이가 무사히 돌아오기를 기도합시다."

비록 말은 그렇게 했지만 프로이트의 마음은 마르타보다 한층 더 큰 공포에 휩싸여 있었다. 아들이 전쟁터에 나가 있는 동안 그는 정신분석학 왕국의 위풍당당한 국왕이 아니라 그저 아들이 평안하고 건강하기만을 오매불망 바라는 평범한 아버지에 불과했다. 아들이 언제 어디서 죽을지 모르는 위험한 처지에 있다는 사실에 그는 태어난 이래 가장 큰 공포를 느꼈다. 프로이트는 아들을 잃을까 봐 두려웠다. 아들을 잃은 자신의 인생이 어떻게 될지 상상조차 할 수 없었다.

자신의 공포심을 전환하기 위해 프로이트는 일부러 스케줄을 빡빡하게 세워서 온종일 일에 몰두했다. 환자를 치료하고, 연구 업무를 진행하고, 책을 쓰고, 강연을 했다. 그의 일정이 빡빡할수록 그의 연구 사업은 나날이 번창했다. 그러나 그의 심리는 점점 더 공포심에 압도당하고 있었다. 전세가 나날이 심각해지고 있었던 것이다.

프로이트는 정신없이 바쁜 생활을 보내는 가운데서도 불현듯 아들이 그리울 때가 많았다. 다행히 아들이 날마다 편지를 써서 보내준 덕분에 프로이트와 마르타는 다소 안심할 수 있었다. 그러나 전쟁 기간이었던 만큼 편지 배달이 지연되어 늦게 도착할 때가 많았다. 아들의 편지를 받지 못할 때면 두 사람은 이내 고통스러운 상상에 휩싸였다. 아들이 혹시 총에 맞아 죽은 것은 아닐까?

이러한 상상은 무서운 악마와도 같았다. 수시로 프로이트와 마르타의 마음을 후벼 파서 숨을 제대로 쉴 수 없게 했다.

한번은 일주일이 넘도록 아들로부터 편지가 오지 않았다. 그 때문에 프로이트는 여러 날을 잠도 못 자고 밥도 먹을 수 없었다. 그는 또다시 고통스러운 상상을 했다. 어쩌면 아들이 부상을 당하거나 죽었을지도 모른다!

공포심은 프로이트의 마음을 뒤흔들었다. 공포심과 걱정에 휩쓸린 것은 아내 마르타도 마찬가지였다. 프로이트는 아내를 위로하고 싶었지만 무슨 말로 어떻게 위로해야 할지 알 수 없어서 괴롭기만 했다.

꿈은 일상적인 잠재의식의 표현이다. 프로이트의 고통스러운 상상과 괴로움은 이내 그의 꿈속에도 나타났다.

그날 밤, 프로이트는 꿈을 꿨다. 그는 아내에게 기쁜 소식을 알려주고 있었다.

"아들이 소속된 부대에서 병사들에게 위로금과 훈장을 하사했다는구려."

이어서 두 사람이 저장실로 가는데 갑자기 운동복 차림에 머리에 붕대를 감고 입에는 의치를 넣은 아들이 나타났다. 아들은 그들이 부르는 소리를 외면한 채 굳게 입을 다물고 있었다. 온통 희끄무레한 아들의 모습에 두 사람은 가슴이 덜덜 떨리기만 했다.

꿈에서 깨어난 뒤 프로이트는 심장이 마구 쿵쾅거려 숨을 못 쉴 정도였다. 시간은 새벽 2시를 가리키고 있었다. 온 세상이 암흑 속에서 고요하기만 한 시각이었다. 너무 조용해서 프로이트의 심장 뛰는 소리가 마치 거대한 북소리처럼 들려왔다.

더 이상 잠을 이룰 수 없던 프로이트는 가만히 자신의 꿈을 분석했다. 꿈속에서 '훈장'은 아들이 전사한 뒤 전쟁터에 있는 전우들이 보낸 유품이라는 결론을 내렸다. 이러한 분석에 프로이트의 공포심과 고통은 한층 격렬해졌다.

그 뒤 한참이 지난 뒤 아들의 편지를 받고 나서야 프로이트는 점차 공포심을 떨치고 마음의 안정을 찾을 수가 있었다.

▼

훗날 프로이트는 당시 꿈을 회상하며 그때의 꿈은 자신이 공포심에 휩쓸려 언어로 표현할 수 없었던 고통스러운 생각을 왜곡시켜 보여준 것이라고 탄식을 내뱉었다.

사실 이 세상의 아버지는 모두 마찬가지다. 자식들이 곁에 없거나 연락이 안 되면 부모의 잠재의식 속에는 걱정과 두려움이 생겨나게 마련이다. 생사가 오가는 전쟁 앞에서 프로이트는 정신분석학의 시조라는 외투를 벗고 그저 자식의 평안에 노심초사하는 늙은 아버지일 뿐이었다.

가장 충직한 사랑:
일평생 추종하다

Freud

인간은 자신의 본능을 따른다. 그래서 법률이 생겨났다.

프로이트가 전쟁터에 아들을 보낸 후 고통과 공포심을 묵묵히 견디는 사이 스위스와 독일을 포함한 유럽 전체가 정신분석학에 열렬한 관심을 갖기 시작했다. 프로이트는 이러한 과학계의 뜨거운 관심을 긍정적인 현상이라고 여겼다.

그러나 독일 과학계는 정신분석학에 잠시 관심을 보이는가 싶더니 이내 무차별적인 반대와 공격을 퍼부어댔다. 이들의 공격을 프로이트는 무시했다. 열띤 토론이든 강력한 비난이든 간에 신경 쓸 여력이 없었다. 지금 그에게 가장 중요한 것은 아들의 안위였다.

그때 프로이트의 정신적 의지가 되어주고 훗날 그의 가장 충직한 추종자가 된 인물이 있었다. 바로 작은딸 안나였다. 안나는 1895년에 태어났다. 안나는 김나지움을 졸업한 뒤 더 이상 진학하지 않았다. 그 대신 아버지의 논문을 읽으면서 정신분석을 연구하기 시작했다.

프로이트는 안나에게 훌륭한 남편감을 찾아주고 싶었다. 그때 그의 눈에 들어온 이는 자신의 추종자 오토 랑크(Otto Rank)였다. 랑크는 프로이트 정신분석학파의 초창기 회원이자 가장 큰 영향력을 발휘한 인물 중 하나로, 훗날 유명한 정신분석 대가가 되었다. 아들이 징병된 이후 줄곧 프로이트와 담소를 나누고 산책을 하며 그가 고통스러운 상상에서 벗어나도록 도와준 이도 랑크였다. 물론, 프로이트는 랑크에게 큰 호감을 느끼고 있었다. 게다가 랑크는 재능과 천부적인 자질을 갖추고 있었다. 프로이트도 그를 두고 '빈의 수많은 추종자 가운데 가장 중요하고 전도가 유망한 젊은이'라고 칭찬하기도 했다.

프로이트는 안나와 랑크를 짝지어주고 싶었지만 자기 뜻대로 되지 않았고, 결국 더 이상 혼사 이야기를 꺼내지 않게 되었다. 한창 꽃피울 때의 안나는 날마다 아버지 추종자들과 마주쳤다. 그중에는 랑크 외에도 뛰어난 재능을 지닌 청년이 많았지만 그 누구도 그녀의 마음을 빼앗지 못했다. 안나는 아버지의 충직한 추종자가 되어 평생 아버지 곁에 있으리라고 맹세했던 것이다.

프로이트가 아들을 그리워하며 괴로워할 때 안나 역시 계속되는 악몽으로 정서 불안에 시달리고 있었다. 이에 프로이트는 딸의 꿈을 분석하며 치료하기 시작했다. 딸의 병을 성공적으로 고치고 나서는 자신 역시 고통스러운 상상으로 말미암은 공포심에서 벗어나 학술 연구에 집중할 수 있었다.

프로이트는 두 번이나 기절했던 자신의 체험을 자세히 분석하여 연구과 논증을 거듭한 끝에 '죽음 본능'이라는 개념을 확립했다. 그리고 이렇게 말했다.

"인간은 자신의 본능을 따른다. 그래서 법률이 생겨났다."

프로이트는 '생명 본능'과 '죽음 본능'의 발견을 《쾌락원칙을 넘어서》라는 책에 실었다. 프로이트는 자신의 책 출간을 계기로 세상 사람들이 본능을 출발점으로 삼아 인류의 행위 방식과 근본적인 동기를 탐구하게 되리라고 예상했다. 그래서 그는 본능의 발견을 인류의 자아 인식과 자아 관념상에 발생한 제3차 대혁명으로 간주했다.

프로이트의 예상대로 본능 개념은 인류학 연구를 흔들어놓았다. 인간의 행위는 주로 무의식적인 동물적 본능을 따른다고 지적했는데, 이러한 점은 인류의 자아 중심의 관념을 산산이 부숴버렸다.

크나큰 연구 성과를 거두자 사업 역시 승승장구했다. 프로이트는 정신분석학 관련 서적을 전문적으로 출간하는 출판사를 설립했다. 이 출판사는 국제적 규모의 큰 회사였다. 이때부터 정신분석학설은 책을 출간할 출판사를 찾지 못해 골치 아파할 필요가 없게 되었다.

1920년 프로이트는 안나에게 국제정신분석학회가 열리는 헤이그에 함께 가자고 말했다. 아버지를 따라 외국에 나가 그의 강연을 듣고 싶은 꿈을 이루게 된 안나는 뛸 듯이 기뻐했다.

국제정신분석학회에서 안나는 그동안 혼자서 공부했던 정신분석학 지식을 바탕으로 회의에 참석한 학자들을 크게 놀라게 했다. 학자들은 안나가 훗날 훌륭한 정신분석학자가 되리라고 확신했다.

프로이트는 안나가 아들이 아니라는 사실에 못내 안타까워한 적이 있었다. 그런데 이제 학자들이 안나가 남자보다 더 뛰어나다고 찬사를 쏟아내자 기분이 절로 좋아졌다. 이를 계기로 안나는 순조롭게 빈의 정신분석학회의 정식 회원이 될 수 있었다. 안나는 줄곧 미혼인 채 아버지 곁을 지켰다. 프로이트의 가장 든든한 조수이자 충직한 추종자이자 충성스러운 학술 수호자였다.

훗날 사람들은 안나를 두고 아버지 프로이트가 말한 '엘렉트라 콤플렉스'의 가장 전형적인 인물이라고 평가했다. 안나의 심리 세계가 어땠는지 우리로서는 알 수가 없다. 다만 한 사람이 또 다른 한 사람을 우상으로 섬기고 신앙처럼 여기며 평생 숭배한다면, 또 그 덕분에 자신도 한층 우수해진다면, 이는 결코 나쁜 일이 아닐 것이다. 다만 안나에게는 우상과 신앙이 그녀의 아버지였을 뿐이다.

최후의 걸작:
말과 마부의 이야기

Freud

이드는 말이고 자아는 마부이다. 말은 구동력이며, 마부는 말의 방향을 조종한다. 자아가 이드를 부리려고 하지만 말이 말을 듣지 않을 때가 있다. 그러면 양자는 한쪽이 굴복할 때까지 대립하게 된다.

'자아는 반드시 이드의 본능적인 충동을 방어하고 이를 위험으로 간주해야 한다.'

1923년, 프로이트는 이 말과 함께 인생의 마지막 걸작을 완성했다. 그는 이 책에서 '말과 마부'라는 매우 흥미로운 비유를 쓰며 이렇게 설명했다.

'이드(id)는 말이고 자아(ego)는 마부이다. 말은 구동력이며, 마부는 말의 방향을 조종한다. 자아가 이드를 부리려고 하지만 말이 말을 듣지 않을 때가 있다. 그러면 양자는 한쪽이

굴복할 때까지 대립하게 된다.'

프로이트가 지속적으로 언급했던 '자아'와 '이드'는 심리학상 두 가지 중요한 이론 개념으로 '초자아(superego)'와 함께 완전한 인격 구조를 이루고 있다. 이 세 가지가 조화롭게 통합되어야만 마음과 정신이 건전한 사람이 되며, 그렇지 않으면 각종 신경증상이 나타난다.

이 세 가지 중 이드는 생물적인 본능의 욕망을 추구하는 인격 구조로서 유전적 본능과 욕망을 포함하고 있다. 이드는 무의식적이며 혼돈 그 자체이다. 프로이트는 이드를 현실적인 상황에는 아랑곳없이 자신의 만족만을 추구하는 제멋대로이고 고집불통인 야생마에 비유했다.

자아는 이드가 지각 체계의 영향을 받아 형성된 이성적 사유와 생활 상식이다. 마부처럼 이드를 조종하며 비이성적인 충동을 통제한다. 때로는 이드의 합리적인 요구를 수용하여 완곡한 방법으로 이드의 욕구를 충족해준다.

초자아는 인간의 이성적인 부분으로 자아비판 능력과 양심으로 표현된다. 자아의 정신적 지도자로서 자아의 사고와 방향을 엄격하게 관리한다.

세 가지 중 가장 고생하는 것은 자아이다. 자아는 이드의 방향을 통제해야 하고, 또 초자아의 명령을 받아야 하며, 동시에 외부 세계의 변화에 대처해야 한다.

프로이트가 이러한 연구 성과를 발표하자 전 세계가 들썩

▼

였다. 그는 사람들의 정신세계에 대한 인식에 혁명적인 변화를 가져왔다. 21세기에 이른 현재까지도 사람들은 프로이트가 심리학 분야에서 위대한 공헌을 했다는 점을 인정한다. 위대한 과학적 공헌 외에도 프로이트는 학술용어로 사람의 심리와 활동을 묘사하는 데서도 과거의 저술서보다 한층 참신하게 발전했다.

본래 심리학의 개념은 대단히 난해해서 이해하기가 힘들다. 하지만 프로이트는 근엄한 의학 연구자이면서도 유머러스한 문학가였다. 그는 흥미로운 문자와 비유로 그러한 문제를 단번에 해결했다. '말과 마부'는 대표적인 예로 들 수 있다. 이드와 자아, 초자아, 외부 세계 간의 관계를 그는 통속적이면서도 익살스러운 비유로 이해하기 쉽게 묘사했다.

프로이트는 세 가지를 시종과 주인으로 표현하며 이렇게 기술했다.

'본시 시종 한 명이 동시에 두 명의 주인을 시중드는 일은 힘들다. 그런데 자아는 세 명의 엄격한 주인을 한꺼번에 섬겨야 하기에 불쌍하기 짝이 없다. 그의 독단적이고 횡포한 주인은 외부 세계, 초자아, 그리고 이드이다.'

이처럼 유머러스한 비유는 의학에 문외한인 사람도 전문적인 학술용어를 단번에 이해할 수 있게 한다.

프로이트는 어릴 때부터 종교, 문학, 철학 등을 다양하게 접하면서 상당히 풍부한 지식을 쌓았으며, 예술가들의 창작품을 주의 깊게 관찰했다.

'예술 작품은 꿈과 같이 배합성을 띠고 있지만 예술 작품과 꿈속 내용에는 차이가 있다. 예술 작품은 각종 예술 수단으로 사람들의 공감대를 이끌어내고, 그들의 공통된 소망의 충동을 충족시킨다.'

프로이트는 《자아와 이드》에서 문학적 표현 양식을 활용하여 크게 성공을 거두었다. 이러한 성공은 프로이트가 분석 작업 과정에서 '예술가와 타인에게 공존하는 일부 요소'를 찾아냈기 때문에 가능했다. 프로이트의 예술적 표현 형식은 더 많은 사람이 《자아와 이드》를 읽고 인격 구조에 관한 관점을 수용할 수 있게 했다.

가장 신중한 회피:
철학의 전당에 오르다

Freud

나는 철학과 그 어떤 연관성도 맺지 않기 위해 조심하고 또 조심했다.

프로이트는 여덟 살 때 셰익스피어를 접하면서 문학에 흥미를 갖기 시작했다. 반면에 독일의 철학자 쇼펜하우어의 작품은 노년에 이르러서야 관심을 갖고 읽기 시작했다. 그가 세계적인 철학가를 무시하거나 등한시해서가 아니었다. 사실 프로이트는 일찍이 철학을 접하면서 무의식적으로 철학을 숭배했다. 다만 훗날 연구 과정에서 철학이 자신의 연구 사상에 큰 영향을 미친다는 사실을 깨닫고 철학과 그 어떤 연관성도 맺지 않기 위해 조심했다.

엄격하게 말하면 프로이트는 정신분석 연구보다 철학을 훨씬 먼저 접하고 열광했다. 1880년, 프로이트는 스물네 살의 나이에 입대했다. 그는 무료함을 달래기 위해 영국의 철학자이자 경제학자인 밀러와 플라톤의 저서를 번역했다. 정신분석 연구는 프로이트가 군대를 제대하고 난 뒤에야 체계적으로 이루어졌다.

처음 정신분석 연구를 시작했을 때 프로이트는 철학과 정신분석 간의 관련성이나 차이점을 알지 못했다. 철학이 자신의 사상에 큰 영향을 미치고 연구 방향까지 좌지우지할 수 있다는 사실 또한 미처 깨닫지 못했다. 프로이트가 히스테리 병인을 연구하는 과정에서 브로이어와 이견이 생겼을 때만 해도 그는 성욕이 히스테리를 일으키는 병인이라고 고집하지 않았다. 그러한 관점은 그저 그의 관찰 속에 내재된 상태였다. 그러다 영국 성심리학자 헨리 엘리스(Henry Havelock Ellis)의 글을 읽은 뒤에야 그는 자신의 연구 방향이 플라톤의 철학 사상으로 흘러가고 있음을 깨달았다. 이는 의학적 관점에서 볼 때 초보 단계로의 퇴보나 다름없었다.

프로이트는 철학 사상이 자신의 관찰 방향을 좌우할 수 있다는 사실을 깨닫고 경계심이 생겼다. 이때부터 신중한 태도로 철학을 대했다. 훗날 그는 연구 중에 부딪힌 문제점의 해답을 찾기 위해 독일의 유명한 정신물리학의 창시자 구스타프 페히너(Gustav Fechner)의 책을 읽었다. 페히너의 여러 심리학적 관점은 프로이트가 원하는 해답을 제시해주었다. 그 때문에 여러 중요 문제에서 프로이트의 견해는 페히너의 관점과 동일한 부분이 많다. 페히너는 철학자이기도 했다. 철학을 깊이 있게 연구했던 만큼 페히너의 관점은 자연스레 철학으로 이어졌다. 그 때문에 프로이트는 자신도 모르는 사이 철학과 연관성을 맺게 되었다.

프로이트가 철학과의 관계를 단호하게 끊은 것은 니체의 책을 읽고 난 뒤였다. 프로이트보다 열두 살이 많은 독일 철학자 니체는 겨우 쉰다섯의 나이에 죽었지만 불후의 철학사상을 남겼다.

프로이트는 니체의 작품을 읽고 크게 경악했다. 니체의 수많은 추측과 직감이 자신이 정신분석 연구에서 고생스럽게 얻은 성과와 비슷한 점이 너무 많았기 때문이다. 그는 그러한 관점이 철학가가 먼저 제기한 것인지, 자신이 연구를 통해 얻은 결과인지를 그리 중요시하지 않았다. 정작 그가 우려한 점은 자신의 관점이 철학의 영향력 아래 좌지우지되는 것이었다. 이러한 사상적 간섭을 피하고자 프로이트는 그 이후로 다시는 철학을 가까이하지 않았다. 정신분석학자로서 철학과 접촉하는 것을 스스로 금지한 것이다.

프로이트와 철학가들의 공통된 관점에서 보자면, 정신분석학과 철학은 비록 서로 독립적인 전당이지만 서로 상통하는 부분이 있다. 그중에는 철학의 전당에서 정신분석학의 전당으로 옮겨갈 통로가 있다.

독립적인 사상을 가진 프로이트는 진즉부터 이러한 점을

인식하고 있었다. 다만 그는 철학의 전당을 지나서 정신분석학의 전당으로 갈 지름길을 버리고 독립적인 연구로써 자신만의 길을 열어갔다. 프로이트는 말년에 이르러 정신분석학적 관찰을 그만두고 나서야 쇼펜하우어를 접했다. 철학사에서 혁혁한 공을 세운 쇼펜하우어의 사상은 니체, 막스 호르크하이머(Max Horkheimer) 등 수많은 철학가 외에도 작가와 과학자에게도 영향력을 미쳤다. 당연히 프로이트 역시 쇼펜하우어의 사상을 접하고 난 뒤 그에게 매료당하고 말았다.

프로이트는 이렇게 말했다.

"큰 의미에서 볼 때 정신분석학은 쇼펜하우어의 사상과 견해가 비슷하다. 쇼펜하우어는 감정의 지배 작용과 성의 극단적 중요성을 강조했다. 심지어 그는 억압의 메커니즘에 대해서도 인식하고 있었다."

쇼펜하우어가 억압과 성의 극단적 중요성을 인식했을 때 프로이트는 아직 이 세상에 태어나지도 않았다. 프로이트가 평생을 바쳐 연구한 관점을 그가 태어나기도 전에 이미 다른 사람이 제시한 것이다. 프로이트는 쇼펜하우어의 철학을 깊이 존경했다. 그리고 쇼펜하우어의 저서를 읽고 난 뒤에는 그의 철학의 전당으로 발을 디뎠다.

엄숙하게 철학과의 접촉을 피했던 프로이트가 마지막에 철학의 전당으로 발을 디디면서 그는 의학 연구에서 정신 연구로 발전하는 과도기를 완성했다. 그는 마침내 철학에 대한 자신만의 인식과 견해를 정립했다. 그의 철학은 과학을 기초로 한 인생철학에 편중되었다. 이는 종교를 토대로 하여 신학과 과학 사이에 자리 잡은 철학과는 다소 달랐다. 이 점은 프로이트가 철저한 무신론자였다는 사실을 증명하고 있다.

가장 큰 유감: 노벨상을 놓치다

Freud

나는 우리의 지식을 크게 발전시키는 새로운 길을 개척하기를 바랄 뿐이지,
결코 상 따위를 받고자 하는 것이 아니다.

1936년 4월 21일 이미 여든이 된 프로이트는 미국 프린스턴에서 날아온 편지 한 장을 받았다. 보낸 사람은 과학자 아인슈타인이었다. 아인슈타인은 편지에 이렇게 썼다.

'나는 당신의 걸출한 성과를 오랫동안 존경하고 흠모했습니다. 당신은 위대한 스승입니다. 저는 이 세대를 대표하여 당신에게 열렬한 축하의 뜻을 전하며, 더불어 숭고한 경의를 표합니다. 당신의 사상 속에 담긴 사고의 변별력을 저는 지금까지 숭배하고 있습니다. 당신의 사상은 평범한 사람들이 독립적으로 판단하는 기회를 주고, 이 시대의 세계관에 거대한 영

향을 미쳤습니다. 그 영향력이 얼마나 큰지 그 누구도 헤아려 짐작하지 못할 정도입니다.'

아인슈타인은 프로이트를 존경하고 숭배하는 마음을 고백한 후 이렇게 말했다.

'저의 편지가 당신의 소중한 시간을 낭비하지 않았기를 바라며, 저의 편지에 회신을 보내실 필요는 없습니다.'

프로이트는 아인슈타인의 편지를 읽고 난 뒤 기분이 매우 착잡했다.

아인슈타인은 1921년 노벨상 수상자였지만 프로이트와는 아무런 왕래가 없었다. 게다가 아인슈타인의 반대로 프로이트는 한때 노벨상을 놓친 적도 있었다.

일찍이 1915년 프로이트는 노벨상 수상 후보자로 선정되었다. 당시 후보자로 선정된 인물로는 빈의 외과의사 로버트 바라니(Robert Barany)가 있었는데, 노벨상은 그의 품으로 돌아갔다. 그해에 프로이트는 노벨상을 받지 못했던 것이다. 그후로 해마다 프로이트는 노벨상 수상 후보자로 선정되었지만 한 번도 상을 받지 못했다. 프로이트는 죽기 전까지 총 서른세 차례에 걸쳐서 노벨상 후보자로 선정되었다. 특히 1937년도는 프로이트의 기세가 등등한 해였다. 14명에 달하는 교수와 노벨상 수상자들이 적극적으로 프로이트를 밀었지만 끝내 수상하지 못했다. 이는 프로이트 인생에서 가장 유감스러운 일이었다.

프로이트는 자신이 노벨상과 인연이 없다는 사실을 잘 알고 있었다. 우선은 자신이 연구하는 항목이 정부의 공식적인 인정을 받지 못했기 때문이며, 다음은 사람들 때문이었다.

노벨상 수상자를 결정하는 데는 먼저 지명과 평가 작업이 이뤄진다. 프로이트는 후보자로 지명되는 데는 문제가 없었지만, 평가 과정에서 번번이 실패의 고배를 마셨다. 처음에는 프로이트도 그 이유를 몰랐다. 1929년 카롤린스카(Karolinska) 의학원의 마커스 헨리(Marcus Henry) 교수가 노벨상 위원회의 위탁을 받아 프로이트의 연구 성과를 1차 평가한 내용에서 프로이트는 그 원인을 비로소 알게 되었다. 마커스의 평가 내용은 이랬다.

'대다수 연구자는 성욕 콤플렉스가 신경의 발육 성장에서 결정적인 작용을 한다는 점을 증명하는 명확한 증거가 없다고 판단하고 있다. 프로이트의 수많은 제자가 그의 학설을 포기하고 새로운 학설을 세운 것은 바로 이 점을 설명하고 있다.'

그제야 프로이트는 당초 아들러, 융 등과 갈라선 일이 자신의 연구 성과가 노벨상의 인정을 받는 데 걸림돌이 되었다는 사실을 깨달았다. 그리고 얼마 지나지 않아 자신이 노벨상을 받지 못한 또 다른 인위적인 원인을 발견했다.

한번은 노벨상 위원회가 노벨상 지명자를 평가하는 과정에서 아인슈타인이 보낸 편지를 받았다. 아인슈타인은 편지에서 이렇게 말했다.

'프로이트는 그저 심리학자에 불과합니다. 노벨상 의학상을 탈 만한 자격이 있는지 의심스럽습니다.'

아인슈타인의 의견은 결정적인 역할을 했다. 결국 그 한 통의 편지 때문에 프로이트는 또다시 노벨상을 놓치고 말았다.

당시 아인슈타인의 반대 의견이 프로이트의 귀에 들어갔을 때 프로이트는 특별히 놀라지 않았다. 자신이 노벨상을 수상하는 것에 아인슈타인이 회의적이라는 사실을 진즉부터 알고 있었으니까 말이다.

일찍이 1928년 2월 〈정신분석학 교육〉 정기 간행물의 편집장이었던 멩거(Carl Menger) 박사가 프로이트에게 이런 이야기를 전해주었다. 프로이트의 노벨상 수상을 지지하기 위해 멩거 박사는 슈테판 츠바이크(Stefan Zweig)와 함께 여러 유명 인사에게 편지를 보냈다. 프로이트를 위해 추천을 해달라고 부탁한 것이다. 그런데 아인슈타인이 그 부탁을 거절하며 이렇게 회신을 보냈다.

'프로이트의 걸출한 성과를 존경하는 마음에서 이번 일에 나는 개입하지 않기로 결정했습니다.'

프로이트는 아인슈타인이 지지를 거절하며 보낸 편지에서 그가 자신의 정신분석학설을 회의적으로 받아들이고 있다는 사실을 알 수 있었다.

그렇다고 프로이트는 아인슈타인에게 화가 나지는 않았다. 프로이트는 사람들 개개인의 태도와 관점을 존중했다. 게

다가 자신의 원칙이 뚜렷한 아인슈타인에게 오히려 호감마저 느꼈다.

프로이트는 자신의 생각을 정리한 뒤 아인슈타인에게 편지를 보냈다.

'당신의 편지를 받게 되어 참으로 기쁩니다. 나를 존경하는 당신의 마음이 형식적인 예의에서 나왔다는 것은 잘 알고 있습니다. 만일 나의 학설에 신뢰할 만한 요소가 있다고 말한다면 도대체 어떤 내용이 당신의 생각을 바꿨는지 궁금할 따름입니다…….'

프로이트는 언젠가 이런 말을 한 적이 있다.

"나는 우리의 지식을 크게 발전시키는 새로운 길을 개척하기를 바랄 뿐이지, 결코 상 따위를 받고자 하는 것이 아니다. 나는 이미 노벨상이 내 눈앞에서 사라지는 것을 두 번이나 보았다. 하지만 정부의 인정 따위를 받는 것은 나의 생활방식에 근본적으로 어울리지 않는다."

비록 프로이트는 담담하게 받아들였지만, 매번 노벨상을 바로 눈앞에서 놓친 일은 두고두고 큰 여한이 되었다. 프로이트가 노벨상을 놓친 일을 오랫동안 마음에 두고 있었다는 점은 아인슈타인에게 보낸 회신에서도 충분히 엿볼 수 있다.

가장 강력한 인내력:
암과 16년을 함께 살다

Freud

나의 모든 심리 활동은 마치 작정하고 쾌락을 추구하며 고통을 회피하려는 듯 했다. 또한 자동적으로 쾌락주의 원칙의 조종을 받았다.

1923년 프로이트가 인생의 마지막 책을 완성한 뒤에야 사람들은 비로소 프로이트가 암에 걸렸다는 사실을 알았다. 프로이트는 고통스러운 통증을 참으면서 집필을 끝냈던 것이다.

그날은 햇살이 눈부신 봄이었다. 그가 졸업하던 그날처럼 햇살이 눈부시기만 했다. 다만 그때와 다른 점이 있다면, 프로이트가 졸업하던 날 그에게는 밝고 탄탄한 인생길이 펼쳐져 있었다는 것. 하지만 이날 프로이트는 절망의 심연으로 굴러떨어졌다. 프로이트가 구강암에 걸렸다고 의사가 진단을 내렸기 때문이다.

의사의 진단에 마르타를 비롯한 가족들은 크게 당황했다. 프로이트도 순간 심장이 멈춰버린 듯했다. 프로이트는 감정을 추스르기 위해 호주머니에서 시가를 한 대 꺼냈다. 평소 같으면 단숨에 담뱃불을 붙였을 텐데 이날은 손이 떨려 한참 동안 씨름해야 했다.

주치의는 근엄한 표정으로 프로이트에게 말했다.

"앞으로 담배를 끊어야 합니다. 날마다 시가를 피워서 생긴 병입니다."

"자네 지금 농담하는 겐가? 금연이라니?"

프로이트는 어렵사리 불을 붙인 시가를 한 모금 깊게 빨아들였다. 점차 마음이 안정되자 프로이트가 고개를 가로저으며 말했다.

"그것은 불가능하네. 나에게 담배를 태우는 것은 위대한 습관이네. 나의 자아 통제력을 키워주고 일의 능률성을 높여준단 말일세."

의사가 수차례에 걸쳐 금연을 권했지만, 프로이트는 듣는 척도 하지 않았다. 그로부터 16년 뒤 죽음을 맞이할 때까지 프로이트는 시가를 피우는 습관을 버리지 못했다. 그 16년 동안 암은 단 한 번도 떠나지 않고 프로이트와 함께 지냈다. 암의 통증은 일반적인 병의 통증과는 달라서 보통 사람들은 상상조차 하기 힘들 정도로 아프다.

1923년 봄에 암이 발병하면서 프로이트는 약물치료를 시작했다. 10월이 되었을 때 의사는 프로이트에게 위턱을 제거하자고 권했다. 그렇게 하면 암을 완치할 수 있을지도 모른다는 판단이었다.

프로이트는 평생 자신의 뜻대로 행동했지만, 이번만큼은 주치의가 시키는 대로 했다. 그리하여 위턱 한쪽을 제거했다.

위턱을 제거할 때 프로이트는 마취약을 사용하지 않겠다고 거부했다. 의사 출신이던 프로이트는 마취약이 비록 고통을 줄여주지만, 의식을 통제한다는 사실을 잘 알고 있었다. 자신의 사고력이 더 이상 냉철하지도, 민첩하지도, 원활하지도 않다는 사실을 받아들일 수 없었다. 그럴 바에는 차라리 죽는 게 더 나았다. 프로이트는 마취제 없이 맑은 정신으로 수술실로 들어갔다.

프로이트는 강인한 인내력으로 정신을 잃을 만큼의 고통스러운 통증을 견디며 마침내 수술대에서 내려왔다. 회복 기간 중에 프로이트는 자주 진땀을 흘리고 밤에는 쉽사리 잠을 이루지 못했다. 의사는 진통제와 수면제를 권유했지만, 프로이트는 단호히 거절했다. 진통제와 수면제 역시 마취약처럼 신경중추에 심각한 영향을 미쳐서였다.

프로이트가 모진 고통을 참아내며 병마에서 벗어나려고 애썼지만, 암은 그의 곁을 떠나가지 않았다. 이내 암세포는 전이를 시작했다. 경구개로 암세포가 전이되어 또다시 경구개를 제거한 뒤 틀니를 사용했다. 위턱과 경구개가 없어서 프로이트의 틀니는 일반 사람들이 사용하는 것보다 훨씬 크고 복잡했다. 프로이트는 날마다 틀니를 끼워 넣을 때마다 고통에 신음했다. 암세포가 구강 속에 자리 잡아 식도와 성대에도 영향을 미치는 바람에 말을 하거나 음식을 먹는 것도 매우 힘들었다. 나중에는 오른쪽 귀가 멀기 시작했고 심장도 쇠약해졌다. 암은 둔중한 쇠사슬처럼 프로이트가 숨쉬기도 힘들 만큼 꽁꽁 옥죄었다.

그럼에도 프로이트는 단 한마디의 원망이나 푸념도 하지 않았다. 그저 병마가 가져다주는 고통을 묵묵히 받아들였다. 가족이나 동료들이 옆에 있을 때는 마치 암을 완치한 사람처럼 밝고 환한 미소를 지어 보였다.

1923년 암이 발병하고 1939년 죽음에 이를 때까지 프로이트는 16년 동안 서른세 번의 수술을 했다. 그는 16년 동안 일반 사람들은 상상조차 할 수 없는 인내력으로 암과 싸우는 한편 자신의 관찰과 사고를 지속하며 대량의 저술서를 발표했다.

프로이트는 1925년에 불안과 공포의 성질과 근원을 설명한《억압, 증후 그리고 불안》을 발표했다. 1927년에는 소망과 공포의 심리적 동기가 종교 신앙을 형성하는 과정을 설명한《환상의 미래》를 발표했다. 그리고 1929년에는 인류 사회의 근본적인 취약성을 고발한《문명 속의 불만》을 출간했다. 비록 그중 일부 관점은 종교계의 비난을 받았지만, 프로이트는 개의치 않았다. 그저 살아 있는 동안 자신의 사상을 모두 표출하고 싶은 마음뿐이었다. 그 외 프로이트는 대량의 논문과 《정신분석입문》을 발표했다.

프로이트가 암의 통증에 시달리면서도 이처럼 많은 작품을 쓴 점에서 그의 사유 활동은 여전히 왕성한 상태를 유지했음을 알 수 있다. 그러한 상태를 유지하기 위해 프로이트는 강철 같은 의지력을 발휘했다.

프로이트는 강인한 인내력으로 암과 투쟁한 덕분에 괴테상을 수상하고, 고향에는 그의 이름을 딴 거리가 생겼으며, 영국 왕실학회의 회원이 되는 영예를 안았다.

그나마 다행스러운 점은 프로이트가 여든이 되던 해에 세계 여러 국가에서 프로이트를 위한 성대한 행사를 개최했다는 사실이다. 이는 전 세계가 프로이트의 연구를 인정한다는 방증이기도 했다.

프로이트는 살아 있는 동안 자신이 인류에 바친 크나큰 공헌을 확인할 수 있었다.

가장 큰 소망:
죽음의 신 앞에서 두려워하지 않게 해주소서

Freud

죽음의 신이 찾아왔을 때 나도 그처럼 두려움이 없기를 항상 바랐다.

프로이트가 암과 싸우는 동안 그는 언제 어디서나 자신의 주변을 어슬렁거리는 죽음의 신의 환영을 보았다.

그는 이렇게 말한 적이 있다.

"인간은 자신의 죽음을 받아들이지 않는 것이 아니라 무의식중에 자신의 불멸성을 확신하고 있는 것이다."

하지만 정작 병마에 시달리게 된 뒤로 프로이트는 더 이상 그런 생각을 할 수 없었다. 그는 자신이 언제든지 이 세상과 작별하게 될지도 모른다는 생각을 할 때마다 떠오르는 한 사람이 있었다.

1909년도는 프로이트가 융과 친밀하게 지낼 때인데, 두 사람은 함께 클라크대학교에서 강연을 했다. 그곳에서 프로이트는 정신을 잃고 쓰러져 의학계를 흔들어놓았다. 그 혼절은 프로이트의 육체가 점점 늙어가고 있다는 사실을 의미했다. 그리고 프로이트가 쇠퇴와 소멸에 대해 생각하기 시작한 것도 그때부터였다. 그때 프로이트는 누군가를 위해 소원을 빌었다.

"죽음의 신이 찾아왔을 때 나도 그처럼 두려움이 없게 해주소서."

그 사람은 바로 미국의 심리학자이자 철학가 윌리엄 제임스(William James)였다. 그는 프로이트보다 열네 살이 많았는데 매우 복잡한 인격을 지녔지만, 상당히 흥미로운 인물이었다. 프로이트는 미국에 가기 전부터 세속에 구애받지 않고 신념대로 행동하는 제임스의 독특한 행보를 익히 들어 알고 있었다.

제임스는 심리실험실을 설립했으면서도 정작 "나는 실험하는 것을 제일 싫어한다"라고 떠들고 다녔다. 그는 철학 교수의 관점에서 심리학을 가르쳤고, 또 심리학 교수의 관점에서 철학에 관한 저서를 썼다. 제임스는 학생들을 잘 이끌면서도 자신의 사유방식에 따라 사고하라고 강요하지 않았다. 제임스가 쓴《심리학의 원리》가 세상 사람들로부터 인정받았을 때 그는 오히려 비위 상하고 따분하기만 한 자료라고 자신의 책을 폄훼했다. 그 책은 두 가지 사실을 증명한다고 말했는데,

하나는 과학심리학이 존재하지 않는다는 사실과 또 하나는 윌리엄 제임스 자신이 매우 무능하다는 사실을 증명하고 있다는 것이었다.

프로이트는 자신처럼 세속에 구애받지 않고 신념대로 행동하는 제임스의 독특한 개성이 좋았다. 그래서 클라크대학교에서 강연할 때 특별히 시간을 쪼개 제임스를 만났는데, 두 사람은 이내 의기투합하여 친구가 될 수 있었다. 미국에 머무는 동안 두 사람은 자주 함께 산책을 하며 서로의 생각을 교류하고 우스개도 주고받았다.

그날도 두 사람은 여느 때처럼 산책에 나섰다. 이날 제임스는 작은 가방을 들고 나왔다. 두 사람은 날씨 이야기를 하다가 문학가와 시인으로 화제를 바꾸었다. 제임스가 웃으면서 프로이트에게 말했다.

"내게 친구가 있는데 시인이네. 이른바 진리라고 하는 것들을 쓰는데, 나는 그 진리를 비웃곤 한다네."

"어떻게 비웃는데요?"

"이렇게 말해주네."

제임스가 말했다.

"현재 과학이 확인할 수 있는 유일한 영혼은 목이 잘린 청개구리이다. 그 청개구리의 수축되고 비틀어진 몸통은 자네들 같은 나약한 시인이 꿈꾸는 것보다 더 심오한 진리를 보여준다."

▼

프로이트는 껄껄거리며 웃음을 터뜨렸다. 참으로 재미있고 익살스러운 비유라는 생각이 들었다. 제임스도 따라 웃기 시작했다. 하지만 이내 제임스는 웃음을 멈추고 조용해졌다, 얼굴색이 창백하게 변하는 것이 매우 고통스러운 표정이었다. 프로이트는 소스라치게 놀랐다. 도대체 무슨 일이 생긴 걸까? 제임스는 손을 내저으며 들고 있던 가방을 프로이트에게 건네고 차분하게 말했다.

"이 가방을 들고 계속 걸어가게. 나를 기다릴 필요 없네. 지금 협심증이 발작한 것 같네. 이 빌어먹을 놈이 지나가고 나면 금방 자네를 따라가겠네."

제임스의 목소리는 매우 차분하고 담담했지만 정작 프로이트는 너무 놀라 온몸이 벌벌 떨릴 정도였다. 프로이트는 정신분석을 연구하기 전까지만 해도 임상 경험이 매우 풍부한 의사였다. 그래서 협심증이 얼마나 위험한 질병인지 누구보다 잘 알고 있었다. 언제든지 한 사람의 목숨을 앗아갈 수 있는 병이었다. 매번 협심증이 발작할 때마다 죽음의 신을 만난다고 해도 과언이 아니었다. 그런데 죽음의 신 앞에서 이처럼 차분하고 담담한 제임스의 모습에 프로이트는 크게 놀라면서도 한편으로는 감탄이 절로 나왔다.

죽음의 신 앞에서 윌리엄 제임스가 보여준 모습은 프로이트에게 한 가지 계시를 주었다. 그것은 죽음의 신이 결코 무섭지 않다는 사실이었다.

그 후 프로이트는 죽음을 자주 생각하게 되었다. 그 역시 딸과 조카를 잃는 고통을 겪었기 때문이다. 죽음 앞에서 그들의 두려움과 공포감은 프로이트에게 크나큰 슬픔과 고통을 안겨주었다. 동시에 프로이트는 한 가지 큰 소원을 빌게 되었다.

"죽음의 신이 찾아왔을 때 나도 그처럼 두려움이 없게 해주소서."

프로이트는 강인한 인내력과 신념이 지탱해준 덕분에 발병한 뒤 수십 차례 수술하면서도 담담히 견디어낼 수 있었다.

프로이트는 자신의 몸 안에 찾아온 죽음의 공포 앞에서 차분하고 담담했던 것처럼 외부 환경에서 가하는 생명의 위협에도 그랬다. 1933년, 나치가 무차별적인 유대인 학살을 자행하자 프로이트는 병든 몸을 이끌고 영국까지 피신했다. 그동안 죽음의 신이 몇 차례 그를 덮쳤지만 당황하지 않고 침착했다. 프로이트는 이국 타향에서도 자신의 일을 지속했다. 관찰하고 연구하고, 병자를 치료했으며, 자신의 생각을 정리해 책을 썼다.

죽음의 신 앞에서 프로이트는 당황하지 않았다. 6년 뒤인 1939년 9월 23일, 아름다운 안개 도시 런던에서 죽음의 신이 또다시 찾아왔을 때, 그는 담담하게 미소를 지으며 두 눈을 감았다. 한 시대를 풍미한 정신분석의 대가는 그렇게 초연히 세상을 떠났다!

프로이트와 그의 딸 안나가 살았던 영국 런던 북부의 집.
현재는 프로이트 뮤지엄이다.

잠들기 전에 읽는 프로이트

초판 1쇄 인쇄 | 2024년 3월 4일
초판 1쇄 발행 | 2024년 3월 15일

지은이 | 멍즈
옮긴이 | 하진이
펴낸이 | 박찬욱
펴낸곳 | 오렌지연필
주 소 | 경기도 고양시 덕양구 삼원로 73 한일윈스타 1422호
전 화 | 031-994-7249
팩 스 | 0504-241-7259
이메일 | orangepencilbook@naver.com
본 문 | 미토스
표 지 | 강희연

ⓒ 오렌지연필

ISBN 979-11-89922-51-1 03100